Sachunterrichtsdidaktik und Grundschulpädagogik

Beiträge zu Forschung und Entwicklung

Herausgegeben von
Markus Peschel, Beate Blaseio, Hilde Köster,
Ingelore Mammes und Detlef Pech

Band 2

Wirkung von Schulgartenerfahrung auf die Wahrnehmung pflanzlicher Biodiversität durch Grundschulkinder

Inklusive CD mit der Originaldissertation
und den verwendeten Fragebögen und Pflanzenlisten

von

Dorothee Benkowitz

Schneider Verlag Hohengehren GmbH

Sachunterrichtsdidaktik und Grundschulpädagogik
Beiträge zu Forschung und Entwicklung

Herausgegeben von Markus Peschel, Beate Blaseio, Hilde Köster,
Ingelore Mammes und Detlef Pech

Umschlagentwurf: Gabriele Majer

Foto: © Autorin

Von der Pädagogischen Hochschule Karlsruhe zur Erlangung des Grades einer Doktorin der Philosophie (Dr. phil.) genehmigte Dissertation.
Betreuung der Arbeit durch Prof. Dr. Hans-Joachim Lehnert und Prof. Dr. Petra Lindemann-Matthies, Institut für Biologie & Schulgartenentwicklung, PH Karlsruhe.

Bibliografische Information der Deutschen Nationalbibliothek

Die Deutsche Nationalbibliothek verzeichnet diese Publikation in der Deutschen Nationalbibliografie; detaillierte bibliografische Daten sind im Internet über ›http://dnb.d-nb.de‹ abrufbar.

ISBN: 978-3-8340-1296-8

Schneider Verlag Hohengehren, Wilhelmstr. 13,
D-73666 Baltmannsweiler

Homepage: paedagogik.de

Das Werk und seine Teile sind urheberrechtlich geschützt. Jede Verwertung in anderen als den gesetzlich zugelassenen Fällen bedarf der vorherigen schriftlichen Einwilligung des Verlages. Hinweis zu § 52 a UrhG: Weder das Werk noch seine Teile dürfen ohne vorherige schriftliche Einwilligung des Verlages öffentlich zugänglich gemacht werden. Dies gilt auch bei einer entsprechenden Nutzung für Unterrichtszwecke!

© Schneider Verlag Hohengehren, 73666 Baltmannsweiler 2014
  Printed in Germany – Druck: Stückle, Ettenheim

Vorwort der Reihenherausgeber

Liebe Leserinnen und Leser,

unsere neue Reihe zu Forschungen zur Didaktik des Sachunterrichts und zur Grundschulpädagogik wird nun mit einem zweiten Band fortgesetzt.

Nachdem die Arbeit von Stine Albers zu einer gesellschaftswissenschaftlichen Fragestellung die Reihe eröffnete (Thema: Erwerbslosigkeit in der Lehrer-/innenbildung), folgt nun eine Arbeit aus dem Bereich des naturwissenschaftlichen Lernens im Sachunterricht. Die Schulgartenarbeit mit Grundschulkindern rückt in den Forschungsfokus.

Die Autorin Dorothee Benkowitz ist sowohl Biologie- als auch Sachunterrichtslehrerin mit Unterrichtserfahrung und arbeitet seit vielen Jahren im Ökologischen Lerngarten der Pädagogischen Hochschule Karlsruhe – mit Studierenden, mit Grundschulkindern und mit Lehrkräften im Rahmen von Lehrerfortbildungen. Der Impuls zur vorliegenden Forschungsarbeit entstand bei dieser Arbeit im Ökologischen Lerngarten.

1992 wird auf der UNO-Konferenz über Umwelt und Entwicklung die Biodiversitätskonvention verabschiedet. Die ‚Nationale Strategie zum Erhalt der Biodiversität' (2007) konkretisiert Maßnahmen zur Umsetzung in Deutschland und weist explizit auf die Anlage und Nutzung von Schulgärten als geeignete Bildungsmaßnahme hin. Bisher liegen jedoch nur wenige quantitative Studien zum Erfolg von Schulgartenunterricht vor. Die vorliegende empirische Untersuchung von Dorothee Benkowitz beschäftigt sich daher mit der Wirkung von Schulgartenerfahrung bei Grundschulkindern im Hinblick auf die Wahrnehmung von Pflanzen und ihrer Biodiversität.

Die Untersuchungsergebnisse zeigen, dass Grundschulkinder von Schulgartenerfahrungen im Rahmen des Sachunterrichts in hohem Maß profitieren, dass einer Naturentfremdung entgegengewirkt und Primärerfahrungen – wie sie im Schulgarten stattfinden – die Wahrnehmung und Wertschätzung der pflanzliche Vielfalt bei Grundschulkindern fördern. Die pflanzliche Formenkenntnis wird durch die Schulgartenerfahrung signifikant erweitert und das Interesse an Pflanzen steigt bei den Kindern, die Schulgartenarbeit im Sachunterricht praktiziert haben.

Die vorliegende Arbeit gibt den Impuls, dass die Schulgartenarbeit im Rahmen des Sachlernens in der Grundschule (wieder) eine prominentere Stellung einnehmen sollte. Denn bei dieser pädagogisch und didaktisch gestalteten Naturbegegnung werden gleichermaßen wichtige Kompetenzen der naturwissenschaftlichen Perspektive als auch des perspektivvernetzenden Themenbereichs „Nachhaltige Entwicklung" (vgl. Perspektivrahmen Sachunterricht 2013) im Rahmen des Sachunterrichts gefördert.

Das Herausgeberteam:

Beate Blaseio & Hilde Köster & Ingelore Mammes & Detlef Pech & Markus Peschel

Februar 2014

Inhaltsverzeichnis

Vorwort der Reihenherausgeber	3
Einleitung	9
1 Schulgartenerfahrung und Wahrnehmung von Pflanzen	12
1.1 Schulgarten als authentischer Lernort	12
1.2 Wahrnehmung pflanzlicher Vielfalt	14
1.3 Pilotstudie	15
2 Methodischer Rahmen der Untersuchung	17
2.1 Untersuchungsdesign	17
2.2 Untersuchungsmethoden	18
2.2.1 Leitfaden-Interviews mit Kindern	18
2.2.2 Schriftliche Befragung	20
2.3 Probeinterview	22
2.4 Stichprobe	22
2.5 Untersuchungsdurchführung	25
2.6 Datenanalyse	26
3 Wahrnehmung und Attraktivität von Pflanzen	28
3.1 Theoretischer Hintergrund	28
3.2 Fragestellung	29
3.3 Methode	29
3.3.1 Pflanzenmaterial und Zusammenstellung der „Wiesen"	29
3.3.2 Befragung der Kinder	32
3.4 Ergebnisse	34
3.4.1 Erfahrungsraum der Kinder	34
3.4.2 Wahrnehmung von Artenvielfalt	35
3.4.3 Attraktivität von Pflanzengemeinschaften	39
3.4.4 Attraktivität einzelner Pflanzen	45
3.5 Diskussion	47
4 Formenkenntnis und Vergleichen von Pflanzen	51
4.1 Theoretischer Hintergrund	51
4.1.1 Pflanzliche Formenkenntnis	51
4.1.2 Vergleichen von Pflanzen	53
4.2 Fragestellung	54
4.3 Methode	54
4.4 Ergebnisse	56

4.4.1 Formenkenntnis von Wiesenpflanzen ... 56
4.4.2 Allgemeine Formenkenntnis ... 59
4.4.3 Quelle der pflanzlichen Formenkenntnis ... 65
4.4.4 Vergleichen von Pflanzenmerkmalen ... 67

4.5 Diskussion ... 70

5 Pflanzen als Lebewesen ... 78

5.1 Theoretischer Hintergrund ... 78
5.1.1 Lebendigkeit von Pflanzen ... 78
5.1.2 Wachstum und Entwicklung von Pflanzen ... 80
5.1.3 Grundorgane von Pflanzen und ihre Funktion ... 81

5.2 Fragestellung ... 82

5.3 Methode ... 83

5.4 Ergebnisse ... 83
5.4.1 Lebendigkeit ... 83
5.4.2 Wachstum und Entwicklung ... 87
5.4.3 Grundorgane und ihre Funktion ... 88

5.5 Diskussion ... 93

6 Entwicklungszyklus von Samenpflanzen ... 99

6.1 Theoretischer Hintergrund ... 99

6.2 Fragestellung ... 101

6.3 Methode ... 101

6.4 Ergebnisse ... 103
6.4.1 Vermehrung von Pflanzen ... 103
6.4.2 Entwicklungszyklus von Samenpflanzen ... 104

6.5 Diskussion ... 107

7 Interesse an Pflanzen ... 112

7.1 Theoretischer Hintergrund ... 112

7.2 Fragestellung ... 114

7.3 Methode ... 114

7.4 Ergebnisse ... 116
7.4.1 Freizeitbeschäftigung ... 116
7.4.2 Unterricht zu Pflanzen ... 118
7.4.3 Schulgartenerfahrung ... 123
7.4.4 Einschätzung der Eltern und Lehrpersonen ... 130

7.5 Diskussion ... 132

8 FAZIT UND AUSBLICK 138

9 ZUSAMMENFASSUNG 141

10 LITERATURLISTE 143

11 ANHANG 151

Einleitung

Die Fähigkeit, pflanzliche Formenvielfalt wahrzunehmen, geht in der Bevölkerung zunehmend verloren. Bereits 1992 wurde daher auf der Konferenz für Umwelt und Entwicklung in Rio das Übereinkommen über die biologische Vielfalt beschlossen, wobei sich die biologische Vielfalt nicht nur auf die Diversität innerhalb der und zwischen den Arten, sondern auch auf die Diversität der Ökosysteme bezieht (UNEP 2000). Biodiversität hat infolgedessen aus ökologischen, ethischen wie ökonomischen Gründen eine existentielle Bedeutung für den Menschen. Aus diesem Grund ist ihr Schutz und Erhalt eine gemeinsame Aufgabe der gesamten Menschheit. In der Nationalen Strategie zum Erhalt der Biodiversität (BMU 2007) wird die Einbeziehung des Themas in das Bildungssystem hervorgehoben und das Anlegen und Nutzen von Schulgärten explizit benannt.

Um Verhaltensänderungen zu bewirken, reicht es nicht aus, nur Wissen zu vermitteln, denn aus Wissen entwickelt sich nicht automatisch korrektes Verhalten (Winkel 2001). Nach Ansicht von Lieberman & Hoody (1998) führt eigene Erfahrung eher zu gewünschtem Verhalten als Wissen. Da persönlich bedeutsame Erfahrungen, die in der Kindheit und Jugend gemacht werden, prägenden Charakter für das ganze spätere Leben haben, sollte den Kindern zunächst auf erlebnisorientierter Basis Freude an der Natur vermittelt werden (Lude 2001, 212). Umweltbildung heutzutage ist ein Teilbereich der Bildung für nachhaltige Entwicklung (Lindemann-Matthies & Stelzig 2012), die vor allem die Vermittlung von Partizipation und Gestaltungskompetenz zum Ziel hat (De Haan 2001). Damit die Lernenden ihre Zukunft aktiv mitgestalten können, sollte Lernen anschlussfähig und bildungsrelevant, das vermittelte Wissen anpassungs- und transferfähig sein (ebd.). Kaum ein anderer Lernort scheint so prädestiniert zu sein, diese anspruchsvollen Ziele zu erreichen, wie der Schulgarten (Gebauer 2012). Daher wird in der Nationalen Strategie zur Biologischen Vielfalt als Maßnahme zur Umsetzung der Handlungsziele der BNE die „Anlage und Nutzung von Schulgärten" sowie „die Schaffung von Naturerfahrungsräumen insbesondere in der Nähe urbaner Räume" vorgeschlagen (BMU 2007, 89).

In Baden-Württemberg besitzen 57% der Grundschulen einen Schulgarten (Alisch et al. 2005; Alisch 2008, 39). Zum Schulgarten befragte Lehrpersonen waren überzeugt, dass vor allem Umweltbewusstsein und Teamfähigkeit der Schülerinnen und Schüler durch die Erfahrung im Schulgarten gefördert wird (Alisch 2008; Blair 2009; RHS 2009). Es liegen nur wenige quantitative Studien über die Wirkung von Schulgartenunterricht vor (Klingenberg & Rauhaus 2005), Grundschulkinder wurden eher selten und wenn, dann vor allem qualitativ, befragt (Blair 2009). Häufig waren die Forschenden selbst in die Intervention involviert, sodass die Studien eher beschreibenden Charakter haben. Die Zeiträume der Interventionen waren für Schulgartenarbeit sehr kurz (von vier Stunden bis zu zehn Wochen maximal), der Einfluss der Lehrpersonen wurde nicht berücksichtigt, sodass die Aussagen nur eingeschränkt aussagekräftig sind (ebd.). Eine Untersuchung, die sich über einen längeren Zeitraum erstreckt, die mit validen Methoden qualitative und quantitative Elemente untersucht, die den Einfluss der Lehrpersonen mitberücksichtigt und bei der die Forscherin bzw. der Forscher nicht Teil der Intervention ist, stellt ein Forschungsdesiderat dar (ebd.).

Die vorliegende Untersuchung hat daher das Ziel, durch eine Längsschnittstudie über einen Zeitraum von 14 Monaten, bei der neben den Kindern auch Lehrpersonen und Eltern parallel befragt werden, und die Forscherin als neutrale Person und nicht als Teil der Intervention agiert, diese Forschungslücke zu schließen. Da im Schulgarten besonders gut die pflanzliche Vielfalt handlungsorientiert erlebt werden kann, soll die vorliegende Untersuchung die Wirkung von Schulgartenerfahrung auf die Wahrnehmung pflanzlicher Biodiversität bei Grundschulkindern sowohl quantitativ als auch qualitativ erforschen. Dazu wurden folgende Fragen ins Zentrum gestellt:

Fördert bzw. erhöht Schulgartenerfahrung:

1. ... die Fähigkeit, pflanzliche Vielfalt wahrzunehmen?
2. ... die Attraktivität von pflanzlicher Artenvielfalt?
3. ... die Formenkenntnis von Pflanzen?
4. ... das Wissen über Bau, Wachstum und Entwicklung von Pflanzen?
5. ... das Interesse an Pflanzen?
6. Welche außerschulischen Faktoren (Elternhaus, Medien) spielen bei der Entwicklung von Formenkenntnis und Interesse an Pflanzen eine Rolle?

In Kapitel 1 wird zunächst die Bedeutung des Schulgartens als authentischem Lernort erläutert, bevor die Wahrnehmung von Pflanzen problematisiert wird. Es schließt sich die Vorstellung der Pilotstudie an. In Kapitel 2 werden das Untersuchungsdesign und die allgemeinen Untersuchungsmethoden der Arbeit näher erläutert. Die Methodenwahl und Vorgehensweise bei der Befragung der Kinder, Eltern und Lehrpersonen wird ausführlich dargelegt. Anschließend wird die Stichprobe der Untersuchung beschrieben und das Vorgehen bei der Datenanalyse vorgestellt. Kapitel 3 beschreibt den Einfluss der Schulgartenerfahrung auf die Wahrnehmung pflanzlicher Vielfalt sowie die Bewertung der Wiesenarrangements. Die Begründung der Pflanzenauswahl sowie die Zusammenstellung der Wiesenarrangements werden näher beschrieben. Im Anschluss werden der persönliche Erfahrungshintergrund der Kinder, deren Wahrnehmung und Bewertung pflanzlicher Vielfalt, aber auch einzelner Pflanzenarten erläutert. In Kapitel 4 werden neben dem Erwerb von pflanzlicher Formenkenntnis auch die von den Kindern genannten Quellen der Formenkenntnis vorgestellt und der Einfluss der Schulgartenerfahrung hierauf erläutert. Die Merkmale bzw. Kriterien, die die Kinder beim Wiedererkennen bzw. Vergleichen von Pflanzen anwenden, werden vorgestellt und mit der Schulgartenerfahrung in Beziehung gesetzt. Kapitel 5 beschreibt die kindlichen Vorstellungen zur Lebendigkeit von Pflanzen und die Veränderungen durch eigene Erfahrung mit dem Aussäen von Pflanzen. Des Weiteren werden die Vorstellungen über Wachstum und Entwicklung von Pflanzen sowie das Wissen der Kinder über pflanzliche Anatomie und Physiologie dargestellt. Kapitel 6 beschäftigt sich mit dem pflanzlichen Entwicklungszyklus und den Vorstellungsänderungen durch die Schulgartentätigkeit. Es werden zudem die Kenntnisse der Kinder über die Vermehrung von Pflanzen näher betrachtet. Kapitel 7 geht auf die Entwicklung von Interesse an Pflanzen ein. Dazu wird untersucht, unter welchen Bedingungen Interesse entsteht und welchen Einfluss der Unterricht im Klassenzimmer bzw. die Schulgartenerfahrung hierauf haben. Neben dem Freizeitverhalten der Kinder werden die Einschätzungen der Eltern und Lehrpersonen auf die Entwicklung des kindlichen Interesses an Pflanzen beschrieben. In Kapitel 8 werden die Ergebnisse der Untersuchung zusammengeführt und auf dieser Grundlage Leitlinien für erfolgreichen Schulgartenunterricht erstellt. Den Abschluss der Arbeit bildet die Zusammenfassung. Im Anhang befinden sich alle Fragebögen, die Artenlisten verwendeter Pflanzen, von den Kindern im Interview genannte Pflanzen und Sammelobjekte, die Protokollvorlagen zum Unterricht sowie die Originalfassung der Arbeit digital auf einer CD.

1 Schulgartenerfahrung und Wahrnehmung von Pflanzen

Die Bereitschaft, sich für den Schutz der Umwelt und Natur einzusetzen und entsprechend zu handeln, steigt mit zunehmender Häufigkeit und Dauer von Naturerfahrungen (Bogner 1998; Bögeholz 1999; Lude 2001; Dillon et al. 2006; Lindemann-Matthies 2006). Um bei Schülerinnen und Schülern schützendes und nachhaltiges Verhalten gegenüber der Biodiversität vor Ort und weltweit zu bewirken, sind erkundende und ökologische Naturerfahrungen sowie eine emotionale Beziehung zur Natur besonders förderlich (Leske & Bögeholz 2008). Allerdings verbringen Kinder heute immer weniger Zeit im Freien, sodass ihre Möglichkeiten für Primärerfahrungen in und mit der Natur stark eingeschränkt sind (Kahn 2002; Orr 2002; Pyle 2002; Louv 2011). Schulgärten können in einer zunehmend urbanisierten Welt für Kinder ein Ort der originalen Begegnungen mit Lebewesen sein (Probst 2001; Lehnert 2008). Die durch den persönlich bedeutsamen Kontakt entstandene Beziehung zu Pflanzen und Tieren kann die Wertschätzung steigern, dadurch ein Bewusstsein für die Bedeutung der Artenvielfalt schaffen, um so dem Verlust der Artenvielfalt entgegenzuwirken.

1.1 Schulgarten als authentischer Lernort

Umweltbildung kann nur erfolgreich sein, wenn sie schülerorientiert, situationsbezogen und handlungsorientiert eigene Erfahrungen in und mit der Natur ermöglicht (Birkenbeil 1999, 9). Dazu ist sowohl die Art und Weise als auch die Häufigkeit der persönlichen Naturerfahrung von Bedeutung (Bögeholz 1999; Lude 2001). Wenn sich daraus umweltbewusstes Handeln in der Zukunft entwickeln soll, hat es sich als besonders lernförderlich erwiesen, Kindern die Übernahme von Verantwortung für ein Stück Umwelt zu ermöglichen (Helldén 1997; Birkenbeil 1999, 9). Durch die Übernahme von Verantwortung und den dadurch erzielten direkten Einfluss auf ökologische Prozesse werden die Grundlagen für ein späteres naturwissenschaftliches Verständnis gelegt (Helldén 1997). Der Lernort Schulgarten wird von den Kindern authentisch erlebt, die Probleme, vor die sie hier gestellt werden, sind real und komplex: Schnecken, die ihre Pflanzen fressen, stellen ein akutes Problem dar, das gelöst werden muss, ohne zu Schädlingsbekämpfungsmitteln zu greifen, die das Gemüse belasten. Die hier zu findenden Lösungen müssen ökologisch sinnvoll und handlungswirksam sein.

Nach Schwier (2010, 25) sind Schulgärten Naturräume, in denen neben Informationen auch Wissen und Bildung vermittelt werden. Sie sind einerseits didaktisch aufbereitete Lernorte andererseits von Menschenhand gestaltete Bereiche, in denen Pflanzen „arrangiert und kultiviert werden" (Gebauer 2012, 70). Viele Menschen sehen im Schulgarten eher einen Lernort als einen

Lerninhalt (Berck & Klee 1995), dabei verbindet gerade der Schulgarten formale und materiale Bildung, gewissermaßen „Wissen über den Gegenstand und die Kompetenz, mit ihm umgehen zu können"(Giest 2012, 22). Schulgärten scheinen nicht mehr in die heutige Zeit der multimedialen Informationsgesellschaft zu passen, in der Menschen eher als Konsumenten gefragt sind (Kleber 2001). Dabei ist gerade der Schulgarten ein Erfahrungsraum, um unser Lebenssystem besser zu verstehen (Kleber & Kleber 1994, 20). Da die Begegnung mit der Wirklichkeit im konkreten Einzelnen stattfindet, kann der Schulgarten Ausgangspunkt des Erkenntnisprozesses werden (Giest 2012).

Der Anbau von Nutzpflanzen ermöglicht den Kindern Einblicke in die Herkunft von Nahrungsmitteln und macht die Grundsätze von Nachhaltigkeit deutlich (Louv 2011, 214). Das Kultivieren von Pflanzen fördert viele Bereiche der kindlichen Entwicklung: Neben der körperlichen Aktivität wird die Feinmotorik und sinnliche Wahrnehmung geschult, die kooperatives Zusammenarbeiten und Übernahme von Verantwortung trainiert (Moore & Wong 2000; Passy et al. 2010). Im Schulgarten können nach Lehnert (2008, 406) unterschiedliche Kompetenzen vermittelt werden:

- „Verantwortung übernehmen,
- die Folgen eigenen Tuns abschätzen,
- im Sinne nachhaltiger Entwicklung handeln,
- Zeit erfahren und zunehmend größere Zeiträume überblicken,
- Ausdauer erwerben,
- mit anderen zusammen arbeiten,
- Kulturtechniken anwenden,
- Nutz- und Zierpflanzen kultivieren,
- biologische Vielfalt kennen lernen,
- Stoffkreisläufe und biologische Gesetzmäßigkeiten aufdecken".

Gartenarbeit stellt eine Möglichkeit dar, um Kindern Primärerfahrung in der Natur zu eröffnen (Louv 2011,194). Diese Kontakte in und mit der Natur sollten so früh wie möglich und kontinuierlich erfolgen, damit die Kinder den respektvollen Umgang mit der Natur lernen (Wittkowske 2012). Um multiple Naturzugänge zu ermöglichen benötigen Schulgärten Erlebnis-, Erkundungs-, Lern-, Handlungs- und Erholungsbereiche (Birkenbeil 1999, 13). Um deutlich zu machen, dass es im Schulgarten über das Kultivieren von Nutzpflanzen hinaus um vielfältige Zugänge zur Natur geht, wie z.B. spielerische, sinnliche, künstlerische etc., wird in der vorliegenden Untersuchung anstelle von Schulgartenarbeit der Begriff Schulgartenerfahrung (im folgenden Text als SGE abgekürzt) verwendet.

1.2 Wahrnehmung pflanzlicher Vielfalt

Immer mehr Menschen leben in Städten. Diese fortschreitende Urbanisierung führt einerseits zum Verlust von Brachen und naturbelassenen Flächen, andererseits zur Homogenisierung von Biodiversität (Miller 2005). Durch den begrenzten Naturkontakt von Kindern gehen Möglichkeiten zu Primärerfahrungen verloren (Pyle 2002; Louv 2011), die „Herausbildung einer differenzierten Wahrnehmungsfähigkeit [ist] nicht mehr gegeben" (Probst 2001). Differenziertes Wahrnehmen muss explizit geübt werden, da es differenziertes Denken bewirkt (Winkel 2001). Zudem spielt die Wahrnehmung bei der Konstruktion von Wissen eine zentrale Rolle: „Erkennen ist meist Wiedererkennen" (Siebert 2005).

Kinder nehmen die Welt zunächst analytisch wahr, d.h. sie fokussieren auf einzelne Merkmalsreize, die sie gegebenenfalls addieren (Krist et al. 2012, 375). Erst wenn sie mit einer Merkmalsklasse ausreichend Erfahrungen gesammelt haben, können sie die Reize ganzheitlich verarbeiten. Dies gelingt den Kindern besser, wenn neben visuellen auch haptische Erfahrungen möglich sind (ebd., 376). Sensomotorische Erfahrungen haben Einfluss auf die neuronalen Verknüpfungsmuster im Gehirn, das auf diese Weise Begriffe und Schemata generiert (Gropengießer 2007a). Damit ein Reiz wahrgenommen wird, muss zunächst eine bestimmte Reizschwelle überschritten werden. Bei der Reizwahrnehmung spielt neben der Aufmerksamkeit, die wir dem Reiz schenken, das Bewusstsein, die Mustererkennung und das Gedächtnis eine wichtige Rolle (Solso 2005, 9). Um visuelle Muster zu erkennen, müssen die Reize nach der Analyse im Langzeitgedächtnis gespeichert werden (ebd., 126). Auch der Kontext und die Redundanz der Reize spielen bei der Erkennung von Mustern eine wichtige Rolle (ebd., 125).

Die individuelle Wahrnehmung mit allen Sinnen ist eine notwendige Voraussetzung, um eine Beziehung zur Natur aufzubauen (Wittkowske 2001; Louv 2011). Nach Kahn (2002) liegt der logische Ausgangspunkt zur Schulung der Wahrnehmung für Vielfalt in der Kindheit, um zu verhindern, dass es zur sog. „environmental generational amnesia" kommt: Die Biodiversität, die wir als Kinder kennenlernen, wird zum Maßstab, an dem wir sie im späteren Leben messen. Menschen, die nur Gänseblümchen und Löwenzahn kennen, werden nicht bemerken, wenn andere Pflanzenarten für immer verschwinden. Auch andere Autoren halten es für angemessen, die Wahrnehmung für pflanzliche Vielfalt bereits in der Kindheit zu fördern (Jäkel & Schaer 2004; Radkowitsch & Lehnert 2005; Lindemann-Matthies 2006; Weber 2010).

Allerdings haben viele Menschen ein Problem beim Erkennen von pflanzlicher Vielfalt, da sie Pflanzen nicht als Individuen wahrnehmen, sondern als grüne Hintergrundkulisse sehen. Dieses Phänomen haben Wandersee &

Schussler (2001) mit der Bezeichnung „plant blindness" beschrieben. Als Gründe für die Blindheit gegenüber Pflanzen nannten sie Folgende:

- Menschen wissen im Allgemeinen mehr über Tiere als über Pflanzen, da nur wenige Menschen regelmäßig direkten Kontakt zu Pflanzen haben. Zudem haben Pflanzen einen geringen Signalwert.
- Die meisten Menschen schätzen Pflanzen als harmlos ein: Nur in Ausnahmefällen führt der direkte Kontakt zu einer gesundheitlichen Beeinträchtigung.
- Blätter von Pflanzen sind in der Regel farblich homogen, daher fallen sie uns nicht ins Auge. Nur auffällig gefärbte Blüten können unsere Aufmerksamkeit auf sich lenken.
- Die meisten Pflanzen wirken statisch, ihre Wachstumsbewegungen sind für uns in der Regel nicht erkennbar.
- Pflanzen stehen „unbeweglich" immer am selben Platz, ihre Farben ändern sich nicht schnell. Raum, Zeit und Farbe sind jedoch wichtige Muster für unser Gehirn, um die visuelle Wahrnehmung strukturiert zu verarbeiten. Unser Gehirn ist ein „Differenz-Detektor": Sind keine räumlichen, zeitlichen oder farblichen Unterschiede erkennbar, wird unser Gesichtsfeld nicht gestört. Aus diesem Grund werden Pflanzen häufig übersehen (Wandersee & Schussler 2001).

Kinder sollten so früh wie möglich Kontakt zu lebenden Pflanzen haben, da Pflanzen eine große und bedeutsame Gruppe von Lebewesen repräsentieren, an denen viel Basiswissen über Lebewesen im Allgemeinen beobachtet werden kann (Gatt et al. 2007). Ein Schulgarten bietet vielfältige Möglichkeiten, um auf der Grundlage eigener multisensorischer Erfahrungen persönlich bedeutsames und transferfähiges Wissen zu erwerben.

1.3 Pilotstudie

In einer vergleichenden Querschnittstudie wurde der Einfluss von Schulgartenerfahrung auf die Wahrnehmung und Attraktivität pflanzlicher Biodiversität bei Grundschulkindern einer Schule in ländlicher Umgebung untersucht (Benkowitz et al. 2007). Insgesamt wurden zwei Gruppen (N = 84) mit je 42 Kindern der 1. und 3. Jahrgangsstufe mit bzw. ohne Schulgartenerfahrung befragt. Als Untersuchungsmethode wurden das „Wiesenexperiment" (Lindemann-Matthies et al. 2010) sowie begleitende Befragungen der Kinder und ihrer Lehrpersonen eingesetzt.

Folgende Fragen standen im Mittelpunkt der Studie:

1. Gibt es Unterschiede in der Wahrnehmung pflanzlicher Biodiversität zwischen Kindern mit und ohne SGE?

2. Hat die Artenvielfalt einen Einfluss auf die Attraktivität einer Pflanzengemeinschaft?
3. Kennen Kinder mit SGE mehr Pflanzen als Kinder ohne diese Erfahrungen?
4. Verfügen Kinder mit SGE über mehr Kriterien zur Unterscheidung von Pflanzenarten?
5. Welche Vorerfahrungen sind für Wahrnehmung und Attraktivität sowie den Erwerb pflanzlicher Artenkenntnis maßgebend?

Die Ergebnisse der Untersuchung legten nahe, dass Kinder mit Schulgartenerfahrung die Anzahl der Arten in den Probeflächen („Testwiesen") besser einschätzen und mehr Begründungen für die Bevorzugung einer bestimmten „Wiese" angeben konnten. Sie nannten mehr Pflanzen mit Namen und verfügten über deutlich mehr Kriterien zum Unterscheiden von Arten als Kinder ohne diese Erfahrungen. Zudem gaben sie häufiger an, mit ihren Eltern über Pflanzen zu sprechen. Bei vergleichbaren unterrichtlichen und familiären Vorerfahrungen gab es deutliche Hinweise, dass die Schulgartenerfahrung einen entscheidenden Einfluss auf die Biodiversitätswahrnehmung hat (Benkowitz et al. 2007).

2 Methodischer Rahmen der Untersuchung

Die vorliegende explorative Längsschnittstudie von einem Jahr wurde als quasiexperimentelle Felduntersuchung angelegt (Bortz & Döring 2006, 58). Durch das Wiesenexperiment wurde der Einfluss von Schulgartenerfahrung auf die Wahrnehmung und Attraktivität pflanzlicher Artenvielfalt untersucht. In einem begleitenden, leitfadenstrukturierten Interview wurden außerdem Vorerfahrungen und vorunterrichtliche Vorstellungen zu Pflanzen sowie das Interesse an Pflanzen erhoben. Dazu wurde ein Kontrollgruppenplan mit Vor- und Nachtest konstruiert. Eine Kontrollgruppe stellt u.a. sicher, dass es sich bei evtl. vorgefundenen Veränderungen nicht um ganz natürliche Entwicklungsverläufe bei Kindern dieses Alters handelt (Petermann & Windmann 1993, 127). Zur Erhöhung der Validität der erhobenen Daten wurden die Daten der Kinder mit Daten aus Befragungen ihrer Lehrpersonen und Eltern trianguliert (Flick 2007b, 310).

2.1 Untersuchungsdesign

Um einen frühzeitigen Start der Schulgartenarbeit zu ermöglichen, wurde die Testgruppe vor der Kontrollgruppe getestet. Die Lehrpersonen wurden zeitgleich schriftlich befragt. Nach dem Vortest begann die Testgruppe mit der Schulgartenarbeit, während die Kontrollgruppe Unterricht im Klassenzimmer erhielt (Tab. 1). Für den Unterricht im Schulgarten standen den Lehrpersonen Bausteine zur Verfügung, die inhaltlich am Bildungsplan für die Grundschule (Ministerium für Kultus, Jugend und Sport Baden-Württemberg 2004) orientiert waren und je nach Bedarf und Möglichkeit eingesetzt werden konnten. Die Kontrollgruppe wurde Bildungsplan konform unterrichtet. Parallel zum Nachtest wurden zusätzlich zu den Lehrpersonen die Eltern schriftlich mitbefragt. Auf eine Befragung der Eltern im Vortest wurde verzichtet, um mögliche Einflussnahmen auf die Untersuchung zu verhindern.

Tabelle 1: Zeitplan und Design der Untersuchung.

	Testgruppe (Mit SGE, N = 66)	Kontrollgruppe (Ohne SGE, N = 70)
März –Mai 2007	Vortest + Befragung der Lehrpersonen	Vortest + Befragung der Lehrpersonen
	Unterricht im Schulgarten + Unterrichtsprotokoll der Lehrpersonen	Unterricht im Klassenzimmer + Unterrichtsprotokoll der Lehrpersonen
Mai –Juli 2008	Nachtest + Befragung der Lehrpersonen + Befragung der Eltern	Nachtest + Befragung der Lehrpersonen + Befragung der Eltern

Bei Feldstudien in realer Lernumgebung können viele Parameter nicht kontrolliert werden (Bortz & Döring 2006, 300). Zur besseren Vergleichbarkeit wurden alle Lehrpersonen gebeten, ein Protokoll über die Inhalte des Unterrichts, die verwendeten Medien und Materialien sowie die aufgewendete Stundenzahl zu führen, ganz gleich, ob das Thema im Schulgarten oder im Sachunterricht, der in Baden-Württemberg durch die Fächer Musik und Kunst zum Fächerverbund Mensch, Natur und Kultur zusammengefasst wird, behandelt wurde. Um die vorhandene Artenvielfalt zu erfassen, wurden die Schulgärten der untersuchten Schulen in der Fläche vermessen und botanisch kartiert (Inngauer 2008).

2.2 Untersuchungsmethoden

Um möglichst umfassend die individuellen Veränderungen der Kinder zu erfassen, wurden in der vorliegenden Untersuchung unterschiedliche Forschungsmethoden kombiniert: So wurden zentrale Inhalte durch spielerische Interaktionen mit Pflanzen erhoben und in einem standardisierten Interview zusätzlich Informationen über Vorerfahrungen bzw. Vorstellungen zum Wachstum und der Entwicklung von Pflanzen ermittelt. Eltern und Lehrpersonen wurden begleitend schriftlich befragt.

2.2.1 Leitfaden-Interviews mit Kindern

Für die vorliegende Untersuchung wurde als Methode das leitfadenstrukturierte, informationsermittelnde Einzelinterview gewählt. Die Vorstrukturierung wirkt im Interview entlastend und erhöht den Grad der Objektivität und Reliabilität der Befragung (Diekmann 2007, 374f).

Gerade bei Untersuchungen mit jüngeren Kindern sollten die Instruktionen und Versuchsdurchführung möglichst wenig variieren, wenn man vergleichbare Ergebnisse erzielen möchte (Petermann & Windmann 1993, 125; Friebertshäuser & Langer 2010, 440). Die zu stellenden Fragen wurden daher wörtlich vorformuliert. Ein Großteil der Fragen wurde mit vorgegebenen Antwortkategorien versehen, die aus der Theorie, der Pilotstudie sowie den Probeinterviews (s.u.) abgeleitet wurden. Durch die Zuordnung der Antworten während des Interviews wurde die Auswertung erheblich erleichtert. Die Formulierung der Fragen und deren Reihenfolge wurden ebenfalls durch die Probeinterviews festgelegt. Die vorgegebene Formulierung wurde nur bei Verständnisschwierigkeiten geändert. Da bei stark vorstrukturierten Interviews die Gefahr besteht, dass die Fragen flüchtig abgearbeitet werden (Hopf 2007, 328), wurde großer Wert darauf gelegt, den Kindern genügend Zeit zum Antworten zu lassen. Die Interviews wurden alle von derselben Person geführt, um den Einfluss des Interviewenden konstant zu halten.

In der Literatur finden sich widersprüchliche Meinungen über die Glaubwürdigkeit von Antworten jüngerer Kinder. Einige Autoren gehen davon aus, dass Kinder im Vorschul- oder Kindergartenalter Schwierigkeiten haben, zwischen Wahrheit und Fantasie zu unterscheiden. Zudem neigen Kinder häu-

2.2 Untersuchungsmethoden

fig zu Gefälligkeitsantworten (Hülst 2000, 55). Sebald weist explizit auf die Manipulierbarkeit und hohe Suggestibilität von jüngeren Kindern hin (1995 zit. nach Fuhs 2012, 89). Neuere Untersuchungen belegen, dass Grundschulkinder sehr wohl in der Lage sind, eigene Erlebnisse präzise wiederzugeben und nicht mehr in dem Maße beeinflussbar sind wie Vorschul- oder Kindergartenkinder (Schneider & Büttner 2008, 499f). Ab sieben bzw. acht Jahren können Kinder Antworten geben, die nicht mit dem Interviewenden konform sind (ebd., 500). Werden Kinder zu ihrem eigenen Erfahrungsbereich befragt, ist der Anteil der zu erwartenden „falschen" Angaben gering (Lipski 2000, 82). Bei der Planung und Durchführung der Interviews muss äußerst sorgfältig vorgegangen werden, um jede Form von irreführenden oder suggestiven Fragen zu vermeiden. Wenn explizit auf die Antwortmöglichkeit „ich weiß nicht" hingewiesen wird, erhöht sich die Aussagegenauigkeit (Schneider & Büttner 2008, 500).

Da im Interview Kinder der Schuleingangsstufe befragt wurden, die durch eine neutrale Haltung des Interviewenden verunsichert würden, wurde eine sog. „weiche" Interviewtechnik angewendet: Durch zustimmende Reaktionen des Interviewenden werden die Hemmungen der Kinder abgebaut, sodass eine offene, vertrauensvolle Gesprächsatmosphäre entsteht (Diekmann 2007, 376). Die ideale Haltung eines Interviewenden gegenüber Kindern ist „freundlich, unterstützend, ermutigend, geduldig, zugewandt, rücksichtsvoll, vorsichtig, abwartend, annehmend und aufgeschlossen" (Heinzel 2003, 407). Durch den Wechsel zwischen Befragung und verschiedenen spielerische Interaktionen mit echten Pflanzen wurden den Kindern nur kurze Interviewphasen zugemutet. Auf diese Weise wird Langeweile und Müdigkeit durch langes Befragen vermieden und die Aufmerksamkeit aufrechterhalten (Petermann & Windmann 1993, 126).

Um Unsicherheiten und Ängste zu vermeiden, sollten die Kinder den Interviewenden vor dem Interview kennen (Heinzel 2003, 407). Deshalb wurden die Klassen im Vorfeld aufgesucht und die Interviewerin von den Lehrkräften als Forscherin vorgestellt, die herausfinden möchte, was Kinder über Pflanzen denken. Bei dieser Gelegenheit wurde zugleich darauf hingewiesen, dass nur interessiert, was die Kinder denken, und deshalb keine Antwort „falsch" sein kann. Dieser Hinweis ist wichtig, um den Kindern den Druck bzw. die Angst vor vermeintlich „falschen" Antworten zu nehmen (Heinzel 2003, 407). Zu Beginn jedes Interviews wurden die Kinder nochmals explizit darauf hingewiesen, dass sie ohne Einschränkung alles sagen dürfen, was sie denken, und dass ihnen jederzeit die Antwortmöglichkeit „weiß nicht" zur Verfügung steht.

Im Laufe der sprachlichen Entwicklung werden bei Kindern nonverbale Signale zunehmend durch verbale ersetzt (Fuhs 2012, 88). Um auch mögliche nonverbale Signale zu erfassen, wurden die Interviews mit einer Digitalkamera aufgezeichnet. Die Kamera wurde dabei seitlich vom Kind platziert, damit weder die Kamera noch die Filmenden beim Interview störten.

Die Items der einzelnen Fragebögen werden im folgenden Text jeweils mit K für Kinder, E für Eltern und L für Lehrpersonen abgekürzt. Die Ziffer dahinter verweist auf die zugehörige Frage im Fragebogen (s. Anhang).

Die insgesamt 31 Items des Vortests waren in folgende Themenblöcke untergliedert:

1. Soziodemografische Daten
2. Erfahrungsraum der Kinder (K1,K2,K5,K6)
3. Interesse an Pflanzen (K3, K4, K7 bis K10)
4. Wahrnehmung, Attraktivität und Artenkenntnis von Pflanzen (K13 bis K25)
5. Konzepte zu Wachstum und Entwicklung von Pflanzen (K11, K12, K26 bis K31)

Die Fragen des Vortests wurden im Nachtest wiederholt und durch die Bewertung des Mensch-Natur-Kultur-Unterrichts bzw. der Schulgartenerfahrungen ergänzt. Zudem erfolgte im Nachtest eine Unterscheidung in Kontroll- und Testgruppe. Die Interviews waren für beide Gruppen identisch, enthielten aber einige zusätzliche Fragen an die Testgruppe.

a) Kinder ohne Schulgartenerfahrung (Kontrollgruppe)

1. Soziodemografische Daten
2. Erfahrungsraum der Kinder (K1, K2, K5, K6)
3. Interesse an Pflanzen (K3, K4, K7 bis K10)
4. Wahrnehmung, Attraktivität und Artenkenntnis von Pflanzen (K13 bis K24)
5. Konzepte zu Wachstum und Entwicklung von Pflanzen (K11, K12, K25 bis K30)
6. MNK-Unterricht zum Thema Pflanzen (K31 bis K43)

b) Kinder mit Schulgartenerfahrung (Testgruppe)

1.-6. s.o.
7. Schulgartenerfahrung (K44 bis K61)

2.2.2 Schriftliche Befragung

Um das Forschungsfeld möglichst genau zu erschließen und mehrere Perspektiven zu erfassen, wurden neben den Kindern zusätzlich die Lehrpersonen und die Eltern befragt. Die Fragebögen für die Eltern wurden möglichst kurz gehalten (benötigter Zeitraum ca. 10 min), um die Bereitschaft zur Teilnah-

2.2 Untersuchungsmethoden

me zu steigern. Da für die Erkundung konkreter Sachverhalte die Frageform besser geeignet ist als die Behauptung, wurden die Items als Fragen formuliert (Bortz & Döring 2006, 254). Die meisten Items bestanden aus geschlossenen Fragen mit vorgegebenen Antwortkategorien, wodurch nicht nur die bessere „Vergleichbarkeit, [...] höhere Durchführungs- und Auswertungsobjektivität" (Diekmann 2007, 408), sondern auch eine leichtere und schnellere Beantwortung durch die Befragten erzielt wird. Letzteres steigert nicht nur die Bereitschaft, den Fragebogen auszufüllen, sondern es hilft auch dabei, sprachliche Schwierigkeiten zu überwinden, was gerade bei Befragten mit Migrationshintergrund eine große Rolle spielen kann (Diekmann 2007, 408).

Als Antwortskalen wurden jeweils 5-stufige Ratingskalen verwendet. Studien haben gezeigt, dass diese von Probanden bevorzugt werden (Bortz & Döring 2006, 181). Je nach Fragestellung wurden unterschiedliche verbale Marken verwendet, da diese von den Probanden als äquidistant aufgefasst werden (Bortz & Döring 2006, 177). In Anlehnung an Bortz & Döring (2006, 177) wurden in der vorliegenden Untersuchung folgende Skalen verwendet: Bei Fragen zur Häufigkeit wurden Skalen wie *immer, oft, gelegentlich, selten* und *nie* benutzt. Bei manchen Fragen wurde die Marke „immer" durch „jeden Tag" ersetzt, denn es ist unsinnig zu fragen, ob sich jemand *„immer"* in seinem Garten aufhält. Zudem wurden zum Teil prozentuale Häufigkeitsangaben, wie *0%, 25%, 50%, 75%* und *100%*, verwendet. Bei Fragen zur Intensität stand die Skala *gar nicht, kaum, mittelmäßig, ziemlich* und *außerordentlich* zur Wahl. Bei nominalen Antwortformaten wurde Skalen wie *ja* oder *nein* sowie *weiß nicht* angeboten, um keine Aussagen zu erzwingen und damit die Bereitwilligkeit, die Fragen zu beantworten zu erhöhen. Um nicht auf zusätzliche Informationen zu verzichten, wurde häufig eine offene Antwortmöglichkeit gelassen. Die Schlüsselrichtung der Fragen wurde häufiger geändert, um stereotypes Antwortverhalten oder Akquieszenz zu verhindern (Bortz & Döring 2006, 236). Als mögliche Fehlerquelle ist hier die durch das Vorgeben von Antwortkategorien provozierte Antwortverzerrung zu nennen, da erkennbar wird, welche Antworten als extrem empfunden werden (Diekmann 2007).

Um einen Einfluss auf die Interviews mit den Kindern zu vermeiden, wurden die Eltern erst parallel zum Nachtest schriftlich befragt. Die zusätzlichen Daten sollten einerseits die Aussagen der Kinder validieren, andererseits den familiären Hintergrund darlegen. Obwohl Kinder bereits im ersten Schuljahr über stabiles Zeitwissen und Zeitverstehen verfügen (Kübler 2009, 256), fallen ihnen Einschätzungen zu Häufigkeiten noch schwer (Heinzel 2003, 408). Um die hierbei auftretenden Baseline-Errors zu vermeiden, wurden die Eltern gebeten, dieselben Angaben zu Häufigkeiten zu machen wie die Kinder, um diese dann vergleichen bzw. ergänzen zu können. Die mit der Kennung der Kinder versehenen Elternfragebögen konnten von den Kindern selbst am Ende des Interviews mit nach Hause genommen werden. Der Fragebogen für Eltern von Kindern ohne Schulgartenerfahrung umfasste 26 Items, der von Kinder mit Schulgartenerfahrung 33. Die Fragebögen befinden sich im Anhang.

Bei den Fragebögen für die Lehrkräfte, die parallel zum Vor- und Nachtest ausgefüllt wurden, wurde von Anfang an in Lehrpersonen mit bzw. ohne Schulgartenarbeit unterschieden. Die ersteren erhielten einen Fragebogen mit 12 Items, die letzteren mit 15, da drei Fragen zum Schulgarten ergänzt wurden (s. Anhang).

2.3 Probeinterview

Die zehn Probeinterviews mit Kindern der ersten Klasse wurden zu zwei unterschiedlichen Zeitpunkten mit jeweils fünf Jungen und fünf Mädchen durchgeführt. Dabei wurden im ersten Durchgang die Fragenformulierungen überprüft und für den zweiten entsprechend verändert oder ergänzt. Aus den Antworten der Kinder wurden die Antwortkategorien für den Fragebogen entwickelt. Die Probeinterviews dienten gleichzeitig als Interviewtraining (Diekmann 2007, 416). Die Lehrpersonen- und Elternfragebögen wurden an jeweils fünf Erwachsenen getestet. Somit konnte die Verständlichkeit der Fragen sowie die Dauer der Befragung ermittelt werden.

2.4 Stichprobe

Für die Teilnahme an der Untersuchung wurden Schulen gesucht, in denen Lehrpersonen bereits mit Kindern der ersten Klasse in den Schulgarten gehen. Außer der Gartenarbeit wurde auf ein vergleichbares Einzugsgebiet, eine vergleichbare Klassenstärke sowie auf die Erreichbarkeit der Schule (max. 50 km Entfernung von Karlsruhe wegen des Pflanzentransports) geachtet. Zunächst wurden Schulen über den Landesarbeitskreis Schulgärten Baden-Württemberg bzw. über das Internet gesucht (z.B. Homepage der Bundesarbeitsgemeinschaft Schulgarten e.V.). Da auf diesem Weg keine Rückmeldungen erfolgten, wurde primär selektiert (Merkens 2007, 288), d.h. es wurden zehn Rektorinnen und Rektoren von Schulen mit Schulgarten im Raum Karlsruhe gezielt angeschrieben. Schlussendlich nahmen an der Untersuchung drei Karlsruher Stadtschulen sowie zwei Schulen aus dem Landkreis teil. Die Einzugsgebiete der Stadtschulen grenzten direkt aneinander. In einer Stadtschule arbeiteten beide ersten Klassen im Schulgarten, in der Nachbarschule eine, weshalb die Parallelklasse als Kontrollgruppe ausgewählt wurde. Die Lehrpersonen der Kontrollgruppe wurden passend zu den Testklassen ausgewählt (vergleichbares Einzugsgebiet und Klassenstärke), da häufig Lehrpersonen, die sich freiwillig als Kontrollklassen anbieten, enthusiastischer sind und somit die Ergebnisse der Untersuchung beeinflussen (Blair 2009).

2.4 Stichprobe

Von den 152 Kindern, die am Vortest teilnahmen, wurden 15 Monate später 136 erneut in den Schulen angetroffen (Tab. 2). Die übrigen Kinder hatten die Schule gewechselt, eine Klasse wiederholt bzw. übersprungen oder waren im Testzeitraum z.B. wegen Krankheit oder anderen persönlichen Gründen nicht in der Schule. Das Alter der Kinder betrug im Vortest 7 Jahre und im Nachtest 8 Jahre (Median).

Tabelle 2: Zusammensetzung der Stichprobe.

Kinder	Gesamt	Stadt	Land	Mädchen	Jungen
Testgruppe (Mit SGE)	66	55	11	37	29
Kontrollgruppe (Ohne SGE)	70	56	14	43	27

Insgesamt nahmen acht Lehrerinnen, davon eine Lehramtsanwärterin, sowie ein Lehrer an der Untersuchung teil (Abb. 1). Bis auf eine Klasse der Kontrollgruppe, deren Lehrerin im Zeitraum der Untersuchung schwanger wurde, lagen von allen Lehrpersonen Fragebögen des Vor- und Nachtests vor. Die Lehrerin, die die Klasse der Schwangeren übernahm, war erst seit kurzer Zeit in der Klasse, sodass sie nicht befragt werden konnte. Von den befragten Lehrpersonen hatten fünf Biologie studiert, davon drei aus der Testgruppe.

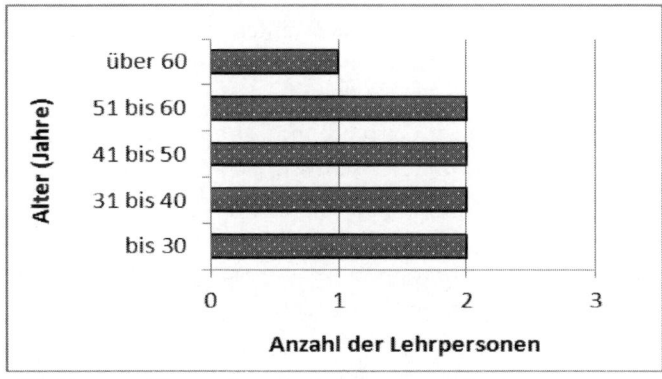

Abbildung 1: Altersstruktur der Lehrpersonen, N = 9.

Die Kinder der Kontrollgruppe erhielten regulären, am Bildungsplan der Grundschule orientierten Unterricht im Klassenzimmer (Ministerium für Kultus, Jugend und Sport 2004). Die Lehrkräfte machten unterschiedlich häufig Lerngänge in die Natur: Die Antwortvorgaben „einmal im Monat", „alle 2 Monate" sowie „zweimal pro Halbjahr" wurden je einmal gewählt. Zwei Klassen nahmen an einem Waldprojekt teil, d.h. sie gingen viermal im Jahr mit einer Waldpädagogin zu einem vierstündigen Lerngang in den Wald. Die Lehrerinnen der Kontrollgruppe kompensierten auf diese Weise die fehlende Gelegenheit zur Gartenerfahrung, um den Kindern Primärerfahrungen in der Natur zu ermöglichen. Von den befragten Lehrkräften der Testgruppe gaben drei an, bereits häufiger im Schulgarten mit Grundschulkindern gearbeitet zu haben, die Schulgärten an diesen Schule bestehen bereits seit 10, 12 bzw. 15 Jahren. Eine Lehrkraft machte diese Erfahrung zum zweiten Mal und eine andere zum ersten Mal.

Die Klasse 1 ging im Durchschnitt einmal pro Woche in den Garten. Die ganze Klasse kümmerte sich um Blumen- und Kräuterbeete, einzelne Kinder hatten auch zu zweit oder dritt ein eigenes Beet. Die Pflanzen und Samen für die Schulgartenbeete bekamen die Kinder von der Lehrerin. Die Klasse 2 ging wöchentlich in den Garten, wo sie sich drei Beete teilten. Die Pflanzen brachten die Lehrerin und einige Kinder mit. Im Wechsel arbeiteten immer einige Kinder am Beet, während andere Bücher zum Lesen mitbrachten. Unkraut wurde stets gemeinsam entfernt. Die Klasse 3 war in Form einer Schulgarten-AG im ersten Jahr wöchentlich im Garten, wobei die Kinder im 14-tägigen wechselnden Turnus teilnahmen. Den Kindern stand als Schulgarten ein großes Gelände zur Verfügung, dass in einen Frühblühergarten mit einem Beet für die ganze Klasse und einem höher gelegeneren Bereich mit einer noch zu bepflanzenden Kräuterspirale geteilt war. Im zweiten Schuljahr wurde eine AG Stunde gekürzt, sodass die Kinder nun nur noch im 14-Tage Rhythmus in den Garten gehen konnten. Die Klasse 4 nutzte wöchentlich einen Beetbereich im Ökologischen Lerngarten der Pädagogischen Hochschule, in dem je zwei bis drei Kinder ein Beet betreuten. Die Lehrerin stellte eine Auswahl an Pflanzen zur Verfügung, aus denen die Kinder auswählen konnten.

Die genaue Zeit des Aufenthalts im Garten konnte anhand der Protokolle nicht exakt ermittelt werden, da einige Themen im Klassenzimmer theoretisch vorbereitet und anschließend im Garten praktisch umgesetzt wurden, oder Ernteprodukte aus dem Garten im Klassenzimmer verarbeitet wurden, sodass eine zeitliche Aufteilung in Unterricht im Garten und Unterricht Klassenzimmer nicht möglich war.

Um die Unterschiede der einzelnen Schulgärten bezüglich ihrer Größe und Artenvielfalt zu erfassen, wurden diese in der Fläche vermessen und botanisch kartiert (Tab. 3).

2.5 Untersuchungsdurchführung

Tabelle 3: Überblick über die Vielfalt an Pflanzen (Artenzahl) sowie Pflanzenfamilien und die Gesamtfläche der vier Schulgärten (verändert nach Inngauer 2008).

Schulgarten	Artenzahl	Pflanzenfamilien	Fläche (m²)
Klasse 1	111	43	136
Klasse 2	76	35	214
Klasse 3 Frühblüher + Kräutergarten	142	64	633
Klasse 4	336	76	1450

Von den Eltern der getesteten Kinder nahmen 92% an der schriftlichen Befragung teil (N = 125). Den Fragebogen füllten zu 75% die Mütter aus, zu 19% die Väter und in 6% der Fälle beide gemeinsam. Etwa zwei Drittel der Eltern waren zwischen 31 und 40 Jahre alt (57%), ein Drittel zwischen 41 und 50 Jahre (30%), 9% unter 30 Jahren und 4% machten keine Angabe zum Alter. Insgesamt nahmen 73 Eltern von Mädchen, 52 Eltern von Jungen teil, 63 Eltern von Kindern mit Schulgartenerfahrung (Testgruppe) und 62 Eltern von Kindern ohne Schulgartenerfahrung (Kontrollgruppe). Insgesamt 6% der Eltern gaben an, sich beruflich mit Pflanzen zu beschäftigen, sechs Eltern der Testgruppe und eine Mutter der Kontrollgruppe. Dabei handelte es sich um die Angestellte eines Büros für Umweltplanung, eine Geoökologin, eine Ernährungsberaterin, eine Floristin, zwei Gärtner sowie eine pharmazeutisch-technische Assistentin.

2.5 Untersuchungsdurchführung

Nach Durchsicht aller in der Untersuchung verwendeten Fragebögen, erfolgte am 13.03.2007 das schriftliche Einverständnis zur Durchführung der Erhebung durch die geschäftsführenden Schulleitungen im Stadtkreis Karlsruhe. Bei den Landschulen genügte das Einverständnis der jeweiligen Rektorinnen und Rektoren, da nur jeweils eine Schule pro Landkreis teilnahm. Anschließend wurden die Eltern angeschrieben und schriftlich um ihre Zustimmung gebeten. Von den angeschriebenen Eltern gaben 98% ihre Zustimmung. Eine Mutter nutzte das Angebot, per Mail Kontakt aufzunehmen, um sich näher über das genaue Prozedere der Befragung zu informieren.

Beim Vortest wurden von März bis Mai 2007 an 22 Tagen durchschnittlich sechs Interviews pro Tag, beim Nachtest von Mai bis Juli 2008 an 20 Tagen durchschnittlich sieben Interviews pro Tag durchgeführt. Ein Interview dauerte im Vortest im Mittel 25.5 Minuten, im Nachtest hingegen 28.2 Minuten, da zusätzliche Fragen zum Unterricht im Klassenzimmer bzw. im Schulgarten gestellt wurden. Die Interviews fanden parallel zum laufenden Unterricht statt. Die Reihenfolge der interviewten Kinder legten diese nach dem Schneeballprinzip selbst fest: Ein getestetes Kind durfte in der Klasse den nächsten Interviewpartner auswählen. Dies motivierte die Kinder nicht nur zusätzlich, sondern führte auch zu einer zufälligen Reihenfolge.

Die Kinder waren hochmotiviert am Interview teilzunehmen, ihr Antwortverhalten war sehr offen.

Die spielerischen Interaktionen lockerten das Interview auf, sodass die Kinder keine Probleme mit ihrer Konzentrationsfähigkeit hatten. Ein Mädchen der Kontrollgruppe beantwortete die Fragen ausschließlich durch Kopfschütteln oder Nicken, war aber bei den Interaktionen aktiv. Die Interviews verliefen in der Regel störungsfrei, bei zwei Interviews kam eine Lehrerin herein, um etwas in einem Schrank zu suchen. Das laute Rascheln überdeckte die Aufnahme, sodass zwei Fragen nur aus den Aufzeichnungen übernommen werden konnten. Bei sechs Interviews war das Mikrofon defekt, sodass beim Transkribieren die Antworten aus dem Fragebogen übernommen wurden. Alle Interviews wurden von studentischen Hilfskräften mit einer digitalen Videokamera (Sony DCR-PC100E) aufgezeichnet. Um die Tonqualität zu verbessern, wurde zusätzlich ein Mikrofon (Sennheiser) angeschlossen. Die Kinder fanden es zu Beginn sehr spannend, gefilmt zu werden, vergaßen dann aber schnell die Kamera im Hintergrund.

2.6 Datenanalyse

Zunächst wurden alle Interviews mit dem Programm Videograph (Rimmele 2005) in Textform überführt. Da die Fragebögen weitgehend standardisiert waren, mussten die einzelnen Fragen nicht extra transkribiert werden, solange sie wie im Interviewleitfaden vorgesehen gestellt wurden. Bei Fragen mit Antwortvorgaben wurde lediglich die entsprechende Antwortkategorie eingetragen. Zusätzlich gestellte Fragen sowie Antworten auf offene Fragen wurden wörtlich transkribiert (Flick 2007a, 264). Die Transkription erfolgte zunächst durch studentische Hilfskräfte und wurde anschließend überprüft, um Übertragungsfehler auszuschließen (Transkriptionsanleitung, s. Anhang). Nach Zusammenführen aller Datensätze eines Kindes wurden diese in eine SPSS Tabelle (IBM 2011) überführt. Um die Schätzungen der Artenzahlen in den Wiesen im Vor- und Nachtest zu vergleichen, wurden lineare Regressionen durchgeführt. Die Abweichungen der Schätzungen in den Modellwiesen von der tatsächlichen Artenzahl wurden mit einseitigen t-Tests berechnet. Um Effekte auf die Schätzungen bzw. die Bewertung der Wiesen durch die Kinder zu untersuchen, wurden multiple Regressionen durchgeführt. Hierzu wurden zunächst alle Variablen in ein Modell aufgenommen und anschließend nicht signifikante Variablen schrittweise eliminiert (Zöfel 2002, 208ff). Der Einfluss dichotomer Variablen (z.B. Schulgartenerfahrung oder Geschlecht) auf intervallskalierte Variablen wurde mit einer einfaktoriellen Regression getestet, nominalskalierte Daten in Kreuztabellen mit dem Chi-Quadrat-Test auf signifikante Zusammenhänge untersucht (Zöfel 2002, 85ff; Bortz & Döring

2.6 Datenanalyse

2006, 662ff). Als Signifikanzstufe wurde $p \leq 0.05$ festgelegt. Im Text wird der Mittelwert mit M, der Standardfehler mit ± und die Standardabweichung mit SD abgekürzt. Tests, die keine signifikanten Unterschiede aufzeigten, wurde im Allgemeinen nicht im Text erwähnt.

Die qualitativ erhobenen Daten wurden Antwortkategorien zugeordnet, die z.T. theoriegeleitet und z.T. induktiv aus den erhobenen Daten gebildet wurden. Dabei wurde darauf geachtet, dass die Kategorien „disjunkt, erschöpfend und präzise" (Diekmann 2007, 489) waren. Um die Reliabilität der Kategoriensysteme zu gewährleisten, wurden die Daten von zwei unterschiedlichen Personen kodiert. Zum Berechnen der Kodierreliabilität wurde folgende Formel angewendet (ebd., 493): (2 x Anzahl der Übereinstimmungen) geteilt durch [(Anzahl Kodierungen Kodierer 1)+(Anzahl Kodierungen Kodierer 2)]. Die Kodierreliabilität lag im Durchschnitt bei 0.92. Anschließend wurden die Daten quantitativ ausgewertet. Auf diese Weise können die Vorteile der qualitativen Methode im Erheben der Daten mit den Vorteilen der quantitativen Methoden im Auswerten sinnvoll kombiniert werden (ebd., 454).

3 Wahrnehmung und Attraktivität von Pflanzen

Defizite in der Wahrnehmung pflanzlicher Biodiversität werden vor allem im Zusammenhang mit der *Convention on Biological Diversity* der Vereinten Nationen (UNEP 2000) und der Nationalen Strategie (BMU 2007) thematisiert. Als konkrete Maßnahme zur Umsetzung im Bildungssystem wird die Anlage und Nutzung von Schulgärten vorgeschlagen (BMU 2007). Daher soll im folgenden Kapitel untersucht werden, welchen Einfluss die Schulgartenerfahrung auf die Wahrnehmung von Pflanzen hat und ob durch die Primärerfahrung die Attraktivität von Pflanzengemeinschaften, sowie die einzelner Pflanzen gesteigert wird. Nach der Darstellung der momentanen Situation werden zunächst die Forschungsfragen formuliert. Danach werden die Untersuchungsmethoden erläutert, bevor die einzelnen Ergebnisse der Untersuchung dargelegt und diskutiert werden.

3.1 Theoretischer Hintergrund

Um die Wahrnehmungsfähigkeit für Artenvielfalt zu erfassen, entwickelte Lindemann-Matthies auf der Grundlage von Studien zur Produktivität von Testflächen mit unterschiedlicher Diversität das „Wiesenexperiment" (Lindemann-Matthies 2002b). Ausgehend von der Frage, ob Menschen Artenvielfalt überhaupt wahrnehmen, wurden in einer Pilotstudie Pflanzbecken mit vier bzw. zehn verschiedenen Pflanzenarten bestückt und anschließend Studierenden präsentiert, die die vorhandene Artenvielfalt schätzen sollten (Lindemann-Matthies 2002b). In der anschließenden Hauptstudie wurden Holzkästen mit 4, 8, 16, 32 und 64 getopften Pflanzenarten zu „Wiesen" zusammengestellt. Die Artenvielfalt dieser „Wiesen" sollte nun von Besuchern der Botanischen Gärten Zürich bzw. Marburg geschätzt werden (Lindemann-Matthies et al. 2004; Lindemann-Matthies et al. 2010). Begleitend wurden mit einem Fragebogen unter anderem Artenkenntnis, Vorwissen und Interesse der Befragten erhoben. Die Untersuchungen zeigten, dass artenreiche Testflächen häufig unterschätzt und artenarme häufig überschätzt wurden. Die Schätzgenauigkeit hing signifikant mit der Artenkenntnis zusammen: Je mehr Arten eine Person nennen konnte, desto genauer konnte die Vielfalt geschätzt werden. In einer weiteren Studie konnten Testpersonen ihre persönliche Lieblingswiese aus zur Verfügung gestellten getopften Pflanzenarten selbst zusammenstellen (Lindemann-Matthies & Bose 2007). Die Testpersonen wählten für ihre Wiesen vor allem verschiedene Pflanzenarten, nur ein Drittel wählte auffällig blühende Pflanzen. Neben großen, auffälligen Blüten wählten die Menschen aber auch Gräser, um einen Hintergrund für die Blühenden zu haben (ebd.).

3.2 Fragestellung

Um den Einfluss der Schulgartenerfahrung auf die Wahrnehmung und Attraktivität pflanzlicher Vielfalt zu untersuchen, wurden folgende Forschungsfragen formuliert:

1. Können Kinder mit SGE (Testgruppe) die Artenvielfalt in den Testflächen genauer einschätzen als Kinder ohne diese Erfahrung (Kontrollgruppe)?
2. Besteht ein Zusammenhang zwischen Schätzgenauigkeit und dem Beherrschen des mathematischen Zahlenraums?
3. Können die Kinder beim Schätzen gleichzeitig auf Farbe und Form achten?
4. Welche weiteren Variablen (Artenkenntnis, Benennen von Pflanzenteilen etc.) haben einen Einfluss auf die Schätzungen?
5. Bevorzugen Kinder mit SGE Wiesenarrangements mit größerer Vielfalt?
6. Bevorzugen Mädchen Wiesen mit größerer Artenvielfalt als Jungen?
7. Welche Gründe geben Kinder für die Wahl einer bevorzugten „Wiese" an?
8. Welche Merkmale (Größe, Farbe etc.) besitzt eine Pflanze, die von den Kindern als Favorit ausgewählt wird?

3.3 Methode

In der vorliegenden Untersuchung wurde zunächst das oben erläuterte „Wiesenexperiment" für den Einsatz im Primarbereich modifiziert und sowohl im Vor- wie auch Nachtest durchgeführt. Begleitend hierzu wurden die Kinder im Rahmen des leitfadenstrukturierten Einzelinterviews befragt (vgl. Kapitel 2.2.1).

3.3.1 Pflanzenmaterial und Zusammenstellung der „Wiesen"

Für das Experiment standen 57 krautige Pflanzenarten sowie 12 Gräserarten, insgesamt 998 Pflanzenindividuen, zur Verfügung (s. Artenliste im Anhang). Die wissenschaftlichen Artnamen der Pflanzen in der gesamten Arbeit richten sich nach der Nomenklatur nach Rothmaler (2000). Die Auswahl der Wiesenpflanzen erfolgte dabei nach pflanzensoziologischen Gesichtspunkten. Es wurden Arten der heimischen Tal-Glatthafer-Wiese des mittleren und oberen Rheins (Oberdorfer 1993) ausgewählt (Klasse *Molinio-Arrhenatheretea*, Assoziation *Arrhenatheretum elatioris*). Als Richtwerte wurden die Stetigkeitszahlen zu Grunde gelegt, da hochstete Arten verbindende Elemente einer Gemeinschaft darstellen, während Arten mit geringer Stetigkeit eher zufällige Begleiter sind (Dierschke 1994,179). Entsprechend wurden Pflanzen mit hohen Stetigkeitszahlen häufiger in den „Wiesen" verwendet als solche mit niedrigeren. Ein weiteres Kriterium bei der Auswahl war eine Blühzeit zwischen April und Juni, um den Eindruck einer natürlich blühenden Wiese zu erzeugen. Die Pflanzen durften weder giftig sein noch phototoxische oder allergische Reaktionen hervorrufen (wie z.B. *Heracleum sphondylium* oder *Pastinaca sativa*). Des Weiteren wurden Unterschiede in Wuchshöhe, Blattform (gefiedert, gefingert, rundblättrig etc.) sowie der Blütenfarbe und -größe bei der Auswahl mitberücksichtigt. Ähnliche Pflanzen einer Gattung wie z.B. *Ranunculus acris* und *Ranunculus repens* wurden nie gemeinsam in einer „Wiese" verwendet, da sie leicht als eine Art angesehen werden könnten. Besonders bei den Grasarten wurde darauf geachtet, dass sie beim näheren Hinsehen problemlos unterscheidbar waren, z.B. *Holcus lanatus* und *Bromus erectus*. Zuletzt spielten die Verfügbarkeit und Haltbarkeit der Pflanzen in den kleinen Töpfen an dem Anzuchtstandort eine Rolle.

Viele Pflanzen, vor allem die Grasarten, wurden von der Universität Zürich übernommen. Einige Grassamen konnten vom Botanischen Garten der Universität Karlsruhe bezogen werden, die meisten Samen wurden jedoch im Fachhandel bestellt. Die Aussaat und Anzucht der Pflanzen erfolgte an der Pädagogischen Hochschule: teils im Klimaschrank, teils im Gewächshaus. Die Programmierung des Klimaschranks umfasste neben der Temperatur auch Feuchte und UV-Strahlung, sodass mit Hilfe der Klimadaten des Deutschen Wetterdienstes am Standort Karlsruhe die Pflanzen vorzeitig zum Blühen gebracht werden konnten. Aufgrund des milden Winters 2006/2007 war die „Wiese" Ende März im Blühzustand des Aprils. Die Wiesenarrangements wurden, so weit möglich, im Vor- und Nachtest identisch zusammengestellt. Bei der Kontrollgruppe waren die Wiesenzusammenstellungen nahezu identisch, bei der Testgruppe wurde aufgrund der unterschiedlichen Testzeiträume im Vortest eher eine Frühlingswiese und im Nachtest eher eine Sommerwiese präsentiert.

Der Anzuchtstandort „Dach" bereitete einige Schwierigkeiten: Die Sonnenexposition führte zum schnellen Austrocknen der Pflanzen, weshalb eine programmierbare Bewässerung installiert wurde. Einige Blätter zeigten aufgrund von Mineralstoffmangel eine rötlich Färbung, sodass sie wie eine eigene Art aussahen und nicht im Experiment verwendet werden konnten. Das Wurzelwachstum war durch die kleinen Töpfe begrenzt, sodass die Pflanzen häufig geteilt bzw. umgetopft werden mussten. Die kurzzeitige Unterbringung der Pflanzen im Hochschulgarten hatte zur Folge, dass viele Schnecken „eingeschleppt" wurden. Weitere Schädlinge wie Trauermücken, Raupen sowie Wurzel- bzw. Blattläuse mussten regelmäßig entfernt werden. Außer Krähen, die junge Schösslinge fraßen, versuchten Tauben in den „Wiesen" zu nisten, weshalb Krähenattrappen aufgestellt und Vogelnetze aufgespannt werden mussten.

3.3 Methode

Für das Experiment wurden vier Holzkästen mit je 49 Töpfen der Größe 9 x 9 x 10 bestückt. Dabei wurde die Diversitätsstufe stets verdoppelt, sodass schlussendlich Wiesenarrangements mit 2, 4, 8 und 16 Arten zur Verfügung standen (Tab. 4). Auf eine weitere Verdopplung der Artenzahl wurde verzichtet, da bei Kindern der ersten Klasse nur der Zahlenraum bis 20 vorausgesetzt werden kann. Die Kästen wurden jeweils mit Buchstaben von A bis D gekennzeichnet, da eine Nummerierung eine bestimmte Artenzahl suggerieren könnte: Die Wiese Nr. 2 könnte zufällig tatsächlich 2 Arten enthalten. Die Kästen wurden immer in der gleichen Reihenfolge (8-2-16-4 Arten) präsentiert.

Tabelle 4: Zusammenstellung einer 8-Arten-Wiese.

Anzahl verwendeter Arten	Art
18	Alopecurus pratensis
8	Dactylis glomerata
4	Arrhenatherum elatius
4	Veronica chamaedrys
3	Trifolium pratense
3	Leucanthemum vulgare
5	Lychnis flos-cuculi
4	Vicia cracca

Um den Einfluss zwischen Artenreichtum und Artenzusammensetzung unterscheiden zu können, erfolgte die Auswahl der Arten für die jeweiligen Wiesen zufällig, wobei jeweils drei Gruppen zur Wahl standen: Gräser, blühende Kräuter und nicht-blühende Kräuter. Um für den gesamten Testzeitraum vergleichbare Wiesen zu erhalten, wurden für die Zusammenstellung bestimmte Kriterien festgelegt (Tab. 5).

Tabelle 5: Festlegung der Artenverteilung in den Wiesen.

Diversitätsstufe	Anzahl der Gräser	Anzahl der Kräuter
2 Arten	35 (1 Art)	14 (1 Art)
4 Arten	30 (2 Arten)	19 (2 Arten)
8 Arten	30 (3 Arten)	19 (5 Arten)
16 Arten	25 (4 Arten)	24 (12 Arten)

Die Wiesenpflanzen wurden morgens vom Dach der Hochschule an die Schulen gebracht, wo sie zu Wiesen zusammengestellt wurden. Pro Testdurchlauf wurden 227 getopfte Pflanzen benötigt. Bei der Verteilung der Arten innerhalb der Kästen wurde darauf geachtet, dass alle verwendeten Arten in den vordersten zwei Reihen gut sichtbar waren, damit auch kleine Kinder alle verwendeten Arten tatsächlich auch sehen konnten. Wer wollte, durfte sich auch auf einen Stuhl stellen. Um den Einfluss der Reihung der einzelnen Wiesenarrangements auf die Attraktivität unterscheiden zu können, wurde jeder Versuchsblock gekennzeichnet (A1 bis A16). Jedes Mal, wenn eine Pflanzenart ausgetauscht wurde, erhielt das Arrangement eine neue Kennung. Insgesamt ergaben sich so 16 verschiedene Versuchsblöcke, acht pro Testdurchlauf. Um den Einfluss der strukturellen und farblichen Unterschiede auf die Wahrnehmung und Attraktivität der Testflächen mit zu erfassen, wurden die Anzahl der blühenden Pflanzen sowie der Variationskoeffizient der Wuchshöhe mitberechnet.

Da zum Aufbau der „Wiesen" viel Platz benötigt wurde, fanden die Interviews in nicht belegten Räumen an den jeweiligen Schulen statt (einem freien Klassenzimmer, einem Besprechungsraum, einer Schulküche, einem Arztzimmer sowie einem Café für Schülerinnen und Schüler). Die Räume waren den Kindern vertraut, sodass sie nicht durch eine fremde Umgebung verunsichert wurden (Heinzel 2003). Vor- und Nachtest fanden jeweils im gleichen Raum statt, nur bei zwei Klassen der Testgruppe musste im Nachtest auf einen Materialraum ausgewichen werden, da das im Vortest genutzte Klassenzimmer wegen Pilzsporenbefall nicht mehr zur Verfügung stand. Zwei Klassen der Kontrollgruppe wurden im Nachtest im Freien befragt, da der einzig verfügbare Raum für andere Zwecke benötigt wurde. Häufig konnten die Kästen mit den Pflanzen im Zimmer verbleiben, sodass kein täglicher Auf- und Abbau nötig war. Allerdings verblassten einige Blüten, da die UV-Strahlung vom sonnenexponierten Standort fehlte. So waren die Blüten von *Lychnis flos-cuculi* oder *Trifolium pratense* nach einer Woche im Klassenzimmer fast ganz weiß. Soweit vorhanden, wurden diese dann durch neue Pflanzen ersetzt.

3.3.2 Befragung der Kinder

Zunächst wurde das Gespräch mit einer Frage nach dem eigenen Garten eröffnet (K1). Es wurde erfasst, welche Möglichkeiten die Kinder zum Kontakt mit Pflanzen im eigenen Garten haben und welche Elemente ihres Umfelds sie bewusst wahrnehmen und beschreiben können. Die Eltern wurden ebenfalls nach einem eigenen Garten und seiner Bepflanzung befragt (E1), um im Vergleich mit den Aussagen der Kinder Rückschlüsse auf die Wahrnehmung der Kinder zu ziehen. Auch die Lehrpersonen wurden zu ihrem eigenen Garten, soweit vorhanden, befragt (L1). Die Auswahlmöglichkeiten der Antwort-

3.3 Methode

vorgaben entsprachen den Fragen des Kinderfragebogens. Es wurde erfasst, inwieweit sich die Lehrkräfte privat mit Gartenpflanzen beschäftigen.

Vor dem Wiesenexperiment wurde erhoben, wie weit die Kinder zählen können. Dies sollte sicherstellen, dass das Ergebnis nicht durch fehlende Zahlenkenntnisse verfälscht wurde. Zudem wurde den Kindern auf diese Weise klar gemacht, dass der ihnen bekannte Zahlenraum zum Lösen der Aufgabe ausreichend war. Um auf das Wiesenexperiment vorzubereiten, wurden die Kinder zunächst aufgefordert, 49 Legosteine auf ihre Artenzahl zu schätzen: Ein Kasten enthielt vier, der andere elf unterschiedliche Arten von Legosteinen (K13). Da bei der Schätzung der „Arten" sowohl auf Farbe als auch auf Form geachtet werden musste, konnte getestet werden, ob die Kinder in der Lage sind, Information aus verschiedenen Dimensionen zu integrieren (Sodian 2012, 388). Die heutige Forschung geht davon aus, dass die von Piaget angenommene Zentrierung, d.h. die Fixierung auf nur eine Dimension, z.B. Farbe oder Form, aufgabenspezifisch ist. Es zeigte sich, dass bei dieser Aufgabe die Kinder sehr wohl beide Dimensionen berücksichtigen konnten, so dass dieser Einfluss ausgeschlossen werden konnte. Die Kinder wurden anschließend gebeten, die verschiedenen Pflanzenarten in den Wiesen zu schätzen bzw. die Pflanzenarten zu zählen (K14). Um beim Wiesenexperiment nicht nur eine reine Gedächtnisleitung in Bezug auf die Merkfähigkeit abzuprüfen, durften die Kinder an den Fingern abzählen oder mich zum Zählen hinzuziehen: Sie zeigten auf eine Pflanze, die ich für sie zählte. Es war kein Zeitlimit vorgegeben, die Pflanzen durften auch taktil erkundet werden.

Die Kinder konnten zunächst einen Wiesenfavoriten auswählen und die Wahl begründen (K15, K16), bevor sie die übrigen Wiesen - ebenfalls mit Begründung - bewerten durften (K17). Da Kinder in der ersten Klasse noch nicht mit dem schulischen Notensystem vertraut sind, wurde auf eine Benotung der Wiesen verzichtet. Den Kindern standen daher drei Smileys zur Verfügung: Die Wiese *gefällt mir gut* ☺, *es geht so* 😐 oder sie *gefällt mir gar nicht* ☹. Smileys steigern nicht nur die Motivation, sie sind als symbolische Marken äquidistant und erleichtern die Urteilsabgabe, da ihre Bedeutung auf einen Blick erfasst wird (Bortz & Döring 2006, 177). Es standen ausreichend Smileys jeder Kategorie zur Verfügung, sodass die Kinder die Wiese unabhängig voneinander bewerten konnten. Auf eine Reihung der Wiesen nach Präferenz wurde bewusst verzichtet, da manchen Kindern solche Entscheidungen sehr schwer fallen. Später im Interview wurden die Kinder nach ihrer Lieblingspflanze befragt (K22, K23). Die Probeinterviews hatten gezeigt, dass diese Frage nicht im direkten Anschluss an das Wiesenexperiment gestellt werden konnte, da Kinder, die die Wiesen aufgrund einer Pflanze gewählt hatten, der Ansicht waren, diese Frage bereits beantwortet zu haben und folglich keine weiteren Angaben machten.

3.4 Ergebnisse

Im Folgenden wird zunächst der persönliche Erfahrungsraum der Kinder dargelegt, bevor die Ergebnisse zur Wahrnehmung von Artenvielfalt in Abhängigkeit der Schulgartenerfahrung vorgestellt werden. Es folgt im Anschluss die Bewertung der Attraktivität von Pflanzengemeinschaften, sowie einzelner Pflanzen durch die Kinder.

3.4.1 Erfahrungsraum der Kinder

Insgesamt 41% der Kinder und Eltern gaben übereinstimmend an, über einen eigenen Garten zu verfügen, 44% verneinten dies. Von den Übrigen 15% gaben entweder die Eltern an, einen Garten zu haben, und die Kinder verneinten dies oder umgekehrt. Diese unterschiedlichen Angaben waren signifikant (df = 3, Chi-Quadrat-Wert = 67.45, p < 0.001). Es zeigte sich ein signifikanter Unterschied zwischen Test- und Kontrollgruppe (Abb. 2): Mehr Kinder der Testgruppe gaben an, Zugang zu einem Garten oder gestaltetem Hinterhof zu haben (df = 3, Chi-Quadrat-Wert = 9.87, p = 0.020). In der Testgruppe gaben 35 Eltern an, einen eignen Garten zu besitzen, in der Kontrollgruppe waren es 27, der Unterschied war nicht signifikant (df = 3, Chi-Quadrat-Wert = 3.23, p = 0.072). Bei den Gärten handelte es sich häufig um angemietete Schrebergärten in der Nähe der Wohnung.

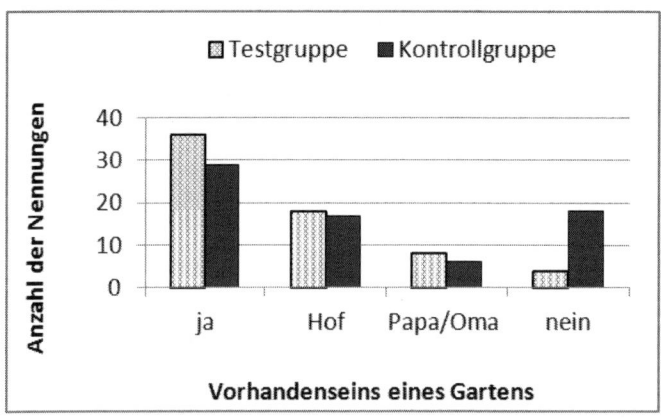

Abbildung 2: Angaben der Kinder über das Vorhandensein eines eigenen Gartens bzw. eines gestalteten Hinterhofs im Vergleich von Testgruppe (Mit SGE, N = 66) und Kontrollgruppe (Ohne SGE, N = 70) im Nachtest.

Die Menge an Gestaltungselementen, die Kinder und ihre Eltern für ihren Garten nennen, wie z.B. Blumenbeete, Bäume, Rasen etc., war im Nachtest positiv korreliert (r = 0.45, $F_{1,56}$ = 14.44, p < 0.001; Kinder: M = 3.1 ± 0.14; Eltern: M = 3.6 ± 0.15). Die Kinder bezogen bei ihren Angaben auch die Gartenelemente in ihrem begrünten Hinterhof oder dem Garten der Oma bzw. des anderen Elternteils mit ein (Abb. 3).

3.4 Ergebnisse

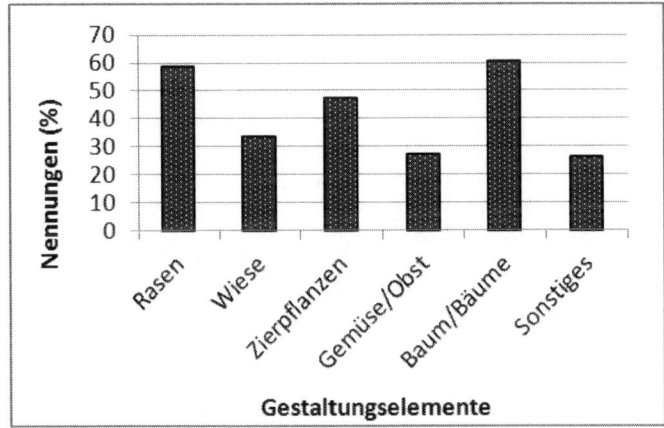

Abbildung 3: Angaben der Kinder zum Vorkommen einzelner Gestaltungselemente im Garten bzw. im Hinterhof. Die Kategorie „Sonstiges" beinhaltet Angaben wie Teich, Spielelemente (Schaukel, Sandkasten, Trampolin etc.), Gartenhütte oder Bank. Mehrfachnennungen waren möglich, N = 114.

Während im Vortest 13% der Kinder angaben, ein eigenes Beet in ihrem Garten zu besitzen, waren es im Nachtest 24%. Die Schulgartenerfahrung hatte hierauf keinen Einfluss.

Mit Ausnahme einer Lehrerin der Testgruppe gaben alle Lehrkräfte an, über einen eigenen Garten zu verfügen, sechs Lehrpersonen hatten Zierpflanzen und vier zusätzlich Gemüse angepflanzt.

3.4.2 Wahrnehmung von Artenvielfalt

Kinder beider Gruppen erkannten sowohl im Vortest als auch im Nachtest die steigende Anzahl von Pflanzenarten in den Testwiesen. Dabei wurden artenarme Flächen leicht überschätzt, artenreiche eher unterschätzt. Zur Darstellung der Schätzungen von Test- und Kontrollgruppe im Vergleich von Vor- zu Nachtest wurde der Median herangezogen (Abb. 4). Dieser ist am unempfindlichsten gegenüber Ausreißerwerten, sodass einzelne Schätzungen nicht das Gesamtergebnis beeinflussen (Zöfel 2002, 35).

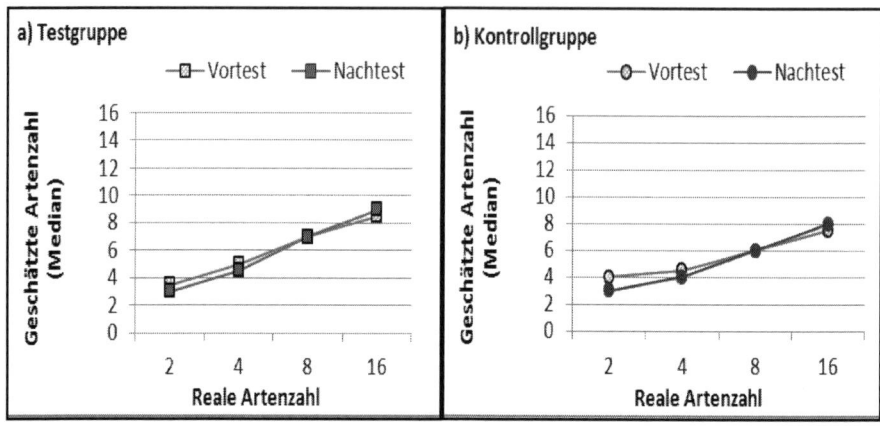

Abbildung 4: Schätzungen der Artenzahl in den Testwiesen der (a) Testgruppe (Mit SGE, N = 66) und (b) Kontrollgruppe (Ohne SGE, N = 70) im Vergleich von Vor- zu Nachtest.

Mit Ausnahme der Schätzung der 8-Arten-Wiese im Vortest waren alle Abweichungen der Schätzwerte der tatsächlichen Artenzahl in Vor- und Nachtest bei beiden Gruppen signifikant (Tab. 6).

Tabelle 6: Abweichung der Schätzung von der tatsächlichen Artenzahl in den Testwiesen im Vergleich von (a) Testgruppe (Mit SGE, N = 66) und (b) Kontrollgruppe (Ohne SGE, N = 70) im Vor- und Nachtest.

Artenzahl	Testgruppe	Kontrollgruppe
Vortest		
2	M 4.3, T = 5.63, df = 65, p < 0.001	M 5.6, T = 6.18, df = 69, p < 0.001
4	M 5.8, T = 2.98, df = 65, p = 0.040	M 6.6, T = 3.35, df = 69, p = 0.001
8	M 7.6, T = -1.01, df = 65, p = 0.320	M 7.1, T = -1,78, df = 69, p = 0.080
16	M 9.0, T = -15.8, df = 65, p < 0.001	M 9.8, T = -8.83, df = 69, p < 0.001
Nachtest		
2	M 3.7, T = 5.68, df = 65, p < 0.001	M 4.3, T = 3.16, df = 69, p = 0.002
4	M 5.8, T = 4.06, df = 65, p < 0.001	M 6.1, T = 2.44, df = 69, p = 0.017
8	M 6.9, T = -3.74, df = 65, p < 0.001	M 6.9, T = -2.21, df = 69, p = 0.031
16	M 9.4, T = -16.96, df = 65, p < 0.001	M 9.5, T = -10.09, df = 69, p < 0.001

Da es ein Unterschied war, ob Kinder in der 2-Arten- oder 16-Arten-Wiese bei der Schätzung eine Art mehr oder weniger angaben, wurde die Differenz der Abweichung von der tatsächlichen Artenzahl berechnet, indem die tatsächliche Artenzahl von der geschätzten abgezogen wurde. Die Standardfehler dieser Differenz von Kindern der Testgruppe war bereits im Vortest geringer als die der Kontrollgruppe und verringerte sich im Nachtest weiter (Abb. 5).

3.4 Ergebnisse

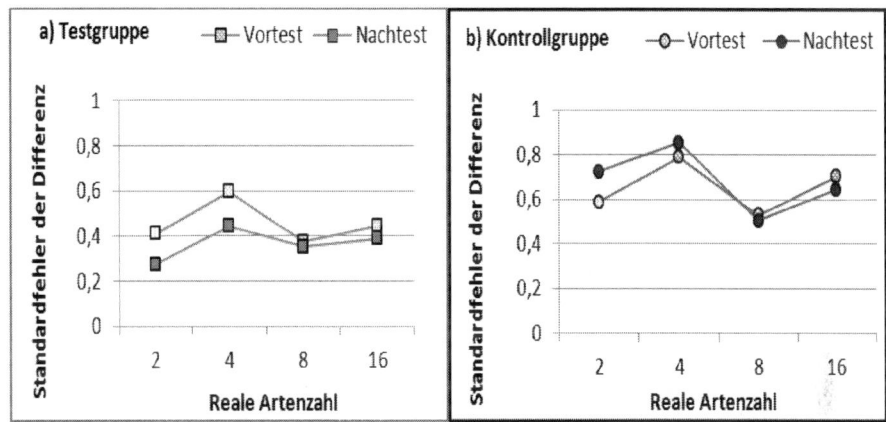

Abbildung 5: Standardfehler der Differenz zwischen der geschätzten und tatsächlichen Artenzahl in den Testwiesen der (a) Testgruppe (Mit SGE, N = 66) und der (b) Kontrollgruppe (Ohne SGE, N = 70) im Vergleich von Vor- zu Nachtest.

Auf die Frage nach dem Zahlenraum gaben im Vortest 3/4 der Kinder an, bis 100 zählen zu können, ca. 1/4 konnte bereits bis 1000 zählen. Im Nachtest beherrschten ungefähr 2/3 den Zahlenraum bis 100 und 1/3 bis 1000 und mehr (Abb. 6). Die Angaben zum Zahlenraum zeigten keinen signifikanten Einfluss auf die Schätzungen.

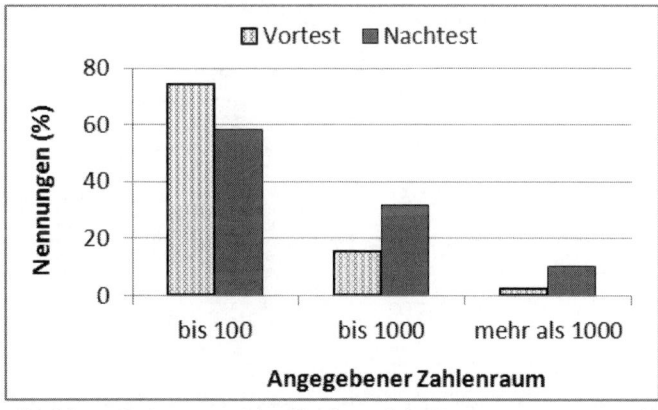

Abbildung 6: Antworten der Kinder auf die Frage, wie weit sie zählen können, im Vergleich von Vor- zu Nachtest, N = 136.

Die elf verschiedenen Arten von Legosteinen schätzten im Vortest 22% der Kinder korrekt (M = 9.7, T = -7.44, df = 135 p < 0.001), während es im Nachtest 21% waren (M = 9.5, T = -8.89, df = 135 p < 0.001). Die Kinder der Testgruppe lagen mit ihren Schätzungen im Nachtest näher an der tatsächlichen Anzahl unterschiedlicher Legosteine als Kinder der Kontrollgruppe (Abb. 7).

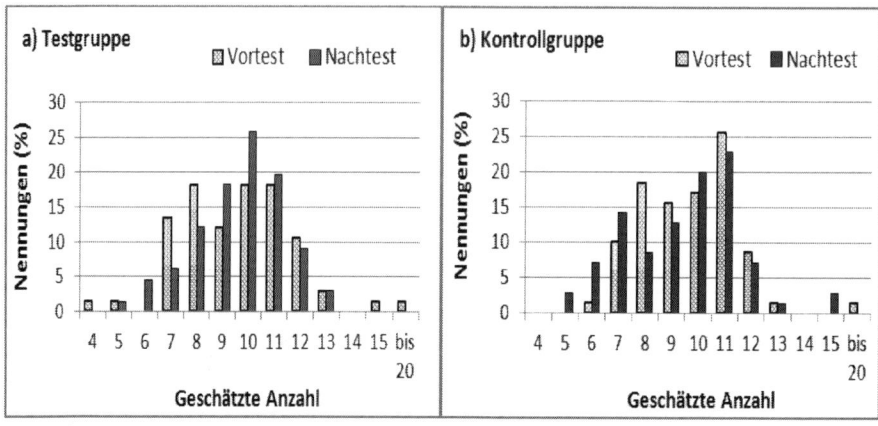

Abbildung 7: Schätzungen der Anzahl unterschiedlicher Legosteine in der Kiste mit 11 Sorten der (a) Testgruppe (Mit SGE, N = 66) und der (b) Kontrollgruppe (Ohne SGE, N = 70) im Vergleich von Vor- zu Nachtest.

Die Schätzungen im Kasten mit den elf verschiedenen Legosteinen korrelierte positiv mit allen Schätzungen der Kontrollgruppe im Vor- und Nachtest, und der Schätzungen der 8- und 16-Arten-Wiese der Testgruppe im Nachtest (Tab. 7).

Tabelle 7: Zusammenhang der Schätzung des Legokastens mit elf Sorten auf die Schätzung der Artenzahl in den Wiesen im Vergleich der (a) Testgruppe (Mit SGE, N = 66) und (b) Kontrollgruppe (Ohne SGE, N = 70) in Vor- und Nachtest.

	Testgruppe	Kontrollgruppe
Artenzahl		
Vortest		
2	-	r = 0.35, $F_{1,68}$ = 9.54, p = 0.003
4	-	r = 0.34, $F_{1,68}$ = 8.90, p = 0.004
8	-	r = 0.38, $F_{1,68}$ = 11.36, p = 0.001
16	-	r = 0.43, $F_{1,68}$ = 15.56, p < 0.001
Nachtest		
2	-	r = 0.24, $F_{1,68}$ = 4.16, p = 0.050
4	-	r = 0.26, $F_{1,68}$ = 4.09, p = 0.030
8	r = 0.27, $F_{1,64}$ = 5.15, p = 0.030	r = 0.29, $F_{1,68}$ = 6.36, p = 0.010
16	r = 0.32, $F_{1,64}$ = 7.17, p = 0.009	r = 0.27, $F_{1,68}$ = 5.13, p = 0.030

Die Formenkenntnis der Kinder zeigte im Vortest einen signifikanten Zusammenhang zur der Schätzung der 4-Arten-Wiese (r = 0.19, $F_{1,134}$ = 4.99, p = 0.027): Je mehr Pflanzen die Kinder nennen konnten, desto genauer konnten sie die 4-Arten schätzen. Innerhalb der Testgruppe war die Formenkenntnis und die Schätzung der 4-Arten-Wiese (r = 0.24, $F_{1,64}$ = 3.87, p = 0.053) und der 8-Arten-Wiese (r = 0.24, $F_{1,64}$ = 3.88, p = 0.053) positiv korreliert.

3.4 Ergebnisse

Im Nachtest zeigte sich innerhalb der Testgruppe ein signifikanter Zusammenhang zwischen der allgemeinen Formenkenntnis und der Schätzung der 8-Arten-Wiese (r = 0.31, $F_{1,64}$ = 6.59, p = 0.013) und der 16-Arten-Wiese (r = 0.38, $F_{1,64}$ = 10.76, p = 0.002). Je mehr Pflanzen die Kinder nannten, desto genauer war ihre Schätzung der tatsächlichen Artenzahl (Abb. 8).

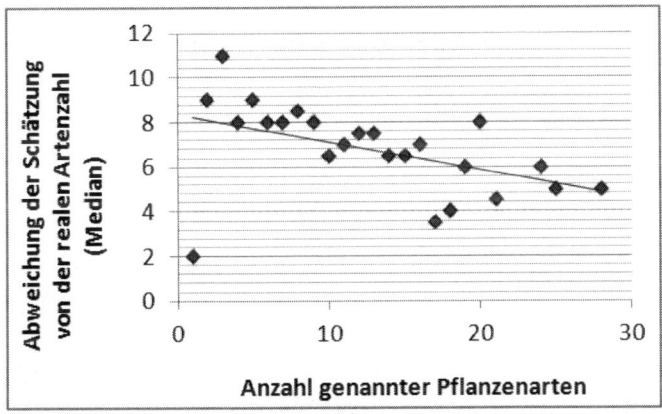

Abbildung 8: Zusammenhang der Formenkenntnis und der Abweichung der Schätzung von der realen Artenzahl der 16-Arten-Wiese im Nachtest von Kindern der Testgruppe (Mit SGE, N = 66).

Während die Existenz eines eigenen Gartens keinen signifikanten Einfluss auf die Schätzungen hatte, war die Anzahl der genannten Gartenelemente positiv mit der Schätzung der 4-Arten-Wiese (r = 0.19, $F_{1,110}$ = 4.02, p = 0.047) bzw. der 8-Arten-Wiese (r = 0.26, $F_{1,110}$ = 5.86, p = 0.017) korreliert: Je mehr Gestaltungselemente die Kinder in ihrem Garten angaben, desto besser konnten sie die realen Artenzahlen schätzen. Die Kenntnis von Pflanzenteilen (Blatt, Stängel, Blüte etc.) war nur mit der Schätzung der 8-Arten-Wiese der Testgruppe im Nachtest positiv korreliert (r = 0.30, $F_{1,64}$ = 6.18, p = 0.016): Je mehr Teile die Kinder nennen konnten, desto genauer schätzen sie die Anzahl der Wiesenpflanzen.

3.4.3 Attraktivität von Pflanzengemeinschaften

Als schönste Wiese wählten die meisten Kinder im Vor- und Nachtest die 16-Arten-Wiese (Abb. 9). Die Wahl hing im Nachtest signifikant mit der Anzahl der blühenden Pflanzen zusammen (r = 0.89, $F_{1,134}$ = 507.39, p < 0.001): Je mehr blühende Pflanzen in der Wiese vorkamen, desto eher wurde sie zum Favoriten gewählt.

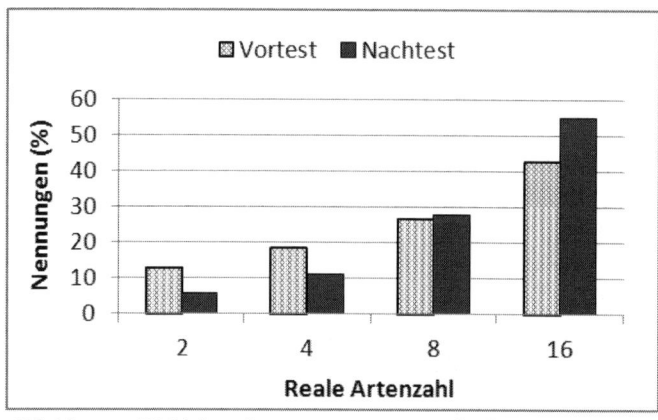

Abbildung 9: Wahl der schönsten Wiese im Vergleich von Vortest zu Nachtest, N = 136.

Zwischen der Artenzahl der im Vortest und im Nachtest gewählten Wiesen wurde die Differenz gebildet. Wenn Kinder von artenarmen zu artenreichen Wiesen wechselten, ergab sich eine Differenz, die mit zunehmendem Unterschied zwischen der Artenzahl in den Wiesen größer wurde. Diese Differenz wurde in eine Varianzanalyse mitaufgenommen (Mit SGE: M = 2.3 ± 0.78; Ohne SGE: M = 1.1 ± 0.83). Die Wahl einer bevorzugten Wiese wurde von der Menge der blühenden Pflanzen, der Variation der Wuchshöhe sowie der Differenz zur Wahl im Vortest signifikant beeinflusst, die Schulgartenerfahrung zeigte eine Tendenz auf (Tab. 8).

Tabelle 8: Variablen, die in einer univariaten Varianzanalyse (Typ II SS) einen Einfluss auf die Wahl der schönsten Wiese im Nachtest hatten (r = 0.85, $F_{4,114}$ = 157.17, p < 0.001).

In das Modell aufgenommene Variablen	df	MS	F	p
Anzahl der blühenden Pflanzen	1	748.87	170.52	< 0.001
Differenz zur Wahl im Vortest	1	153.27	34.90	< 0.001
Variation der Wuchshöhe	1	18.53	4.22	0.042
Schulgartenerfahrung	1	14.99	3.41	0.067
Restvariation	114	4.392		
Summe	118			

Kinder der Testgruppe wählten im Vortest häufiger artenarme Wiesen als Favoriten aus als Kinder der Kontrollgruppe (df = 3, Chi-Quadrat-Wert = 18.46, p < 0.001). Im Nachtest änderten 28% der Kinder mit Schulgartenerfahrung ihre Wahl und wechselten von den artenärmeren zu den artenreicheren Arran-

3.4 Ergebnisse

gements (Abb. 10, a). In der Kontrollgruppe bevorzugten die meisten Kinder im Vor- und Nachtest dieselbe Wiese, etwa 11% der Kinder wechselten von der 8-Arten- zur 16-Arten-Wiese (Abb. 10, b).

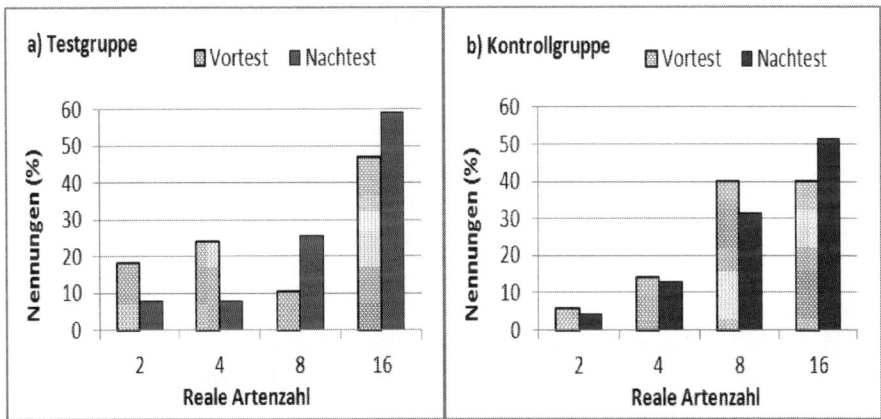

Abbildung 10: Wahl einer Lieblingswiese der (a) Testgruppe (Mit SGE, N = 66) bzw. (b) Kontrollgruppe (Ohne SGE, N = 70) im Vergleich von Vor- zu Nachtest.

Der Wechsel innerhalb der Testgruppe von den artenärmeren zu den artenreicheren Wiesen war vor allem auf die Mädchen zurückzuführen (Abb. 11).

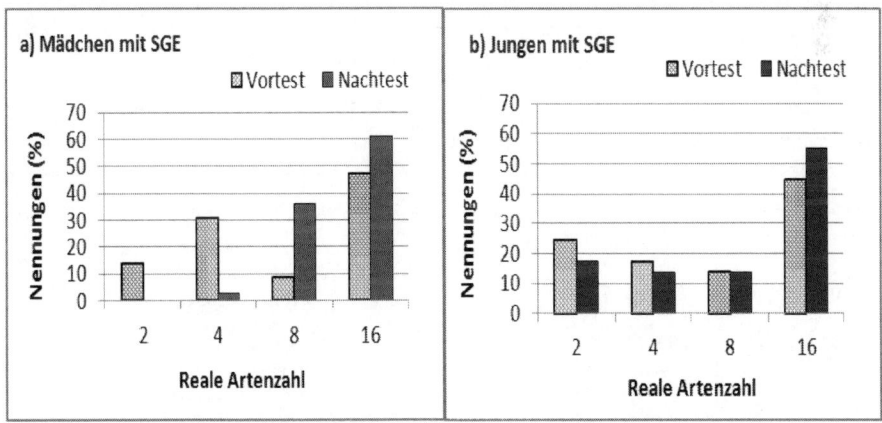

Abbildung 11: Wahl eines Wiesenfavoriten der Testgruppe im Vergleich von (a) Mädchen (Mit SGE, N = 37) und (b) Jungen (Mit SGE, N = 29) in Vor- und Nachtest.

Die Begründungen für die Wahl eines Favoriten wurden in den fünf Kategorien „Vielfalt", „Schönheit/Blühaspekt", „eine Art/Farbe", „Wuchshöhe/Wiesenaspekt" sowie „Sonstiges" subsummiert. Die Kategorien wurden auf der Grundlage vorheriger Untersuchungen (Lindemann-Matthies et al. 2010) sowie aus den Antworten der Kinder generiert. Häufig behielten die Kinder eine einmal gewählte Begründung für die Bewertung aller Wiesen bei, sodass die Antworten nur im Kontext bewertet werden konnten. Antworten wurden nur dann der Kategorie „Vielfalt/bunt" zugeordnet, wenn klar daraus hervorging, dass verschiedene Pflanzenarten oder die Vielfalt der Farben gemeint waren. Dies waren Antworten wie „viele verschiedene Pflanzen", „viele verschiedene Arten" oder „viele verschiedene Farben" bzw. „die sieht bunt aus". Bei der Angabe „viele Blumen" wurde nur dann die Kategorie „Vielfalt" gewählt, wenn aus der Bewertung der anderen Wiesen klar hervorging, dass damit Vielfalt gemeint war. Ansonsten wurde diese Antwort der Kategorie „Schönheit/Blühaspekt" zugeordnet. In der Kategorie „eine Art/Farbe" fielen Antworten wie „wegen den Gänseblümchen" oder „wegen der" bzw. „das ist lila" oder „das ist meine Lieblingsfarbe". In die Kategorie „Schönheit/Blühaspekt" wurden Antworten wie „die sieht schön aus", „hat viele Blumen" oder „da blüht viel" aufgenommen. Die Kategorie „Wuchshöhe/Wiesenaspekt" beinhaltete Antworten wie „die sind so hoch gewachsen", „die hat große Blätter", „die sieht aus wie eine Wiese" und „die hat schönes Gras". In der Kategorie „Sonstiges" wurden Antworten wie „A ist mein Lieblingsbuchstabe" oder „die sieht so wild aus" subsummiert.

Die Begründung der Kinder für ihren Wiesenfavoriten wies zwischen Test- und Kontrollgruppe keine signifikanten Unterschiede auf. Allerdings zeigte sich im Nachtest ein signifikanter Unterschied zwischen Jungen und Mädchen (df = 3, Chi-Quadrat-Wert = 14.85, p = 0.002): Während die Mädchen häufiger als Begründung eine bestimmten Art (z.B. *Lychnis flos-cuculi* oder *Linaria vulgaris*) bzw. eine bestimmte Farbe (rosa, lila oder gelb) wählten, nannten die Jungen eher die Wuchshöhe. Die Kategorie Vielfalt, wie z.B. „die hat viele verschiedene" bzw. „die ist ganz bunt", wurde im Nachtest von Mädchen und Jungen gleich oft genannt (Abb. 12).

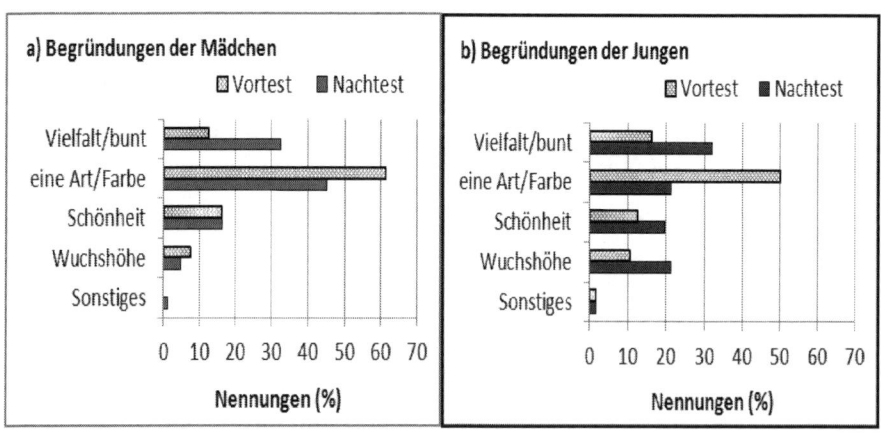

Abbildung 12: Begründung der Wahl eines Wiesenfavoriten im Vergleich von (a) Mädchen (N = 80) und (b) Jungen (N = 56) im Vor- und Nachtest.

Die Bewertung der drei Wiesen, die **nicht** als Favorit gewählt wurden, hing im Vor- und Nachtest signifikant von der Artenvielfalt ab (Vortest: r = 0.10,

3.4 Ergebnisse

$F_{1,410} = 4.52$, $p < 0.034$; Nachtest: $r = 0.36$, $F_{1,406} = 61.53$, $p < 0.001$). Je weniger Arten in den Wiesen vorkamen, desto schlechter wurde diese bewertet (Abb. 13). Im Nachtest bewerteten Kinder mit Schulgartenerfahrung die 16-Arten-Wiese signifikant besser als Kinder ohne diese Erfahrungen ($F_{1,59} = 4.65$, $p = 0.032$; Mit SGE: $M = 1.2 \pm 0.07$; Ohne SGE: $M = 1.5 \pm 0.12$ auf einer 3-stufigen Skala). Ein signifikanter Unterschied zeigte sich hier auch zwischen den Mädchen und Jungen: Mädchen bewerteten die 16-Arten-Wiese signifikant besser als die Jungen ($F_{1,59} = 3.94$, $p = 0.052$; Mädchen: $M = 1.2 \pm 0.08$; Jungen: $M = 1.5 \pm 0.14$ auf einer 3-stufigen Skala).

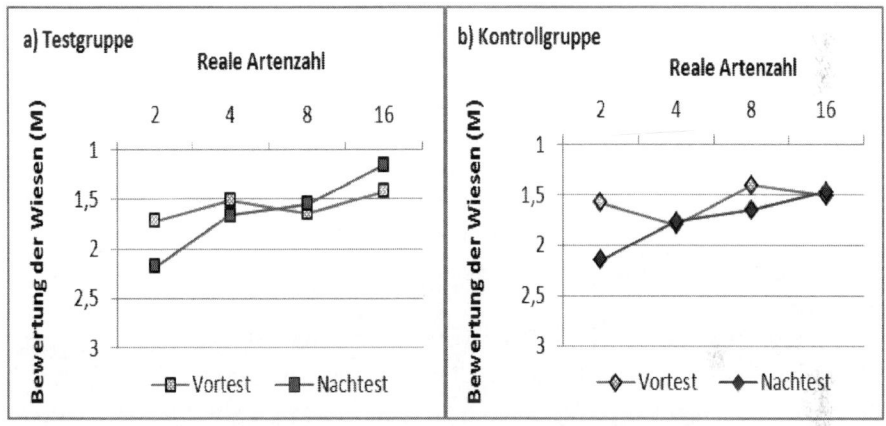

Abbildung 13: Bewertung der Wiesen (Mittelwert) in 3 Stufen (1 = gefällt mir gut, 2 = geht so, 3 = gefällt mir gar nicht) von Kindern der (a) Testgruppe (Mit SGE, N = 66) und (b) Kontrollgruppe (Ohne SGE, N = 70) im Vergleich von Vor- zu Nachtest.

Die Bewertung aller Wiesen (ohne Favoriten) zeigte im Nachtest einen signifikanten Zusammenhang zwischen der realen Artenzahl, der Wuchshöhe, der Schulgartenerfahrung sowie dem Geschlecht (Tab. 9). Je größer der Variationskoeffizient der Wuchshöhe war, desto schlechter fiel die Bewertung aus. Kinder mit Schulgartenerfahrung bewerteten die Wiesen im Schnitt besser als Kinder ohne diese Erfahrungen (Mit SGE: $M = 1.7 \pm 0.05$; Ohne SGE: $M = 1.9 \pm 0.05$ auf einer 3-stufigen Skala). Mädchen bewerteten die Wiesen insgesamt besser als Jungen (Mädchen: $M = 1.7 \pm 0.04$; Jungen: $M = 1.9 \pm 0.50$ auf einer 3-stufigen Skala).

Tabelle 9: Variablen, die in einer univariaten Varianzanalyse (Typ II SS) einen signifikanten Einfluss auf die Bewertung eines Wiesenarrangements im Nachtest hatten (r = 0.18, F = 21.94, p < 0.001). * p < 0.05, ** p < 0.01, *** p < 0.001.

In das Modell aufgenommene Variablen	df	MS	F	p
Reale Artenzahl	1	10.31	24.99	***
Variation der Wuchshöhe	1	6.00	14.55	***
Schulgartenerfahrung	1	3.23	7.83	**
Geschlecht	1	2.22	5.38	*
Restvariation	1	403	0.41	
Summe	1	407		

Die Gründe, die die Kinder für eine positive Bewertung angaben, wurden den gleichen Kategorien zugeordnet wie bei der Wahl der schönsten Wiese. Dabei wurde im Vor- und Nachtest vor allem eine Pflanzenart bzw. Farbe sowie die Schönheit des Wiesenarrangements als Begründung genannt (Abb. 14, a). Allerdings wurde im Nachtest dreimal häufiger die Vielfalt genannt als im Vortest.

Einige Wiesen erhielten keine gute Bewertung (Abb. 14, b). Insgesamt 54% aller Kinder begründeten ihre schlechte Bewertung mit der Eintönigkeit des Wiesenarrangements. Bei niedrigerer Bewertung hießen die Kategorien demzufolge „keine Vielfalt", „fehlende Schönheit" und „Welke". Häufige Antworten der Kategorie „keine Vielfalt" waren „da sind nur die gleichen Blumen", „nur wenig verschiedene Blumen", „nur langweilige Blumen" oder „zu viel Gras". In der Kategorie „fehlende Schönheit/Blühaspekt" wurden Antworten wie „die ist nicht schön", „die gefällt mir nicht", „da blüht wenig" oder „die hat nicht so viele Blumen". Die Kategorie „Welke/Wildnis" enthielt Antworten wie „da sind ein paar kaputt", „die sind verwelkt", „die sieht so wild aus" oder „die sieht aus wie ein Urwald". In der Kategorie „eine Art/Farbe" wurden Antworten wie „die Blume gefällt mir nicht", „die sieht gerissen aus (*Lychnis flos-cuculi*)" oder „das ist zu viel Klee" aufgenommen. Antworten wie „die sieht komisch aus", „geht so" oder „weiß nicht" wurden der Kategorie „Sonstiges" zugeordnet.

3.4 Ergebnisse

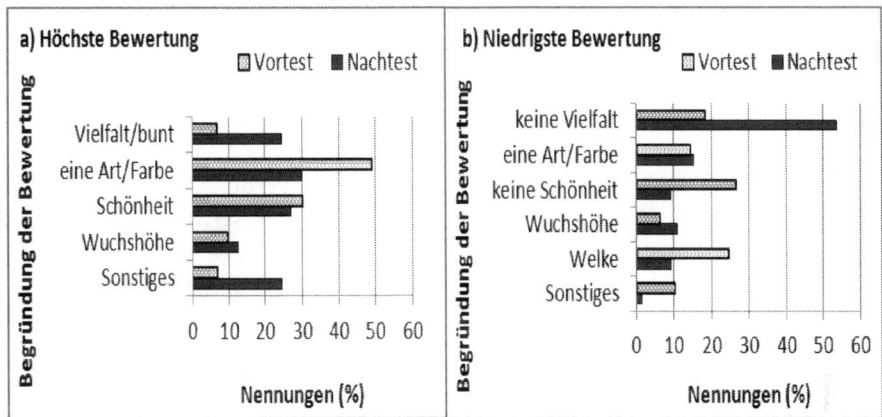

Abbildung 14: Gründe für die positive (a) bzw. die negative (b) Bewertung einer Wiese im Vergleich von Vor- zu Nachtest. In der Kategorie „Sonstiges" wurden Antworten wie „weiß nicht", „A ist mein Lieblingsbuchstabe", „sieht komisch aus" oder „ist o.k." zusammengefasst, N = 136.

Einzelne Arten oder Farben führten nicht nur zu positiven, sondern auch negativen Bewertungen. Dies zeigten Antworten wie „die gefallen mir nicht, die sehen so gerissen aus" (Kuckucks-Lichtnelke) oder „die pieken" (Wolliges Honiggras, blühend).

3.4.4 Attraktivität einzelner Pflanzen

Alle Kinder wurden gebeten, eine Pflanze aus den Wiesen auszusuchen, die ihnen besonders gut gefällt (Liste der Lieblingspflanzen s. Anhang). Bei der Auswahl einer bevorzugten Pflanze in allen Wiesen (inklusive Wiesenfavorit) wählten die meisten Mädchen im Vortest Kuckucks-Lichtnelke (*Lychnis flos-cuculi*) und Wiesen-Schlüsselblume (*Primula veris*), die Jungen gleichhäufig Kuckucks-Lichtnelke (*Lychnis flos-cuculi*) und Wiesen-Salbei (*Salvia pratensis*, Abb. 15).

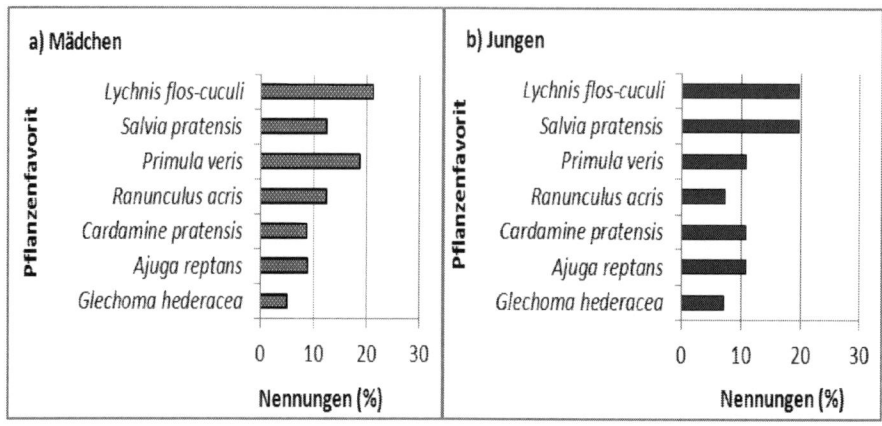

Abbildung 15: Wahl einer bevorzugten Pflanze im Vergleich von (a) Mädchen (N = 80) und (b) Jungen (N = 56) im Vortest.

Im Nachtest waren keine großen Unterschiede in der Wahl einer Lieblingspflanze zu erkennen, ein Großteil aller Kinder wählte die Knäuel-Glockenblume (*Campanula glomerata*) gefolgt von dem Gemeinen Leinkraut (*Linaria vulgaris*) als Favorit aus (Abb. 16).

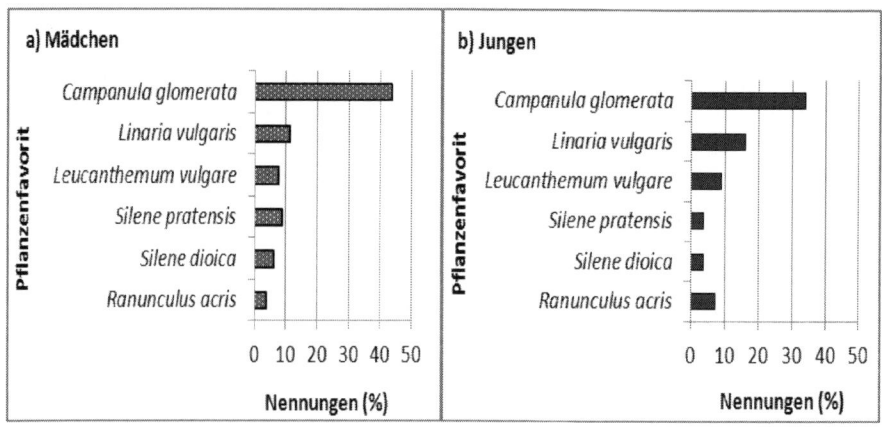

Abbildung 16: Wahl einer bevorzugten Pflanze im Vergleich von (a) Mädchen (N = 80) und (b) Jungen (N = 56) im Nachtest.

Für ihre Wahl gaben die Jungen und Mädchen unterschiedliche Gründe an (Abb. 17). In die Kategorie „Blütenfarbe" wurden Antworten wie „weil sie lila ist" oder „die Blüten sind schön rosa" eingeordnet, der Kategorie Blütenanzahl" wurden Antworten, die sich auf die Anzahl bezogen, wie z.B. „die hat viele Blüten", zugeordnet. Die Kategorie „Wuchsform" wurde bei Antworten wie „die ist groß" oder „hat lange Stiele" gewählt, die Kategorie „Schönheit" bei Aussagen wie „die sieht schön aus" oder „die gefällt mir". In der Kategorie „Vergleich" wurden alle Aussagen zusammengefasst, in denen die Kinder einen Vergleich zur Beschreibung heranzogen, z.B. „die sieht aus wie der Mond

3.5 Diskussion

und ich liebe den Mond" oder „die Blüten sehen aus wie eine Glocke". Das Aussehen oder die Form der Blätter wurde in die Kategorie „Blätter" eingeordnet, in der Kategorie „Nutzen" gab es Antworten wie z.B. „die kann man essen", „die puste ich gerne" oder „aus der machen manche Parfüm". In der Kategorie „Sonstiges" wurden neben Aussagen wie „die haben wir im Garten" auch die Antwort „weiß nicht" subsummiert.

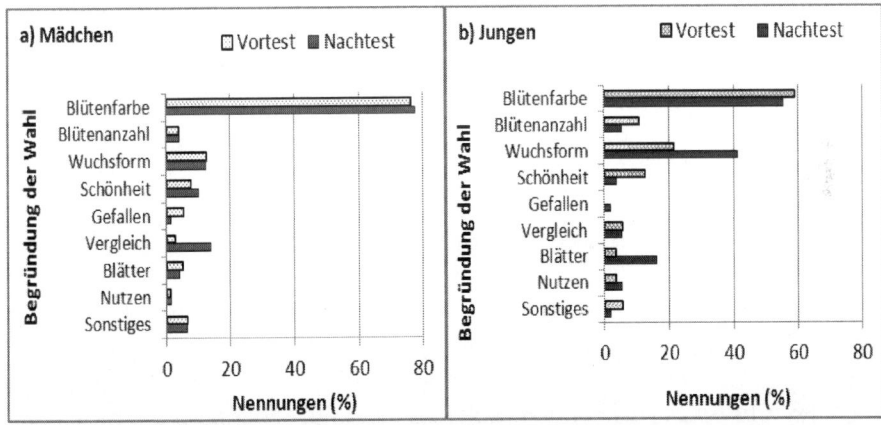

Abbildung 17: An häufigsten gewählte Begründungen für die Wahl einer bevorzugten Pflanze im Vergleich (a) Mädchen (N = 80) und (b) Jungen (N = 56) in Vor- und Nachtest. In der Kategorie „Vergleich" wurden Antworten wie „sieht aus wie eine Glocke" und Ähnliches zusammenfasst, die Kategorie „Sonstiges" enthielt Antworten wie „weiß nicht" oder „die habe ich schon mal gesehen". Mehrfachnennungen waren möglich.

Während bei allen Kindern in Vor- und Nachtest die Blütenfarbe als Grund für die Wahl einer bevorzugten Pflanze dominierte, gaben signifikant mehr Mädchen dies als Begründung im Nachtest an (df = 1, Chi-Quadrat-Wert = 13.19, $p < 0.001$). Mehr Mädchen zogen im Nachtest einen Vergleich zur Beschreibung heran, während die Jungen eher die Blätter bzw. den Nutzen der Pflanze nannten. Signifikant mehr Jungen gaben im Nachtest die Wuchsform als Begründung für ihre Wahl an (df = 1, Chi-Quadrat-Wert = 14.71, $p < 0.001$).

3.5 Diskussion

Etwa die Hälfte aller befragten Kinder gab an, einen eigenen Garten bzw. einen begrünten Hinterhof zu haben. Die Beschreibung des eigenen Gartens bzw. Hofs zeigte zwischen Kindern und Eltern signifikante Übereinstimmungen. Die Kinder sind also im Alter von sechs bzw. sieben Jahren bereits sehr gut in der Lage, ihren eigenen Garten zu beschreiben und dort enthaltene Pflanzen bzw. Gestaltungselemente zu benennen. Die Summe der aufgezählten Pflanzen und Elemente zeigte teilweise einen Zusammenhang mit der Schätzung der Artenvielfalt in den Wiesen und legt den Schluss nahe, dass

Kinder, die bereits die Möglichkeit zum direkten Kontakt mit Pflanzen hatten, die Vielfalt in den Wiesen besser einschätzen können.

Alle Kinder erkannten die steigende Artenzahl in den Testwiesen, wobei artenärmere Wiesen eher überschätzt und artenreiche eher unterschätzt wurden. Diese Ergebnisse decken sich mit Befunden aus vorangegangenen Untersuchungen (Lindemann-Matthies & Bose 2008; Lindemann-Matthies et al. 2010). Bei der Schätzung der Artenvielfalt in den Testwiesen zeigte sich eine leichte Verbesserung der Schätzungen der Kinder mit Schulgartenerfahrung, auch wenn der Unterschied nicht signifikant war: Die Abweichungen innerhalb der Schätzung war in der Schulgartengruppe deutlich geringer. Einige Kinder hatten Schwierigkeiten mit Pflanzenarten, die in verschiedenen Entwicklungsstadien vertreten waren. So wurden Gänseblümchen als zwei Arten gezählt, wenn eines mit Blüten, ein anderes ohne bzw. knospend oder abgeblüht in der Wiese vorkam. Besonders beim Löwenzahn fiel dies auf: Löwenzahn wurde blühend als eine Art, die Pusteblume als eine andere gezählt. Auch bei der Tauben-Skabiose wurden häufig blühende und fruchtende Pflanzen als zwei Arten gezählt. Hier kann mangelndes Wissen über diese Pflanzen angenommen werden: Wenn ein Kind noch nie eine Pflanzenart in allen ihren Entwicklungsstadien beobachtet hat, ist es logisch, dass die einzelnen Stadien als unterschiedliche Arten gezählt werden.

Der von den Kindern angegebene Zahlenraum hatte keinen Einfluss auf die Schätzungen. Es spielte also für diese Aufgabe keine Rolle, ob ein Kind bis 100 oder 1000 zählen konnte. Die Schätzung der vier verschiedenen Legosteinarten zeigte, dass die Kinder sehr wohl in der Lage waren, Farben und Formen getrennt voneinander zu beachten (vgl. Kapitel 3.3.2). Die leichte Verschlechterung der Schätzungen im Nachtest, vor allem in der Kontrollgruppe, könnte an der Wiederholung der Aufgabe liegen: Die Kinder kannten die Aufgabe bereits und schauten vielleicht nicht mehr so genau hin. Die Angaben zur Legokiste mit den elf unterschiedlichen Steinen zeigten insgesamt keine relevanten Unterschiede zwischen Vor- und Nachtest. Allerdings zeigten sich Unterschiede zwischen den beiden Gruppen: In der Kontrollgruppe hatte die Schätzung der elf Legoarten einen signifikanten Einfluss auf jede Schätzung im Vor- und Nachtest. Die Fähigkeit zum Schätzen scheint daher vor allem für die Kontrollgruppe ein möglicher Prädiktor, um vorauszusagen, ob die Artenzahl in den Wiesen richtig geschätzt wird. In der Testgruppe zeigte sich nur in den artenreicheren Wiesen im Nachtest ein signifikanter Zusammenhang. Auch hier findet sich die Tendenz zum Unterschätzen wieder.

Bei dieser Aufgabe spielte die Merkfähigkeit der Kinder eine wichtige Rolle: Während bei vier verschiedenen Legosteinen leicht behalten werden konnte, welche Farbe bzw. Form man bereits gezählt hatte, stellte dies bei elf unterschiedlichen Steinen eine Herausforderung dar. Die korrekte Angabe der vorhandenen Legosteinsorten zeigte einen signifikanten Zusammenhang zur Schätzung der artenreicheren Wiesen beider Gruppen im Nachtest auf: Je genauer die Kinder die richtige Anzahl der unterschiedlichen Legosteinsorten angeben konnten, desto genauer war auch ihre Schätzung in den Testwiesen. Die Fähigkeit, sich unterschiedliche Formen und Farben zu merken, konnte offensichtlich auf die Wiesen übertragen werden.

Dass die direkte Erfahrung mit Pflanzen einen Einfluss auf die Schätzungen hat, zeigt auch der deutliche Zusammenhang zwischen Artenkenntnis und Schätzung: Je mehr Arten die Kinder nennen konnten, desto besser konnten sie die Vielfalt in den Wiesen einschätzen. Auch die Kenntnis von Pflanzenteilen zeigte einen Einfluss auf die Schätzung der 8-Arten-Wiese der Testgruppe: Je mehr Pflanzenteile die Kinder an einer echten Pflanze benennen konnten, desto genauer konnten sie die Artenzahl in der Wiese schätzen. Eine mögliche Erklärung dafür bietet die Leistungsfähigkeit des Arbeitsgedächtnisses: Das Arbeitsgedächtnis ist beim Erwerb von neuem Wissen auf höchstens sieben Informationseinheiten, sog. *Chunks*, begrenzt, das Langzeitgedächtnis verfügt im Gegensatz dazu über eine unbegrenzte Speicherkapazität (Wellenreuther 2007, 80). Je weniger Erfahrung bzw. Kenntnisse in einem Bereich vorliegen, desto kleiner sind die *Chunks* (ebd.). Haben Kinder Erfahrung mit dem Betrachten und Vergleichen von pflanzlichen Formen gemacht, besitzen sie demgemäß differenziertere Schemata im Langzeitgedächtnis. Die wahrgenommene Vielfalt kann im Arbeitsgedächtnis, das Bezüge zum bereits vorhandenen Wissen herstellt, effizienter verarbeitet werden (Benkowitz & Lehnert 2010). Kinder, denen diese Erfahrungen fehlen, verfügen über weniger Gedächtnishilfen und können somit die Vielfalt weniger gut einschätzen. Dies belegt auch das Aufzählen der einzelnen Gestaltungselemente wie Blumenbeete, Obstbäume etc. im eigenen Garten: Je mehr Einzelheiten die Kinder in ihrem Garten nennen konnten, desto genauer waren ihre Schätzungen. Da die Schulgartenerfahrung die Artenkenntnis signifikant erhöht, ist zu erwarten, dass mit der Zeit auch die Schätzung der Vielfalt durch Schulgartenerfahrung signifikant verbessert wird.

Die meisten Kinder bevorzugen sowohl im Vor- als auch im Nachtest die 16-Arten-Wiese und begründen dies auch im Nachtest dreimal so häufig mit der Vielfalt. Das Ergebnis legt nahe, dass Menschen eine intuitive Vorliebe für Vielfalt haben (Wilson 1997). Die Bewertung einer Wiese hängt von der Artenzahl ab: Je mehr Arten in einer Wiese vorkommen, desto besser wird sie bewertet. Dieser Zusammenhang zeigte sich auch in vorangegangenen Untersuchungen zum Wiesenexperiment (Lindemann-Matthies & Bose 2008; Lindemann-Matthies et al. 2010). Die Ergebnisse der Einzelbewertung der Wiesen zeigen, dass Schulgartenerfahrung die Attraktivität von Artenvielfalt signifikant erhöht: Besonders die 16-Arten-Wiese wurde von Kindern mit Schulgartenerfahrung deutlich besser bewertet. Selbst wenn Vielfalt nicht immer von den Kindern als erstes Argument für die Wahl ihrer schönsten Wiese genannt wurde, so ist auf jeden Fall das Fehlen von Vielfalt das ausschlaggebende Argument dafür, eine Wiese schlechter zu bewerten. Die fehlende Vielfalt bezog sich dabei sowohl auf die fehlende Artenvielfalt als auch auf die Farben.

Besonders die Mädchen bevorzugten Wiesen mit großer Artenvielfalt. Als Begründung für die Bewertung einer Wiese nannten sie häufig das Vorkommen einer bestimmten Pflanze bzw. einer bestimmten Blütenfarbe, und zwar vor allem rosafarbene, pinke oder violette Blüten. Dies wurde von den Mädchen auch als ihre Lieblingsfarbe genannt.

Insgesamt wurden Testwiesen mit größerer Wuchshöhe bevorzugt, allerdings sollten innerhalb der Wiese alle Pflanzen eine ähnliche Höhe aufzeigen (vgl. Benkowitz 2010). Vor allem die Jungen argumentierten mit der Wuchshöhe einer Wiese. Die Anzahl der Blüten ergab keine bessere Bewertung eines Arrangements: In der 2-Arten-Wiese befanden sich viele blühende Gänseblümchen, trotzdem wurden Pflanzen mit großen Einzelblüten bevorzugt. Die Kinder favorisierten Pflanzen mit großen, auffälligen Blüten wie die der Kuckucks-Lichtnelke (*Lychnis flos-cucucli*), der Knäuel-Glockenblume (*Campanula glomerata*) oder des Wiesen-Salbeis (*Salvia pratensis*) oder mehrfarbigen Blüten wie die des Gemeinen Leinkrauts (*Linaria vulgaris*) oder der Wiesen-Schlüsselblume (*Primula veris*). Pflanzen mit großen, auffälligen Blüten, sog. „eye-catcher", treten aus der grünen Matrix hervor und finden deshalb besondere Beachtung (Wandersee & Schussler 2001). Ähnliche Ergebnisse fanden auch Lindemann-Matthies & Bose (2007): Die Testpersonen, die sich Wiesen aus Pflanzen zusammenstellen durften, wählten viele verschiedenen Arten für ihre Lieblingswiesen aus, von denen einen Drittel auffällige Blüten hatte.

Die ausgewählte schönste Pflanze war auch häufig der Grund, warum ein Wiesenarrangement als Favorit gewählt wurde. Als Lieblingspflanze wählten sowohl Mädchen wie Jungen Kuckucks-Lichtnelke, allerdings begründeten die Mädchen ihre Wahl häufiger mit der Blütenfarbe, während die Jungen neben der Farbe auch die Größe der Pflanze bzw. eine bestimmte Blattform als Grund für ihre Wahl angaben. In der Untersuchung von Tunnicliffe & Reiss (2000) über Kindervorstellungen zu Pflanzen beachteten die Kinder ebenfalls vor allem anatomische Merkmale wie Blätter oder die Wuchsform einer Pflanze.

Ähnliche Pflanzenarten wie die Kinder dieser Untersuchung wählten auch die Teilnehmerinnen und Teilnehmer der Studie von Lindemann-Matthies & Bose (2007) für ihre imaginäre Wiese aus: Häufig genannte Arten waren dort ebenfalls Wiesen-Margerite (*Leucanthemum vulgare*), Klee (*Trifolium spec.*), Löwenzahn (*Taraxacum officcinale*), Gänseblümchen (*Bellis perennis*), Wiesen-Salbei (*Salvia pratensis*), Tauben-Skabiose (*Scabiosa columbaria*), Glockenblume (*Campanula spec.*), Hahnenfuß (*Ranunculus spec.*) und Wiesen-Schlüsselblume (*Primula veris*).

4 Formenkenntnis und Vergleichen von Pflanzen

Eine Studie aus England zeigte, dass Kinder 80% von 150 Pokémons richtig benennen konnten, bei gängigen heimischen Pflanzen- und Tierarten aber nur 50% erkannten (Balmford et al. 2002). Dass Arten-, insbesondere Pflanzenkenntnisse bei Schülerinnen und Schülern immer weiter rückläufig sind, wird seit Jahrzehnten festgestellt (Killermann & Scherf 1986; Berck & Klee 1992; Mayer & Horn 1993; Stichmann 1994b; Hesse 2002; Jäkel & Schaer 2004; Lindemann-Matthies 2005; Weber 2010). Obwohl allgemein Artenkenntnis ein wichtiger Prädiktor für Umwelthandeln ist (Bögeholz 1999), hat in den letzten Jahren die pflanzliche Artenkenntnis durch die zunehmende Naturentfremdung noch weiter abgenommen. Berck (2009) erklärt dies damit, dass in den KMK-Bildungsstandards 2004 für das Fach Biologie die Vermittlung von Artenkenntnissen nicht mehr erwähnt wird und der Biologieunterricht damit einer seiner bis dato zentralen Aufgaben nicht mehr nachkommt. Vor allem in der Grundschulzeit sollte das vorhandene Interesse der Kinder an Pflanzen und Tieren genutzt werden (ebd.).

Im nächsten Kapitel wird daher aufgezeigt, welchen Einfluss Schulgartenerfahrung auf die pflanzliche Formenkenntnis bei Kindern hat und welche Quellen sie bezogen auf ihre Pflanzenkenntnisse angeben. Im Weiteren wird untersucht, nach welchen Kriterien Kinder Pflanzen nach Ähnlichkeit ordnen, um so die Wirkung von Primärerfahrungen mit Pflanzen auf die Wahrnehmung von Unterscheidungsmerkmalen zu untersuchen.

4.1 Theoretischer Hintergrund

Die Grundschulzeit wird als besonders fruchtbarer Zeitpunkt für die Vermittlung von Formenkenntnis angesehen, da Kinder im Alter zwischen sechs und zwölf Jahren zu einen noch ein verhältnismäßig großes Interesse an Pflanzen haben und zum anderen eine beachtliche Merkfähigkeit besitzen (Löwe 1992; Mayer & Horn 1993; Berck & Klee 1995; Balmford et al. 2002; Berck 2009). Empirische Untersuchungen zeigen jedoch, dass Kinder heutzutage nur noch über wenig Formenkenntnisse verfügen (Hollstein 2002; Jäkel & Schaer 2004; Lindemann-Matthies 2006). Der günstige Zeitpunkt zum Lernen von Pflanzenarten wird demzufolge in der Grundschule auch heute noch nicht genutzt (Berck & Klee 1995; Kahn 2002; Berck 2009). Im folgenden Text bezieht sich der Ausdruck „Formenkenntnis" ausschließlich auf Pflanzen.

4.1.1 Pflanzliche Formenkenntnis

In der biologischen Fachliteratur wird häufig nicht zwischen den Begriffen Arten- und Formenkenntnis unterschieden (Killermann et al. 2011, 252). Der Begriff Artenkenntnis bezeichnet strenggenommen das taxonomische Benennen von Pflanzen bis auf die Art. Im Zusammenhang mit Schule und Unterricht sollte besser von Formenkenntnis gesprochen werden: Formenkenntnis umfasst zum einen die Fähigkeit, eine Art zu beschreiben und mit dem Namen der Familie, Gattung oder Art bzw. einem Trivialnamen (z.B. „Butterblume") ansprechen zu können, zum anderen die Fähigkeit, eine Pflanze an ihrem Habitus im natürlichen Lebensraum erkennen zu können (Stichmann 1994b). Während in manchen Teilen Norddeutschlands Löwenzahn (*Taraxacum officinale*) auch als Butterblume angesprochen werden kann, ist es in Süddeutschland in der Regel die Bezeichnung für Hahnenfuß (*Ranunculus spec.*). In der vorliegenden Untersuchung ist mit Butterblume daher immer Hahnenfuß (*Ranunculus spec.*) gemeint.

Formenkenntnis ermöglicht nicht nur Einblicke in die Vielfalt der Formen und Ökosysteme, sie fördert die emotionale Zuwendung zur Natur und regt zu deren praktischer Nutzung an (Stichmann 1994b). Zudem fördert Formenkenntnis ein wissenschaftliches Weltverständnis und hilft bei der Bewältigung der Vielfalt durch das Benennen und Ordnen von Organismen (ebd.). Das Benennen von Pflanzen hat vor allem für Kinder wohlhabender Länder häufig keine lebenspraktische Funktion mehr: Da Nahrungsmittel in der Regel gekauft werden, besteht für das alltägliche Überleben keine Notwendigkeit, Pflanzen erkennen und benennen zu können (Pilgrim et al. 2008). Für Schülerinnen und Schüler muss die Bedeutung von Formenkenntnis für ihr eigenes Leben erst wieder erschlossen werden, denn mit dem Verlust der Artenkenntnis geht zugleich ein Zugang zur Welt verloren (Schreier 1995, 24). Pflanzenkenntnis erfüllt keinen Selbstzweck: Um sich Pflanzen längerfristig merken zu können, ist es unerlässlich, deren Namen zu kennen. Jemanden mit Namen ansprechen zu können, zeugt von Achtung und Respekt vor der Einmaligkeit eines Lebewesens (Schreier 1995). Namen bezeichnen Individuen und machen eine emotionale Beziehung möglich, die die Basis für Wertschätzung gegenüber der Vielfalt legt (Kattmann 2001, 87). Sind die Namen anschaulich, können sie zudem das Lernen biologischer Sachverhalte fördern (ebd.). Das Kennen und Benennen heimischer Pflanzenarten hilft beim Ordnen und Verstehen der eigenen Umwelt und Kultur und erzeugt Vertrautheit als Prämisse für erfolgreiches Handeln (Gebhard 1995, 164).

Immer wieder wird die Frage gestellt, inwieweit die Selbsteinschätzung von Schülerinnen und Schülern bezüglich ihrer Pflanzenkenntnis verlässlich ist (Mayer 1992; Kattmann 2001; Hesse 2002; Jäkel & Schaer 2004). In einer Untersuchung von Hesse (2000) waren die meisten Schülerinnen und Schüler der zweiten (N = 51) sowie der fünften bzw. siebten (N = 147) Klassenstufe nicht in der Lage, Pflanzen den richtigen Namen zuordnen, obwohl sie vorher angegeben hatten, diese zu kennen. Jäkel & Schaer (2004) ließen Schülerinnen und Schüler der Klassenstufe fünf und sechs (N = 246) Pflanzen den entsprechenden Namen zuordnen, um zu überprüfen, ob die genannten Arten auch erkannt wurden. Die Schülerinnen und Schüler kannten zwar im Durchschnitt weniger als fünf Pflanzen mit Namen, konnten diese jedoch den richtigen Namen zuordnen. Botanischer Unterricht steigerte diese Kenntnisse, sodass nicht nur Löwenzahn und Gänseblümchen, sondern auch Taxa wie Brennnessel, Taubnessel, Klee, Raps und Senf erkannt wurden. Das intensive Arbeiten mit wenigen Arten förderte die Pflanzenkenntnis (Jäkel & Schaer 2004; Weber 2010).

Insgesamt spielen Schule und Unterricht im Gegensatz zur Familie beim Erwerb von Pflanzenkenntnis eine eher untergeordnete Rolle (Killermann & Scherf 1986; Mayer 1992; Lindemann-Matthies et al. 2010; Weber 2010). In einer Studie von Tunnicliffe & Reiss (2000) nannten Kinder als Quelle ihrer Formenkenntnis am häufigsten die Familie (71%) sowie die eigene, direkte Beobachtung (33%). Erst dann wurde die Schule (27%) genannt. Zu ähnlichen Ergebnissen kamen auch Patrick & Tunnicliffe (2011). Untersuchungen zeigen, dass Mädchen im Allgemeinen besser im Benennen von Pflanzen sind als Jungen (Mayer 1992; Bögeholz 1999; Hollstein 2002; Lindemann-Matthies 2006; Gebhard 2009). Unterschiede zwischen Stadt- und Landkindern sind häufig nicht nachweisbar (Mayer 1992; Lindemann-Matthies 2006).

Naturerfahrungen haben im Allgemeinen einen positiven Einfluss auf den Erwerb von Formen- bzw. Artenkenntnis (Killermann & Scherf 1986; Bögeholz 1999; Gebhard 1995; Lude 2001; Lindemann-Matthies 2006; Berck & Graf 2010). Hierzu gehört auch die Beschäftigung mit Pflanzen im eigenen Garten (Klemm 1974; Mayer 1992). Nach Schwier (2010) kennen Kinder nach vier Jahren intensiver Schulgartenarbeit mehr als 200 Pflanzen mit Namen. Auch das Sammeln von Naturobjekten gilt als möglicher Prädiktor für das Interesse an Arten (Berck & Klee 1995; Probst 1995). Vor allem Kinder gelten als leidenschaftliche Sammler (Probst 1995; Winkel 1995, 90). Berck & Klee (1995) konnten in ihrer Untersuchung allerdings nur einen schwachen Zusammenhang zwischen dem Sammeln von Naturobjekten und dem Artinteresse nachweisen.

4.1.2 Vergleichen von Pflanzen

Um Formenkenntnis aufzubauen, müssen den Kindern nicht nur Namen vermittelt, sondern auch wissenschaftlich begründete Vorschläge zu deren Ordnung angeboten werden (Lehnert 1999). Das Ordnen von Organismen ist entscheidend für die biologische Klassifikation und kann sehr gut an Pflanzen geübt werden (Krüger & Burmester 2005; Schwier 2010). Muster, Ähnlichkeiten und Differenzen bilden die Grundlage von Biodiversität und können z.B. an Blättern gut beobachtet werden (Moore & Wong 2000, 208). So kann das Ordnen von Blättern Kinder „zum genauen Hinsehen, zum Fühlen und Vergleichen" anregen (Schreier 1992, 36). Das Vergleichen von Strukturen spielt eine grundlegende Rolle beim Aufbau von Artenkenntnis, denn Bestimmen kann als eine besondere Form des Vergleichens bezeichnet werden

(Gropengießer 2008). Der Vergleich gilt zudem als wichtige Methode der biologischen Erkenntnisgewinnung (Hammann 2002; Schwier 2010; Killermann et al. 2011; Köhler & Meisert 2012). Durch Gegenüberstellung von zwei oder mehreren Objekten sollen Gemeinsamkeiten, Ähnlichkeiten oder Unterschiede erkannt und so Einblicke in den Bau und die Funktion gewonnen werden (Killermann et al. 2011, 139). Dabei wird das Resultat des Vergleiches durch die gewählten Kriterien bestimmt. Wird immer das gleiche Kriterium beim Ordnen angewendet, bezeichnet man dies als kriterienstet (Hammann 2002). Beim Vergleichen wird sowohl die genaue Beobachtungsgabe als auch die sprachliche Ausdrucksfähigkeit trainiert (Killermann et al. 2011, 139).

4.2 Fragestellung

Um den Einfluss von Schulgartenerfahrung auf die Kenntnisse von Wiesenpflanzen bzw. Pflanzen im Allgemeinen, die Quellen der Pflanzenkenntnisse sowie auf das Anwenden von Vergleichskriterien beim Ordnen von Pflanzen zu untersuchen, wurden folgende Forschungsfragen generiert:

1. Können Kinder mit SGE (Testgruppe) mehr Wiesenpflanzen erkennen und benennen als Kinder ohne diese Erfahrung (Kontrollgruppe)?
2. Besitzen Kinder mit SGE insgesamt eine größere Formenkenntnis als Kinder der Kontrollgruppe?
3. Unterscheiden sich Mädchen und Jungen in ihrer Formenkenntnis?
4. Beeinflussen Faktoren wie die Artenkenntnis der Eltern, das Nutzen von Medien zum Thema Pflanzen und das Vorwissen über den Grundbauplan von Pflanzen den Erwerb von Formenkenntnis?
5. Aus welcher Quelle stammt die Formenkenntnis?
6. Kennen Kinder mit SGE mehr Pflanzenmerkmale zum Vergleichen von Pflanzen als Kinder ohne diese Erfahrung?
7. Hat die SGE einen Einfluss auf die Wahl der Kriterien beim Vergleichen von Pflanzen?

4.3 Methode

Im Rahmen des leitfadenstrukturierten Interviews (vgl. Kapitel 2.2.1) wurden die Kinder zunächst gebeten, alle ihnen bekannten Pflanzen aus den Wiesenarrangements mit Namen zu benennen (K18). Somit wurde nicht nur die Anzahl der bekannten Wiesenpflanzen erhoben, sondern auch festgestellt, ob die Pflanzen korrekt angesprochen wurden. Im Anschluss daran wurden die Merkmale erfasst, die den Kindern helfen, die Pflanzen wiederzuerkennen (K19). Die Kinder wurden gebeten, alle Pflanzen aufzuzählen, die sie außerdem kennen (K2, K20). Auf diese Weise wurde den Kindern die Möglichkeit

4.3 Methode

gegeben, unbegrenzt viele Pflanzen zu nennen. Die Einschränkung auf die Wiesenpflanzen hätte sonst Pflanzen ausgeschlossen, die sie hätten nennen können, und so nicht ihre gesamte Formenkenntnis erfasst (Mayer 1992, 48). Um zu erheben, woher die Kinder ihre Formenkenntnisse haben, wurden sie nach der Quelle ihrer Kenntnis gefragt (K21). Zudem wurde ermittelt, ob die Kinder etwas sammelten und ob sie dafür ein Ordnungssystem nutzten (K24), um zu eruieren, ob zwischen dem Sammeln von Naturobjekten und der Formenkenntnis ein Zusammenhang besteht.

Die Lehrpersonen und Eltern wurden im Rahmen der schriftlichen Befragung (vgl. Kapitel 2.2.2) gebeten, eine persönliche Einschätzung zur Bedeutung von Artenkenntnis auf einer 5-stufigen Skala vorzunehmen (L4, E6). Anschließend sollte die eigene Artenkenntnis auf einer 5-stufigen Skala eingeschätzt und die Quelle dieser Artenkenntnis mit Hilfe von Antwortvorgaben benannt werden (L5, L6 bzw. E7, E8). Es folgte eine Bewertung der Wichtigkeit von Artenkenntnis bezogen auf die Schülerinnen und Schüler (L7) bzw. das eigene Kind (E9). Hierzu stand ebenfalls eine 5-stufige Skala zur Verfügung.

Beim Vergleichen von Pflanzen wurden die Kinder aufgefordert, 24 getopfte, krautige Pflanzen auf Gemeinsamkeiten hin zu betrachten und zu Gruppen zusammenzustellen. Anschließend sollten diese Gruppierungen begründet werden (K25). Anders als in vorliegenden Untersuchungen (Klemm 1974; Tunnicliffe & Reiss 2000; Krüger & Burmester 2005) sollten die Kinder nicht nach übergeordneten taxonomischen Gruppen ordnen (z.B. Pilze, Moose, Blütenpflanzen, Bäume), sondern durch das Vergleichen von Pflanzen eines Lebensraums Gemeinsamkeiten bzw. Ähnlichkeiten erkennen und benennen. Der Vergleich wurde hier als Methode eingesetzt, um „Gleiches in Verschiedenem zu entdecken" (Gropengießer 2008, 255) und so zu untersuchen, ob sich durch die Beschäftigung mit Pflanzen die Wahrnehmung verändert hat. Erst im Vergleich mit einer anderen Art werden Merkmale bewusst wahrgenommen, die man sonst vielleicht übersehen hätte (Killermann et al. 2011, 139). Auf diesen bewusst wahrgenommenen Merkmalen kann später Artenkenntnis aufgebaut werden.

Die verwendeten Pflanzen stammten aus der Anzucht für die Wiesenarrangements, d.h. es handelte sich um einheimische Wiesenpflanzen aus der direkten Lebenswelt der Kinder (Artenliste s. Anhang). Es wurde darauf geachtet, dass die Kinder im Vor- und Nachtest dieselben Arten zum Vergleichen bekamen, soweit diese verfügbar waren. Auch die Anzahl der blühenden und nicht blühenden Pflanzen war identisch. Die Anzahl der Pflanzen wurde in Anlehnung an Killermann & Scherf (1986) gewählt, die in ihrer Studie Viertklässlern 22 einheimische Pflanzen zum Benennen präsentierten. Durch die große Auswahl an Pflanzen sollte die Möglichkeit gegeben werden, Ähnlichkeiten und/oder Unterschiede zwischen den einzelnen Wiesenpflanzen zu entdecken. Echte Pflanzen sind besser für die Methode des vergleichenden Betrachtens geeignet als Abbildungen, da sie mit allen Sinnen erfasst und aus unterschiedlichen Blickwinkeln betrachtet werden können (Askham 1976; Killermann & Scherf 1986; Tunnicliffe & Reiss 2000). Nach jedem Interview wurden die Pflanzengruppen fotografiert und später anhand der Fotografien die Konstellation ausgewertet und in eine Tabelle übertragen. Die Begründungen der Kinder wurden transkribiert und diese Aussagen anschließend Kategorien zugeordnet.

4.4 Ergebnisse

Im Vortest wurden insgesamt 319, im Nachtest 1407 Pflanzen genannt (Liste mit allen genannten Arten s. Anhang). Dabei handelte es sich um Wiesenpflanzen, Zierpflanzen, Nutzpflanzen, aber auch um Gehölze und Zimmerpflanzen. Kinder mit Schulgartenerfahrung konnten im Nachtest deutlich mehr Arten nennen als im Vortest (Vortest: M = 7.4 ± 0.53; Nachtest: M = 11.8 ± 0.68), wohingegen das bei Kindern ohne diese Erfahrung nicht der Fall war (Vortest: M = 6.6 ± 0.49; Nachtest M = 9.7 ± 0.63). Schulgartenerfahrung hatte demzufolge einen signifikanten Einfluss auf die Wahrnehmung von Arten ($F_{1,134}$ = 5.62, p < 0.020).

4.4.1 Formenkenntnis von Wiesenpflanzen

Alle Wiesenpflanzen, die die Kinder irgendwann im Rahmen des Interviews nannten, wurden gezählt, allerdings konnte nur für die tatsächlich in den Wiesen vorkommenden Arten festgestellt werden, ob die Kinder den richtigen Namen genannt hatten. Bei einzelnen Kindern traten geringe Abweichungen bei der Benennung der Pflanzen auf. Wenn jedoch klar war, welche Art gemeint war, wurde diese bei der Zählung berücksichtigt. Dies waren Namen wie „Schafsbockskraut" (Scharbockskraut), „Gemeiner Holzzahn" (Gemeiner Hohlzahn) oder „Pfeilchen" (Veilchen). Namen wie „Pfotenkätzchen" oder „Violette" wurden hingegen nicht gezählt. Wenige Kinder beider Gruppen (6% im Vortest, 7% im Nachtest) nannten Löwenzahn und Pusteblume als zwei Arten, wenn sie in unterschiedlichen Entwicklungsstadien vorkamen. Beide Nennungen wurden gezählt.

Im Vortest konnten Kinder mehr Wiesenpflanzen nennen, wenn es in der Nähe ihrer Wohnung eine Wiese gab ($F_{1,131}$ = 7.43, p = 0.007; Mit Wiese: M = 2.4 ± 0.67; Ohne Wiese: M = 1.5 ± 0.24), im Nachtest war kein Zusammenhang mehr erkennbar. Die Schulgartenarbeit hatte keinen Einfluss auf die Kenntnis von Wiesenarten im Nachtest (p = 0.352). Im Vortest unterschieden sich Mädchen und Jungen nicht in ihrer Wiesenpflanzenkenntnis (p = 0.722). Im Laufe eines Schuljahres lernten aber die Mädchen mehr Wiesenpflanzenarten kennen als die Jungen ($F_{1,134}$ = 3.80, p = 0.053; Mädchen: M = 1.2 ± 0.18; Jungen: M = 0.7 ± 0.22).

4.4 Ergebnisse

Insgesamt 6% der Kinder beider Gruppen verwechselten Löwenzahn (*Taraxacum officinale*) mit dem Kleinen Habichtskraut (*Hieratium pilosella*), während Gänseblümchen (*Bellis perennis*) von einigen Kindern auch als Bezeichnung für Kamille (*Matricaria recutita*) und/oder Margerite (*Leucanthemum vulgare*) verwendet wurde. Im Nachtest verwechselten insgesamt 7% der Kinder Margerite (*Leucanthemum vulgare*) und Kamille (*Matricaria recutita*). Alle Kinder, die Klee (*Trifolium repens* oder *T. pratense*) nannten, konnten auch die richtigen Pflanzen dazu zeigen.

Am häufigsten wurden von den Wiesenpflanzen im Vor- und Nachtest Gänseblümchen und Löwenzahn genannt (Abb. 18). Kinder der Testgruppe nannten im Nachtest signifikant häufiger Klee als Kinder der Kontrollgruppe (df = 1, Chi-Quadrat-Wert = 15.49, p < 0.001). Im Nachtest traten signifikante Unterschiede zwischen Jungen und Mädchen auf: Mädchen nannten häufiger Gänseblümchen und Margerite als Jungen (Gänseblümchen: df = 1, Chi-Quadrat-Wert = 6.96, p = 0.008; Margerite: df = 1, Chi-Quadrat-Wert = 4.99, p = 0.020).

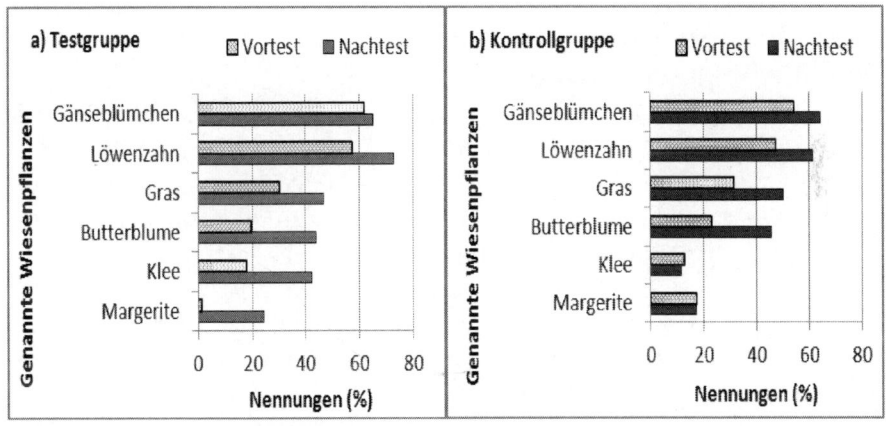

Abbildung 18: Die am häufigsten genannten Wiesenpflanzen in der (a) Testgruppe (Mit SGE, N = 66) und (b) Kontrollgruppe (Ohne SGE, N = 70) im Vergleich von Vor- zu Nachtest. Mehrfachnennungen waren möglich.

Die Antworten auf die Frage, woran sie die Pflanze erkannt haben bzw. was sie sich merken, um sie wiederzuerkennen, konnten vier Kategorien zugeteilt werden: Blüte, Blatt, Wuchsform und Sonstiges (Abb. 19). In die Kategorie „Blüte" wurden Antworten zur Blütenfarbe aber auch zum Blütenbau aufgenommen. Dies waren Angaben wie „weiß", „weiß und innen gelb", „die Blumen" oder „wie Gänseblümchen nur größer". Der Kategorie „Blatt" wurden Antworten zugeordnet, die sich auf die Blattform, -rand oder -farbe bezogen, z.B. „die Blätter sind gezackt" oder „das ist so grün und lang" (bezogen auf Gras). Antworten wie „die ist so groß/klein" oder „die hat lange/dicke Stiele" wurden der Kategorie „Wuchsform" zugeordnet. Alle übrigen individuellen Angaben wurden in der Kategorie „Sonstiges" zusammengefasst. Dies waren beispielsweise Antworten wie „die kann man essen", „das hat mir Papa gesagt", „die sehen aus wie Klee", „die habe ich schon mal gepflückt" und Ähnliches.

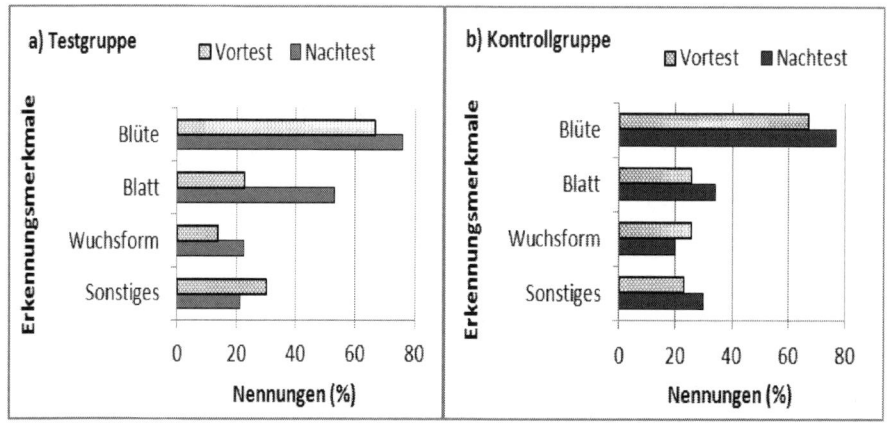

Abbildung 19: Merkmale, anhand derer Kinder der (a) Testgruppe (Mit SGE, N = 66) und (b) Kontrollgruppe (Ohne SGE, N = 70) Wiesenpflanzen erkennen. Die Kategorie „Sonstiges" enthielt individuelle Angaben, die keiner der anderen Kategorien zugeordnet werden konnten, wie z.B. „die haben wir auch im Garten" oder „die frisst mein Hase". Mehrfachnennungen waren möglich.

Kinder mit Schulgartenerfahrung nannten signifikant häufiger das Blatt als Erkennungsmerkmal für Wiesenpflanzen als Kinder der Kontrollgruppe (df = 1, Chi-Quadrat-Wert = 4.86, p = 0.030). Die Anzahl der genannten Merkmale zeigte einen signifikanten Zusammenhang zur Kenntnis von Wiesenpflanzen: Je mehr Pflanzen die Kinder kannten, desto mehr Merkmale nannten sie (Vortest: r = 0.83, $F_{1,134}$ = 286.12, p < 0.001; Pflanzen: M = 2.1, ± 0.14; Merkmale: M = 1.4 ± 0.1; Nachtest: r = 0.76, $F_{1,134}$ = 184.09, p < 0.001; Pflanzen: M = 3.1 ± 0.16; Merkmale: M = 1.7 ± 0.1). Alle genannten Merkmale hingen signifikant mit der Formenkenntnis zusammen (Tab. 10).

Tabelle 10: Signifikanter Zusammenhang zwischen der Anzahl genannter Wiesenpflanzen und den Nennungen eines Merkmals in Vor- und Nachtest, N = 136.

	Vortest	Nachtest
Blüte	$F_{1,134}$ = 74.83, p < 0.001	$F_{1,134}$ = 47.12, p < 0.001
Blatt	$F_{1,134}$ = 79.43, p < 0.001	$F_{1,134}$ = 72.91, p < 0.001
Wuchsform	$F_{1,134}$ = 33.42, p < 0.001	$F_{1,134}$ = 24.54, p < 0.001

Die Antworten der Mädchen konnten häufiger der Kategorie „Sonstiges" zugeordnet werden als die der Jungen (df = 1, Chi-Quadrat-Wert = 5.29, p = 0.021). Dies waren individuelle Antworten wie „die kenne ich", „die riechen nach Butter" oder „die darf man nicht essen".

4.4.2 Allgemeine Formenkenntnis

Auf die Frage, welche Pflanzen sie außer den Pflanzen in den Wiesen noch kennen, nannten die Kinder beider Gruppen in Vor- und Nachtest am häufigsten die Tulpe (Abb. 20). An zweiter Stelle folgte im Vortest die Osterglocke bzw. Narzisse (43%) und im Nachtest die Rose (56%).

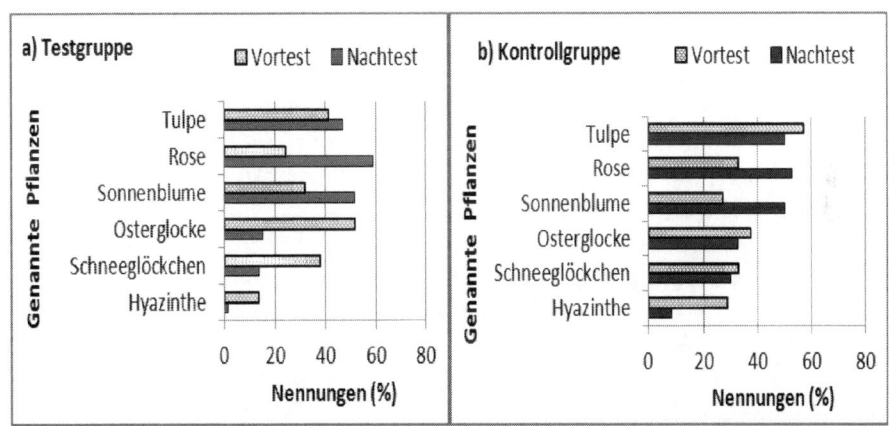

Abbildung 20: Am häufigsten genannte Pflanzen in der (a) Testgruppe (Mit SGE, N = 66) und (b) Kontrollgruppe (Ohne SGE, N = 70) im Vergleich von Vor- zu Nachtest. Mehrfachnennungen waren möglich.

Im Vortest wurden überwiegend Frühblüher genannt: Während im Vortest 27% der Kinder entweder Narzisse oder Osterglocke aufzählten, waren es im Nachtest 15%. Insgesamt 16% der Kinder zählten sie im Vortest als zwei unterschiedliche Pflanzen auf, 8% im Nachtest. Diese wurden als zwei Arten gezählt, da die Kinder häufig Farbunterschiede einzelner Sorten als Unterscheidung nannten: „Osterglocken sind gelb, Narzissen sind weiß mit orange innen". Bei den Nennungen der unterschiedlichen Frühblüherarten gab es signifikante Unterschiede zwischen Test- und Kontrollgruppe in Vor- und Nachtest: Die Kinder der Kontrollgruppe gaben im Vor- und Nachtest häufiger Frühblüher an als Kinder der Testgruppe (Tab. 11).

Während im Vortest 30% der Kinder die Sonnenblume nannten, waren es im Nachtest 51% (df = 1, Chi-Quadrat-Wert = 7.86, p = 0.005). Die Testgruppe nannte im Nachtest signifikant mehr heimische Gehölzpflanzen als die Kontrollgruppe (df = 1, Chi-Quadrat-Wert = 6.85, p = 0.009). Dies waren vor allem die Tanne, Eiche und Kastanie sowie Nussbäume.

4 Formenkenntnis und Vergleichen von Pflanzen

Tabelle 11: Signifikanter Zusammenhang zwischen der Nennung von Frühblühern und der Schulgartenerfahrung im (a) Vortest und (b) Nachtest.

	a) Vortest*SGE	b) Nachtest*SGE
Tulpe	df = 1, Chi² = 3.58, p = 0.050	df = 1, Chi² = 14.59, p < 0.001
Hyazinthe	df = 1, Chi² = 3.63, p = 0.050	-
Schneeglöckchen	-	df = 1, Chi² = 5.29, p = 0.020
Narzisse	-	df = 1, Chi² = 8.51, p = 0.004

Zur allgemeinen Formenkenntnis der Kinder wurden auch alle Nutzpflanzen gezählt, die die Kinder im Laufe des Interviews nannten. Die Antworten aller Kinder auf die Frage, was sie in ein Beet pflanzen würden, wenn sie selbst entscheiden dürften, zeigte sowohl im Vor- als auch Nachtest einen signifikanten Zusammenhang mit der Schulgartenerfahrung (Abb. 21): Kinder der Kontrollgruppe wählten häufiger Zierpflanzen für ihr Beet, während Kinder der Testgruppe häufiger Nutzpflanzen oder beides nannten (Vortest: df = 2, Chi-Quadrat-Wert = 11.12, p = 0.004 ; Nachtest: df = 2, Chi-Quadrat-Wert = 27.78, p < 0.000). Eine Liste mit allen genannten Beetpflanzen befindet sich im Anhang.

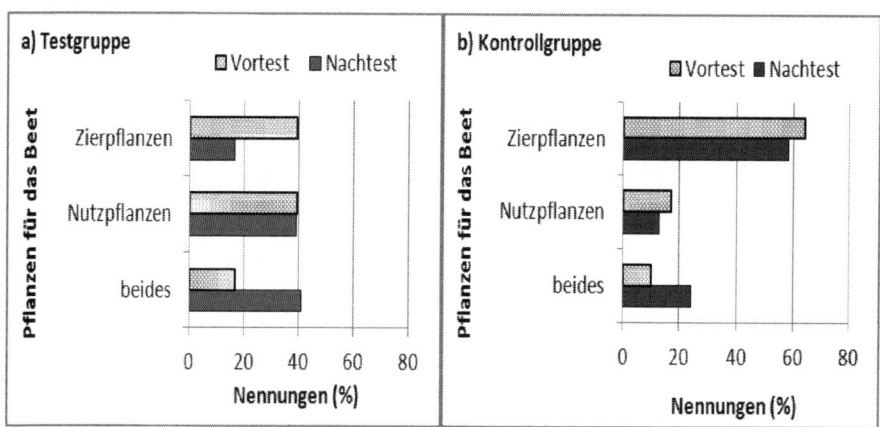

Abbildung 21: Angaben der Kinder zu den Wunschpflanzen für ihr Beet im Vergleich von Vor- zu Nachtest der (a) Testgruppe (Mit SGE, N = 63) und (b) Kontrollgruppe (Ohne SGE, N = 64).

Im Vortest zeigte sich ein signifikanter Unterschied zwischen Mädchen und Jungen: Während Mädchen häufiger Zierpflanzen (59%) als Nutzpflanzen (22%) oder beides (19%) für ihr Beet wünschten, wählten 52% der Jungen Zierpflanzen, 40% Nutzpflanzen und 8% beides (df = 1, Chi-Quadrat-Wert = 6.08, p = 0.048). Im Nachtest waren keine signifikanten Unterschiede zwischen Mädchen und Jungen mehr erkennbar: 34% der Mädchen und 33% der Jungen wollten sowohl Zier- als auch Nutzpflanzen, 43% Mädchen und 35% Jungen wählten nur Zierpflanzen, 23% Mädchen und 32% Jungen wünschten sich ausschließlich Nutzpflanzen.

4.4 Ergebnisse

Bei den von den Kindern aufgezählten Nutzpflanzen zeigte sich ein signifikanter Unterschied zwischen der Test- und Kontrollgruppe (Abb. 22): Während im Vortest von beiden Gruppen am häufigsten die Karotte (38%) genannt wurde, war es im Nachtest die Tomate (58%).

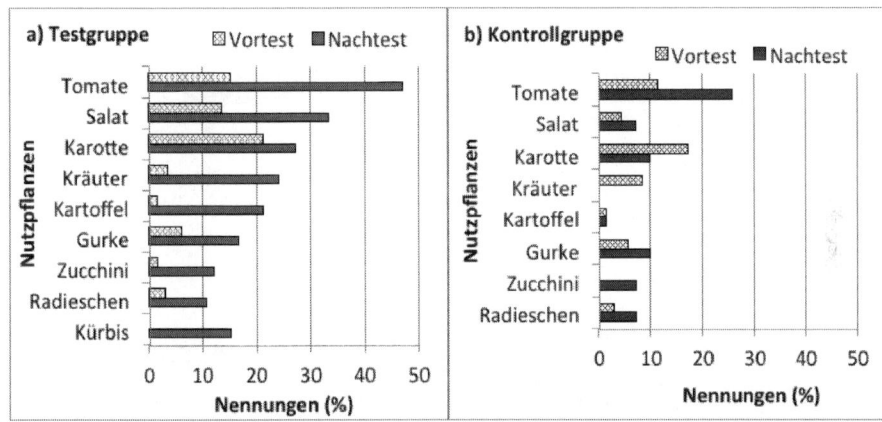

Abbildung 22: Häufig genannte Nutzpflanzen in der (a) Testgruppe (Mit SGE, N = 66) und (b) Kontrollgruppe (Ohne SGE, N = 70) im Vergleich von Vor- zu Nachtest. Mehrfachnennungen waren möglich. In der Kategorie "Kräuter" wurden Schnittlauch, Petersilie, Basilikum, Zitronenmelisse und Lavendel zusammengefasst.

Kinder mit Schulgartenerfahrung konnten signifikant mehr Nutzpflanzen nennen als Kinder ohne diese Erfahrungen (Tab. 12).

Tabelle 12: Signifikanter Zusammenhang zwischen der Nennung von Nutzpflanzen und der Schulgartenerfahrung im (a) Vortest und (b) Nachtest.

	a) Vortest*SGE	b) Nachtest*SGE
Salat	df = 1, Chi² = 3.69, p = 0.055	df = 1, Chi² = 16.76, p < 0.001
Tomate	-	df = 1, Chi² = 6.66, p = 0.010
Karotte	-	df = 1, Chi² = 5.8, p = 0.016
Gurke	-	df = 1, Chi² = 4.06, p = 0.044
Kürbis oder Zucchini	-	df = 2, Chi² = 13.14, p = 0.001
Kräuter	-	df = 1, Chi² = 4.89, p = 0.027
Kartoffel	-	df = 1, Chi² = 13.55, p < 0.001

Kinder der Testgruppe konnten bereits im Vortest mehr obstliefernde Pflanzen nennen als Kinder der Kontrollgruppe (Abb. 23). Im Vortest nannten 15% aller Kinder den Apfelbaum, im Nachtest waren es 18%. Bei der Erdbeere nahm die Anzahl der Nennungen um mehr als das Doppelte zu: Während 15% aller Kinder diese im Vortest nannten, waren es im Nachtest 37%. Im Nachtest zeigten sich zudem signifikante Unterschiede zwischen Test- und

Kontrollgruppe: Kinder der Testgruppe nannten häufiger den Apfelbaum (df = 1, Chi-Quadrat-Wert = 3.84, p = 0.050) und die Erdbeere (df = 1, Chi-Quadrat-Wert = 10.75, p = 0.001) als Kinder der Kontrollgruppe.

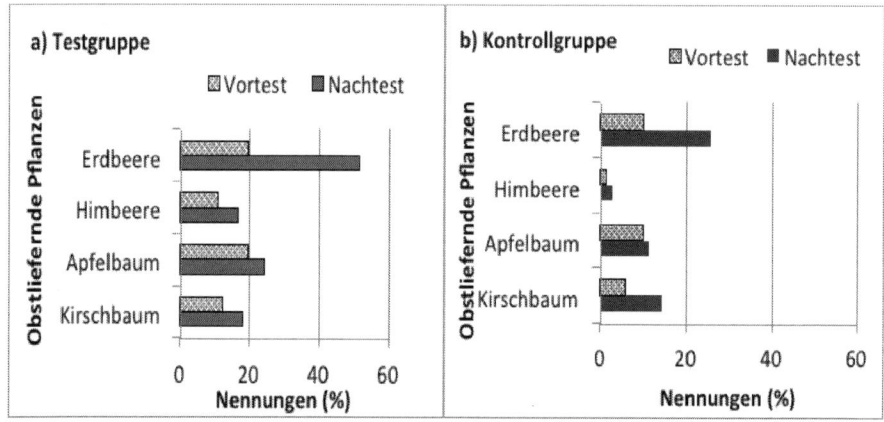

Abbildung 23: Am häufigsten genannten obstliefernden Pflanzen in der (a) Testgruppe (Mit SGE, N = 66) und (b) Kontrollgruppe (Ohne SGE, N = 70) im Vergleich von Vor- zu Nachtest. Mehrfachnennungen waren möglich.

Alle im Interview genannten Pflanzenarten wurden zum Schluss zu einer allgemeinen Formenkenntnis zusammengezählt (Abb. 24). Kinder mit Schulgartenerfahrung hatten im Nachtest im Vergleich zum Vortest signifikant mehr Pflanzen hinzugelernt als Kinder der Kontrollgruppe ($F_{1,134}$ = 5.62, p = 0.019; Testgruppe mit SGE: M = 4.5 ± 0.47; Kontrollgruppe ohne SGE: M = 2.9 ± 0.45). Auch die Artenkenntnis der Eltern war positiv mit dem Zuwachs an Wissen korreliert (r = 0.21, $F_{1,134}$ = 5.39, p = 0.022; Zuwachs an Arten: M = 3.6 ± 0.33; Eltern: M = 3.0 ± 0.08).

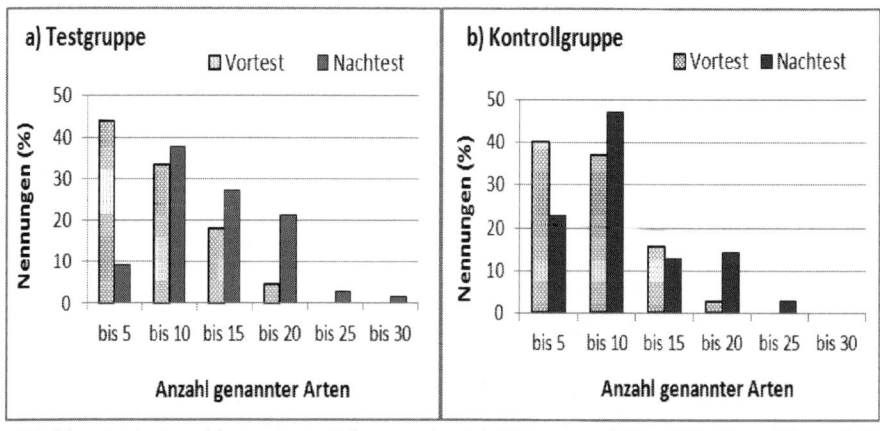

Abbildung 24: Anzahl genannter Pflanzen der (a) Testgruppe (Mit SGE, N = 66) und (b) Kontrollgruppe (Ohne SGE, N = 70) im Vergleich von Vor- zu Nachtest.

4.4 Ergebnisse

Die Kinder wurden zu einem späteren Zeitpunkt im Interview gebeten, die Grundorgane bzw. Teile einer Pflanze zu benennen (vgl. Kapitel 5.3). Der Zuwachs an pflanzlicher Formenkenntnis korrelierte signifikant mit dem Benennen von Pflanzenteilen (Blatt, Blüte etc.): Je mehr Teile einer Pflanze die Kinder kannten, desto mehr Pflanzen konnten sie nennen (Tab. 13). Auch die Anzahl von Pflanzenmerkmalen, an denen Kinder die Pflanzen wiedererkennen (vgl. Kapitel 4.4.1), korrelierte positiv mit der Zunahme der Formenkenntnis.

Tabelle 13: Variablen, die in einer univariaten Varianzanalyse (Typ II SS) einen signifikanten Einfluss auf den Zuwachs an Formenkenntnis der Kinder im Nachtest hatte (r = 0.19, $F_{1,122}$ = 9.3, p < 0.001). *p ≤ 0.05, **p ≤ 0.01, ***p ≤ 0.001.

In das Modell aufgenommene Variablen	df	MS	F	p
Schulgartenerfahrung	1	107.08	8.23	**
Anzahl genannter Pflanzenteile	1	112.38	8.64	**
Pflanzenmerkmale	1	112.92	8.68	**
Restvariation	119	13.01		
Summe	122			

Kinder, deren Eltern angeben, dass sie häufiger Bücher oder Zeitschriften über Pflanzen anschauen, konnten insgesamt mehr Arten benennen (r = 0.28, $F_{1,113}$ = 9.88, p = 0.002; Artenkenntnis: M = 10.7 ± 0.47; Bücher: M = 2.3 ± 0.09 auf einer 5-stufigen Likert-Skala).

Von sieben Eltern, die beruflich mit Pflanzen zu tun zu haben, waren sechs aus der Testgruppe (vgl. Kapitel 7.4.4). Etwa die Hälfte aller befragten Eltern hielt Artenkenntnis für ziemlich wichtig. Der Unterschied zwischen Eltern der Test- und Kontrollgruppe war signifikant ($F_{1,121}$ = 4.26, p = 0.040; Mit SGE: M = 4.0 ± 0.93; Ohne SGE: M = 3.7 ± 0.98 auf einer 5-stufigen Likert-Skala): Eltern der Testgruppe schätzten die Bedeutung von Artenkenntnis höher ein als Eltern der Kontrollgruppe. Dass Kinder Pflanzen benennen können, fanden mehr als die Hälfte aller Eltern ziemlich wichtig (Mit SGE: M = 3.9 ± 0.73; Ohne SGE: M = 3.9 ± 0.87 auf einer 5-stufigen Likert-Skala). Eltern, die es allgemein wichtig fanden, Pflanzen benennen zu können, schätzen dies auch für ihr Kind als wichtig ein (r = 0.46, $F_{4,118}$ = 31.65, p < 0.001). Hierbei wurden keine signifikanten Unterschiede zwischen Test- und Kontrollgruppe festgestellt.

Die Eltern der Testgruppe schätzten ihre eigene Artenkenntnis signifikant höher ein als die Eltern der Kontrollgruppe ($F_{1,121}$ = 3.82, p = 0.050; Mit SGE: M = 3.2 ± 0.11; Ohne SGE: M = 2.9 ± 0.11 auf einer 5-stufigen Likert-Skala). Das Interesse an Pflanzen zeigte einen signifikanten Zusammenhang zur Artenkenntnis: Je größer das Interesse an Pflanzen war, desto größer war auch die Artenkenntnis (r = 0.54, $F_{1,121}$ = 48.99, p < 0.001). Einen eigenen Garten zu besitzen, hatte keinen signifikanten Einfluss auf die Artenkenntnis, allerdings schätzten Eltern, die sich häufiger in der Natur oder ihrem Garten aufhielten, ihre eigene Artenkenntnis signifikant höher ein (r = 0.32, $F_{1,119}$ =13.86, p < 0.001).

Die meisten Lehrpersonen fanden das Benennen von Arten im Allgemeinen sehr wichtig (Mit SGE: M = 4.0 ± 0.32; Ohne SGE: M = 4.0 ± 0.00 auf der 5-stufigen Likert-Skala). Je wichtiger eine Lehrkraft das Benennen von Pflanzenarten für sich persönlich fand, umso wichtiger fand sie dies auch für die Schülerinnen und Schüler (r = 0.75, $F_{1,7}$ = 9.0, p < 0.02). Ihre eigene Artenkenntnis bewerteten die Lehrpersonen eher als mittelmäßig (Mit SGE: M = 3.6 ± 0.25; Ohne SGE: M = 3.0 ± 0.00 auf der 5-stufigen Likert-Skala). Eine Lehrerin der Testgruppe, die als Einzige das Benennen von Pflanzen außerordentlich wichtig fand, schätzte ihre eigene Artenkenntnis auch als sehr gut ein. Bis auf eine Lehrkraft der Testgruppe fanden es alle wichtig, dass Kinder Pflanzen mit Namen benennen können (Mit SGE: M = 3.8 ± 0.20; Ohne SGE: M = 4.0 ± 0.00 auf der 5-stufigen Likert-Skala). Diese Lehrkraft fand es insgesamt mäßig wichtig, Pflanzen benennen zu können, und schätzte ihre eigene Artenkenntnis auch als mittelmäßig ein.

4.4.3 Quelle der pflanzlichen Formenkenntnis

Als Quelle ihrer Pflanzenkenntnis nannten die meisten Kinder in Vor- und Nachtest am häufigsten die Familie und an zweiter Stelle die Schule (Abb. 25). Im Vortest gaben 10% der Kinder der Testgruppe den Schulgarten als Quelle ihrer Formenkenntnis an. Diese Kinder hatten bereits einmal Frühblüher im Schulgarten angeschaut. Im Nachtest nannten 12% den Schulgarten. Kinder der Kontrollgruppe gaben im Nachtest häufiger Medien, wie Bücher, Zeitschriften oder Fernsehen, als Quelle ihrer Artenkenntnis an als Kinder der Testgruppen (df = 1, Chi-Quadrat-Wert = 5.75, p = 0.020). Wenn die Eltern angaben, dass sie einen eigenen Garten hätten, nannten die Kinder signifikant häufiger den eigenen Garten als Quelle ihrer Formenkenntnis (df = 1, Chi-Quadrat-Wert = 7.37, p = 0.007). Die Angaben zum eigenen Garten zeigten im Nachtest einen signifikanten Zusammenhang zur Formenkenntnis: Wer den Garten als Quelle der Pflanzenkenntnis angab, konnte mehr Pflanzen nennen ($F_{1,134}$ = 6.52, p = 0.010; Garten: M = 13.1 ± 1.28; Kein Garten: M = 10.1 ± 0.48). Kinder, die als Quelle ihrer Formenkenntnis Bücher oder Hefte über Pflanzen angaben, konnten im Durchschnitt drei Pflanzenarten mehr nennen als Kinder, die diese nicht nannten ($F_{1,134}$ = 4.53, p = 0.040; Bücher/

4.4 Ergebnisse

Hefte: M = 13.7 ± 1.59; Keine Bücher/Hefte: M = 10.3 ± 0.48). Einige Kinder gaben an, dass sie die Pflanzennamen schon seit ihrer Geburt bzw. „schon immer" kannten.

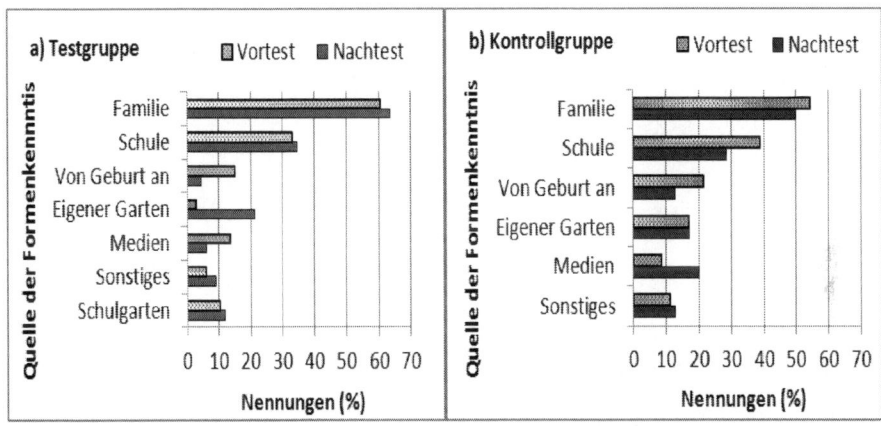

Abbildung 25: Quelle der Formenkenntnis von Kindern der (a) Testgruppe (Mit SGE, N = 66) und (b) Kontrollgruppe (Ohne SGE N = 70) im Vergleich von Vor- zu Nachtest. In der Kategorie „Medien" wurden Angaben wie Bücher, Fernsehen oder Computer zusammengefasst, die Kategorie „Sonstiges" enthielt Antworten wie „aus dem Kindergarten" oder „von Freunden". Mehrfachnennungen waren möglich.

Auf die Frage, wer aus ihrer Familie ihnen Pflanzenkenntnisse vermittelt, nannten die Kinder beider Gruppen im Vor- und Nachtest am häufigsten die Mutter (Abb. 26). Jeweils zwei Kinder gaben als Quelle ihrer Formenkenntnis eine Tante bzw. eine Cousine an, sieben nannten Freunde der Familie. Insgesamt 10% der Kinder nannten den Kindergarten, 18% konnten keine Angabe zur Herkunft ihrer Pflanzenkenntnis machen.

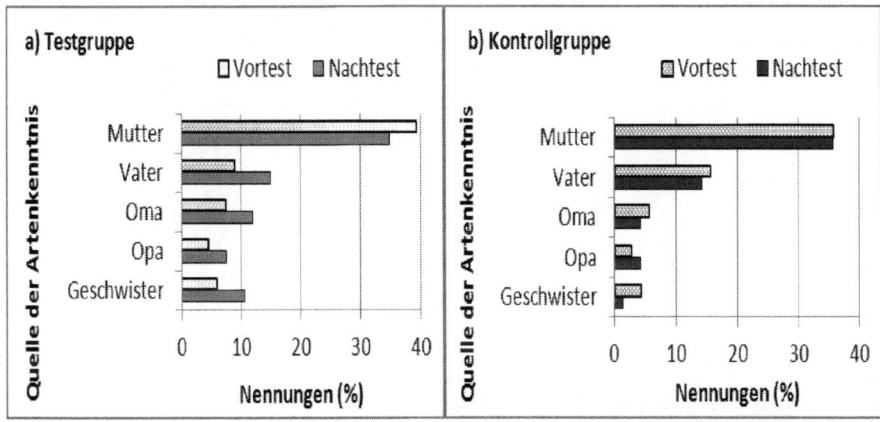

Abbildung 26: Häufig genannte Familienmitglieder als Quelle der Formenkenntnis der (a) Testgruppe (Mit SGE, N = 54) und (b) Kontrollgruppe (Ohne SGE, N = 47) im Vergleich von Vor- zu Nachtest, Mehrfachnennungen waren möglich.

Insgesamt 52% der Eltern gaben an, ihre botanische Artenkenntnis in der Familie erworben zu haben. Während 61% Eltern der Testgruppe angaben, in ihrer Familie wäre pflanzliche Artenkenntnis vorhanden, waren es in der Kontrollgruppe 43%. Mehr als die Hälfte der Eltern gab an, sich die Kenntnisse selbst angeeignet zu haben, die Schule wurde an dritter Stelle genannt (Abb. 27). In der Kategorie „Sonstiges" wurden Angaben wie Bücher (3x), Zeitschriften (2x), Fernsehen (1x), Internet (1x), Freunde (1x) sowie der Erwerb eines Jagdscheines (1x) zusammengefasst.

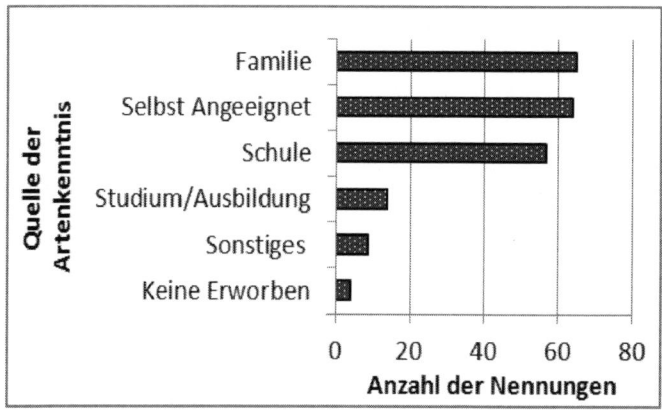

Abbildung 27: Angaben der Eltern zur Quelle ihrer Artenkenntnis, Mehrfachnennungen waren möglich, N = 99. Die Kategorie „Sonstiges" fasste Angaben zu Medien und Freunden zusammen.

Als Quelle der Artenkenntnis innerhalb der Familie nannten die Eltern am häufigsten die eigene Mutter (Abb. 28). Die Lehrkräfte wählten als Quelle der eigenen Artenkenntnis siebenmal die Kategorie „selbst angeeignet", sechsmal die eigene Familie (zweimal die Mutter, Vater und Oma je einmal), viermal das Studium und dreimal die Schule (zweimal die Grundschule, einmal die weiterführende Schule), Mehrfachantworten waren dabei möglich.

4.4 Ergebnisse

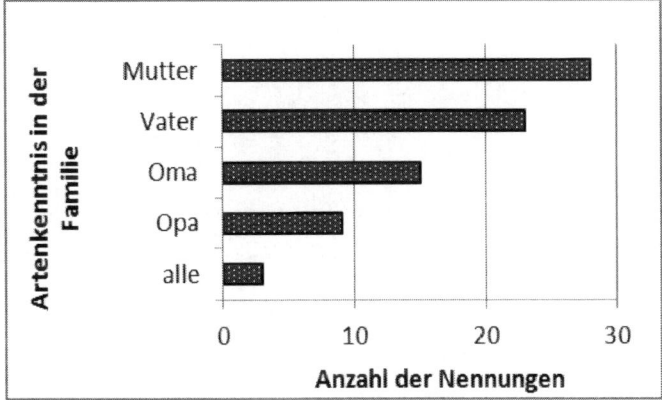

Abbildung 28: Angaben der Eltern zur pflanzlichen Artenkenntnis in der Familie. Mehrfachnennungen waren möglich, N = 65.

Insgesamt 67% der Kinder gaben an, dass sie zuhause etwas sammelten. Dies waren entweder Naturobjekte, wie z.B. Blumen, Steine oder Kristalle, oder Fußball-Sticker, Diddl-Blätter oder Ähnliches (Liste der Sammelobjekte s. Anhang). Von den Kindern, die etwas sammelten, hatten 92% kein besonderes Ordnungssystem. Bei den verbleibenden 8% zeigte sich ein signifikanter Zusammenhang mit dem Geschlecht: Jungen gaben häufiger an, ein Ordnungssystem zu haben als Mädchen ($F_{1,88}$ = 5.12, p = 0.030).

4.4.4 Vergleichen von Pflanzenmerkmalen

Im Durchschnitt bildeten die Kinder aus den 24 getopften Pflanzen sechs Gruppen, die aus zwei bis drei verschiedenen Pflanzen bestanden, nicht immer wurden alle Pflanzen verwendet. Insgesamt wurden in Vor- und Nachtest maximal zwölf Gruppen gebildet. Je 3% der Kinder aus beiden Gruppen bildeten keine Gruppen. Bestimmte Paare wurden bevorzugt gruppiert (Abb. 29).

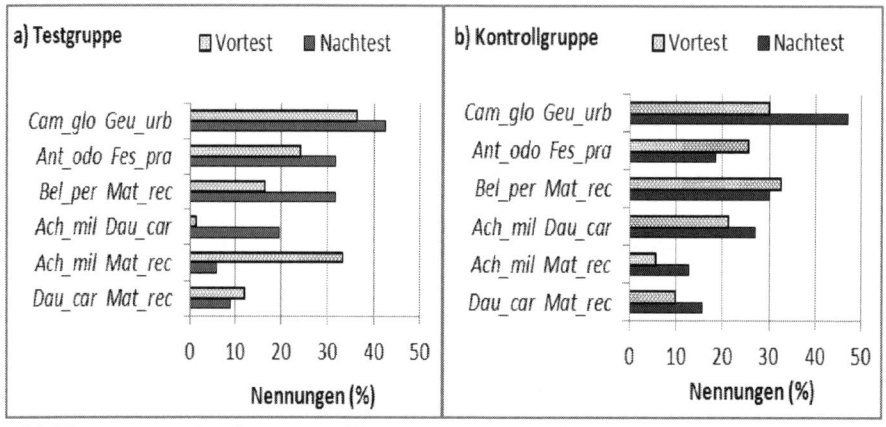

Abbildung 29: Am häufigsten gewählte Zweier-Gruppen der (a) Testgruppe (Mit SGE, N = 62) und (b) Kontrollgruppe (Ohne SGE, N = 66) im Vergleich von Vor- zu Nachtest. Die Abkürzungen stehen für die botanischen Namen der Pflanzen (Cam_glo = Campanula glomerata, Geu_urb = Geum urbanum, Ant_odo = Anthoxanthum odoratum, Fes_pra = Festuca pratensis, Bel_per = Bellis perennis, Mat_rec = Matricaria recutita, Ach_mill für Achillea millefolium, Dau_car = Daucus carota).

Während im Vortest noch insgesamt 58% der Kinder – vor allem aus der Testgruppe – ihre Gruppierung ohne Begründung vornahmen, waren es im Nachtest nur noch 2%. Die meisten Kinder (95%) ordneten die Pflanzen in Gruppen, weil sie gleich oder ähnlich aussahen, nur wenige Kinder bildeten Gegensatzpaare mit der Begründung „die hat fette Blätter und die hat dünne", „die ist hellgrün und die ist dunkelgrün" oder „die ist gelb und die ist lila". Kinder der Testgruppe nannten im Nachtest bis zu sieben unterschiedliche Merkmale als Begründung für ihre Gruppierungen, Kinder der Kontrollgruppe nannten in der Regel drei (Abb. 30). Kinder der Testgruppe hatten im Durchschnitt ein Merkmal hinzugelernt ($F_{1,134}$ = 8.7, p = 0.004; Mit SGE: M = 1.0 ± 0.22; Ohne SGE: M = 0.1 ± 0.20).

Die Anzahl der Gruppen und der genannten Merkmale war positiv korreliert: Je mehr Gruppierungen die Kinder bildeten, desto mehr Kriterien zur Begründung gaben sie an (Vortest: r = 0.61, $F_{1,134}$ = 79.03, p < 0.001; Gruppen: M = 5.8 ± 0.31; Merkmale: M = 2.2 ± 0.13; Nachtest: r = 0.75, $F_{1,134}$ = 166.17, p < 0.001; Gruppen: M = 6.1 ± 0.28; Merkmale: M = 2.7 ± 0.11). Die Anzahl der als Begründung genannten Merkmale korrelierte positiv mit der Anzahl der Merkmale, die Kinder zum Wiedererkennen von Wiesenpflanzen nannten: Je mehr Pflanzenmerkmale die Kinder beim Ordnen nannten, desto mehr Merkmale nannten sie, um Wiesenpflanzen zu erkennen (Vortest: r = 0.22, $F_{1,134}$ = 6.59, p = 0.010; Gruppenmerkmale: M = 2.2 ± 0.13; Wiesenmerkmale: M = 1.4 ± 0.96; Nachtest: r = 0.25, $F_{1,134}$ = 8.99, p = 0.003; Gruppenmerkmale: M = 2.7 ± 0.11; Wiesenmerkmale: M = 1.7 ± 0.10).

4.4 Ergebnisse

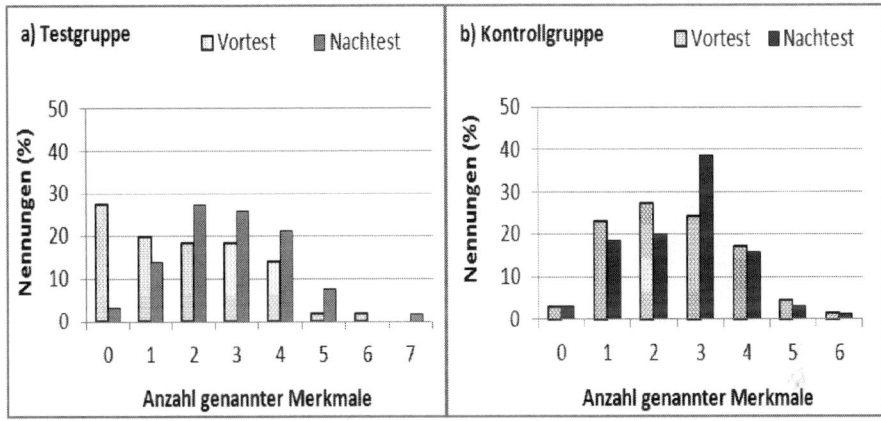

Abbildung 30: Anzahl der genannten Merkmale als Begründung der Gruppierung von Pflanzen der (a) Testgruppe (Mit SGE, N = 62) und (b) Kontrollgruppe (Ohne SGE, N = 66) im Vergleich von Vor- zu Nachtest.

Die Begründungen der Kinder für die gewählte Gruppierung wurden in sieben Kategorien eingeteilt: Blatt, Blüte, Taxonomie, Wuchsform, Ähnlichkeit, Farbe und Sonstiges. In der Kategorie „Blatt" wurden Antworten wie „die Blätter sind gleich", „die sind beide zackig [Blätter]" oder „die Blätter sind größer/kleiner" aufgenommen. Die Kategorie „Blüte" enthielt Antworten zum Blütenstand, zur Blütenform oder -farbe. Dies waren Antworten wie „die Blüten sind gleich", „die sind außen weiß und innen gelb" oder „die sind beide lila hier oben". In der Kategorie „Taxonomie" wurden Antworten wie „das ist beides Gras", „das ist Klee" und „das ist die gleiche Sorte" zusammengefasst. Die Kategorie „Wuchsform" enthielt Antworten wie „die sind gleich gewachsen", „die sind beide groß", „die haben die gleichen Stängel" oder „die findet man auf der Wiese" [Gräser]. Der Kategorie „Ähnlichkeit" wurden Aussagen wie „die sehen sich ähnlich" oder „die sind (fast) gleich" zugeordnet. Die Kategorie „Farbe" enthielt Aussagen zur Färbung der Pflanzen, die sich nicht auf die Blüten bezogen, wie z.B. „die sind beide grün" oder „die Stängel haben die gleiche Farbe". Die Kategorie „Sonstiges" enthielt Angaben wie „die haben beide Haare", „die passen zusammen" oder „die sind beide schön". Als häufigste Begründung nannten die Kinder beider Gruppen anatomische Merkmale wie Blätter oder Blüten (Abb. 31). Kinder der Kontrollgruppe nannten häufiger die Blüte als Kinder der Testgruppe (df = 1, Chi-Quadrat-Wert = 3.05, p = 0.080). Aggregiert man die Kategorien „Taxonomie" und „Wuchsform" zur Kategorie „Habitus", zeigte sich ein signifikanter Unterschied zwischen Test- und Kontrollgruppe: Im Nachtest nannten Kinder der Testgruppe häufiger den Habitus einer Pflanze (df = 1, Chi-Quadrat-Wert = 5.32, p = 0.020).

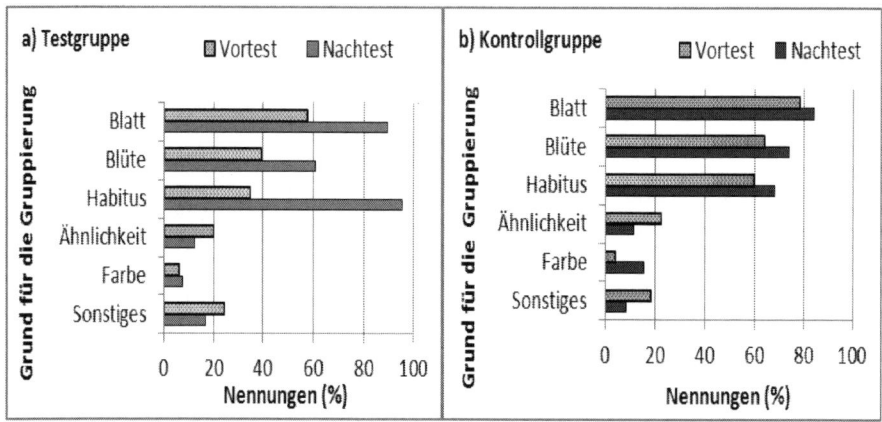

Abbildung 31: Begründungen der Kinder der (a) Testgruppe (Mit SGE, N = 62) und (b) Kontrollgruppe (Ohne SGE, N = 66) für die Wahl einer Pflanzengruppe im Vergleich von Vor- zu Nachtest.

In der Kategorie „Habitus" sind Aussagen der Kategorie „Taxonomie" und „Wuchsform" zusammengefasst. Die Kategorie „Sonstiges" enthielt Angaben wie „die haben Haare", „die sind beide schön" oder „die passen zusammen".

Weder bei den Gruppierungen noch bei der Angabe von Merkmalen zeigten sich Unterschiede zwischen Mädchen und Jungen.

4.5 Diskussion

Die Anzahl genannter Pflanzen steigerte sich vom Vortest zum Nachtest um mehr als 1000 Nennungen. Vor allem die Kinder mit Schulgartenerfahrung haben im Schnitt fünf neue Pflanzen dazugelernt. Dies zeigt zum einen die große Lern- und Merkfähigkeit der Kinder dieser Altersstufe (Killermann & Scherf 1986; Stichmann 1994a; Balmford et al. 2002; Berck 2009), zum anderen haben vor allem die Kinder der Testgruppe in dem dazwischenliegenden Schuljahr ihr Konzept von Pflanzen erweitert: Im Nachtest wurden häufiger Nutzpflanzen, aber auch Gras und Bäume genannt, die im Vortest noch nicht unter den Pflanzenbegriff der Kinder fielen. Ähnliche Ergebnisse zeigten sich auch bei Klemm (1974): Kinder einer 2. Grundschulklasse (N = 34) sortierten Abbildungen mit Gräsern (44%) und Bäumen (62%) als nicht zu Pflanzen gehörend aus.

Eine weitere Erklärung bietet der jahreszeitliche Unterschied des jeweiligen Testzeitpunkts: Während im Vortest (März/April) die Pflanzenentwicklung noch nicht weit fortgeschritten war, und somit nur wenige Pflanzen in freier Natur ins Auge fielen, waren es zum Zeitpunkt des Nachtests (Juni/Juli) sehr viel mehr Pflanzen, die wahrgenommen werden konnten. Ähnliche auf die Jahreszeit zurückzuführende Ergebnisse konnten auch in anderen Untersuchungen beobachtet werden (Lindemann-Matthies 2002; Weber 2010).

4.5 Diskussion

Kinder mit Schulgartenerfahrung kannten mehr Wiesenpflanzen mit Namen als Kinder ohne diese Erfahrung, und das, obwohl keine der Lehrpersonen das Thema „Wiesenpflanzen" explizit unterrichtet hatte. Alleine das Vorhandensein einer Wiese, das bereits im Vortest einen signifikanten Einfluss auf die Formenkenntnis hatte, scheint die Kinder zur Auseinandersetzung mit den Pflanzen, die dort wachsen, zu animieren (Benkowitz & Köhler 2010). Kinder mit Schulgartenerfahrung haben Margerite und Klee kennengelernt, wobei sie vor allem Klee sicher in den Testwiesen wiedererkannten. Dies bestätigt die Prämisse von Berck & Klee (1995), dass am Anfang der Genese von Artinteresse der direkte Kontakt mit Pflanzen eine entscheidende Rolle spielt. Auch bei Killermann & Scherf (1986) zeigte sich, dass durch einen Unterrichtsgang mit der Möglichkeit zu Primärerfahrungen mehr pflanzliche Formenkenntnis erworben wurde als durch entsprechenden Unterricht im Klassenzimmer. Auch in der Untersuchung von Goller (2002) kannten Schülerinnen und Schüler, die im Freiland unterrichtet wurden, mehr Arten als diejenigen, die Unterricht im Klassenzimmer hatten (vgl. auch Starosta & Goller 2002).

Obwohl die meisten Lehrpersonen nach eigenen Angaben ziemlich an Pflanzen interessiert waren und Artenkenntnis für wichtig hielten, schätzten sie ihre eigene eher mittelmäßig ein. Die Artenkenntnis eigneten sich die Lehrkräfte meisten selbst an bzw. erwarben sie innerhalb der Familie. Die Schule und das Studium spielten eine eher untergeordnete Rolle. Sowohl in der Schule als auch im Studium sollte daher wieder sehr viel mehr Wert auf die Vermittlung von Artenkenntnis gelegt werden, damit die Lehrinnen und Lehrer diese entsprechend an die Kinder weitergeben können (Lehnert 1999; Hesse 2002; Bebbington 2005; Blessing 2008; Berck 2009).

Sowohl bei der Kenntnis von Wiesenpflanzen als auch bei der allgemeinen Formenkenntnis waren die Mädchen den Jungen im Durchschnitt überlegen. Dass Mädchen mehr Pflanzen benennen können als Jungen, haben auch andere Untersuchungen bereits aufgezeigt (Bögeholz 1999; Pohl 2006; Gatt et al. 2007; Lindemann-Matthies & Bose 2008).

Die Artenkenntnis der Eltern hatte neben der Schulgartenerfahrung ebenfalls einen Einfluss auf die Pflanzenkenntnisse der Kinder. Eltern der Kinder mit Schulgartenerfahrung schätzten ihre eigene Pflanzenkenntnis höher ein als Eltern von Kindern der Kontrollgruppe und hielten auch pflanzliche Artenkenntnis insgesamt für wichtiger. Das mag daran liegen, dass sechs Eltern angeben, sich beruflich mit Pflanzen zu beschäftigen, insofern natürlich Artenkenntnis eine andere Bedeutung beimessen. Die Existenz eines eigenen Gartens spielte hierbei keine Rolle. Allerdings schätzten Eltern, die sich häufiger draußen in der Natur oder in einem Garten aufhalten, ihre Artenkenntnis höher ein. Die meisten Eltern fanden Artenkenntnis sowohl für sich als auch für ihre Kinder wichtig. Wer mehr Interesse an Pflanzen hatte, schätzte auch seine Pflanzenkenntnisse höher ein.

Auch das Wissen über den Grundbauplan von Pflanzen zeigte einen Einfluss auf die Zunahme der Formenkenntnis: Wer mehr Teile benennen konnte, hatte auch eine größere Pflanzenkenntnis oder umgekehrt (vgl. Kapitel 5.4.3). Die Anzahl der beim Vergleichen von Pflanzen genannten Merkmale zeigte ebenfalls einen Einfluss auf die Pflanzenkenntnis: Je mehr Merkmale die Kinder für ihre Anordnungen nannten, desto mehr Pflanzenarten konnten sie aufzählen. Wer also mehr als z.B. nur die Blüte zum Vergleichen heranziehen kann, hat offenbar bessere Möglichkeiten, Pflanzen wiederzuerkennen. Dies legt die Vermutung nahe, dass mit zunehmendem Wissen über Pflanzen und ihren anatomischen Bau auch mehr Pflanzennamen behalten werden können. Wenn man das Bestimmen von Pflanzen als eine besondere Form des Vergleichens ansieht, haben die Kinder bereits eine gute Grundlage hierfür erworben.

Kinder, die sich häufiger Bücher oder Zeitschriften über Pflanzen anschauen, können mehr Arten benennen. Es ist auch naheliegend, dass diese Kinder Interesse an Pflanzen haben und sich so Namen besser merken können (vgl. Kapitel 7.4.1). Die Pflanzen, deren Namen die Kinder nennen konnten, erkannten sie auch in den Wiesen. Dies deckt sich mit den Befunden von Jäkel & Schaer (2004), in denen die Probanden zwar wenige Pflanzen kannten, diese aber korrekt benennen konnten. Dass Pflanzen in unterschiedlichen Entwicklungsstadien als zwei Arten angesprochen werden, trat bereits im Wiesenexperiment z.B. bei der Taubenskabiose (*Scabiosa columbaria*) auf (vgl. Kapitel 3.4.2) und zeigt fehlendes Wissen bzw. unzureichende Beobachtungmöglichkeiten. Kinder sollten mehr Gelegenheiten erhalten, Pflanzen vom Samen über die Pflanzenentwicklung bis hin zum Samen zu beobachten, um eine Vorstellung über die jahreszeitlichen Veränderungen von Pflanzen entwickeln zu können (vgl. Kapitel 6).

Die manchmal auftretenden kleinen Abweichungen in der Namensgebung zeigen, dass die Kinder versuchen, sich die Pflanzennamen mit ihnen bekannten Begriffen zu merken. Wenn es eine „Butterblume" gibt, ist es auch denkbar, dass eine Pflanze „Margerine" heißt. Da die Kinder die Herkunft der Namen häufig nicht kennen und manche Begriffe ihnen unbekannt sind, nennen sie die Pflanzen nach ihnen bekannten Begriffen um. Wir sehen nicht nur, was wir kennen, wir hören und verstehen auch nur Wörter, die uns bekannt sind. Der Junge, der „Schafsbockskraut" als ihm bekannte Pflanze nannte, kannte die Bezeichnung „Scharbock" für Skorbut nicht. Von daher war es naheliegend, „Schafsbockskraut" zu verstehen und sich diesen Namen zu merken. Das Gleiche trifft für den Gemeinen „Holzzahn" (*Galeopsis tetrahit*) zu. Hätte man diesem Mädchen die „hohlen Zähne" auf der Unterlippe der Lippenblüte gezeigt, hätte es sich den richtigen Namen eher

4.5 Diskussion

merken können. Diese beiden Beispiele zeigen, dass Kinder durchaus gerne auch schwierige Namen lernen. Im Unterricht sollte beim Lernen von Pflanzennamen die Herkunft des Namens soweit möglich geklärt werden, damit die Kinder sich diese besser merken können, vor allem wenn die Namen sich an anatomischen Merkmalen orientieren. Auch Geschichten oder Lieder können als Gedächtnisstütze hilfreich sein, wie die Bezeichnung „Tausendschön" für Gänseblümchen zeigt, die die Kinder aus dem Lied „*Has´, Has´, Osterhas´*" von Paula Dehmel (1862-1918) kannten, das sie häufig im Unterricht gesungen hatten.

Am häufigsten wurden bei den Wiesenpflanzen Löwenzahn und Gänseblümchen genannt. Diese Pflanzen waren auch in anderen Untersuchungen am häufigsten vertreten (Jäkel 1992; Lindemann-Matthies 1999; Jäkel & Schaer 2004; Bebbington 2005; Weber 2010). Für viele Kinder ist die Formenkenntnis von Wiesenpflanzen auf diese beiden Arten beschränkt. Diese Arten gehören zur Lebenswelt der Kinder: Auf städtischen Wiesen sind Gänseblümchen ganzjährig blühend zu beobachten. Löwenzahn kommt häufig vor und hat neben den auffälligen Blättern mehrere Blühphasen. Zudem ist er mit dem Fruchtstand („Pusteblume") für Kinder eine attraktive Pflanze. Sicher hat auch die Kindersendung „*Löwenzahn*" den Löwenzahn weithin bei Kindern bekannt gemacht. Kinder mit Schulgartenerfahrung nennen häufiger Klee und Margerite im Nachtest als Kinder der Kontrollgruppe. Diese Pflanzen wurden offensichtlich dazugelernt. In der Studie von Lindemann-Matthies & Bose (2007), in der Probanden (N = 143) Pflanzen für Fantasiewiesen auswählen durften, bevorzugten diese Löwenzahn, Gänseblümchen, Klee und Margeriten als Pflanzen für ihre Wiese.

Auf die Frage, was sie sich merken, um eine Pflanze wiederzuerkennen, dominierte in beiden Gruppen im Vor- und Nachtest die Angabe zur Blüte bzw. zum Blütenstand. Das heißt, die Kinder orientieren sich in erster Linie an den Blüten. Im Schnitt zählten die Kinder ein Merkmal auf, an dem sie eine Pflanze erkennen, sodass es nicht verwundert, wenn sie mit steigender Anzahl genannter Pflanzen auch mehr Merkmale zum Erkennen angeben. Beim Gänseblümchen nennen die Kinder den Blütenstand als Erkennungsmerkmal. Einige Kinder erklärten, dass Gänse ja auch weiß mit gelben Schnäbeln seien. Beim Löwenzahn wurde häufig das Blatt als Merkmal angegeben: Das Blatt erinnert an die Zähne eines Löwen. Bei beiden Arten orientieren sich die Kinder am Offensichtlichen bzw. an dem, was sie beobachten können: Da Gänseblümchen fast ganzjährig blühen, ist es zielführend, sich am Blütenstand zu orientieren, während Löwenzahn nur kurz blühend ist, dafür aber die Blätter einprägsam und unverwechselbar sind. Für beide Arten scheinen zudem gute „Eselsbrücken" zur Namensgebungen gefunden zu sein, sodass die Namen behalten werden. Mädchen nennen häufiger alternative Antworten (Kategorie „Sonstiges") als Jungen. Dies lässt sich zum Teil mit der

Entwicklung der Sprachfähigkeit erklären: Einige Kinder wollten nicht ständig die gleiche Antwort wiederholen und variierten daher ihre Antworten.

Kinder mit Schulgartenerfahrung nannten insgesamt häufiger das Blatt als Erkennungsmerkmal als Kinder der Kontrollgruppe. Letztere hatten ihren Fokus eher auf die Blüten gerichtet. Beim Beobachten von selbst gezogenen Pflanzen im Schulgarten steht die Beobachtung der Blätter im Vordergrund: Zuerst müssen die Keimblätter der Pflanzen erkannt werden, um festzustellen, ob die Aussaat überhaupt aufgegangen ist. Anschließend muss anhand der Primär- und Folgeblätter entschieden werden, ob die „richtige" Pflanze im Beet wächst oder ob es sich um Wildkräuter handelt. Insofern rückt Schulgartenarbeit Blätter in den Fokus der Beobachtung. Die Verwechslung einzelner Pflanzen lässt sich mit der isolierten Betrachtung einzelner Merkmale, z.B. Blütenfarbe oder Blattform, erklären (Askham 1976; Hesse 2002; Gatt et al. 2007). Kinder fokussieren bis zum 10. Lebensjahr häufig auf einen Reiz, d.h. sie nehmen die Welt eher analytisch nicht holistisch wahr (Krist et al. 2012, 375). Dies zeigen vor allem die Arten, die verwechselt wurden: Löwenzahn und Habichtskraut haben als Korbblütengewächse den gleichen Blütenstand aus Zungenblüten, der zudem noch eine sehr ähnliche Farbe hat. Das Gleiche gilt für Gänseblümchen, Margerite und Kamille: Alle Blütenstände sind gleich gebaut: außen weiße, sterile Strahlenblüten und innen gelbe Röhrenblüten. Wird nur auf den Blütenstand fokussiert und die Blattform, Größe und Wuchsform außer Acht gelassen, sind diese Verwechslungen nachvollziehbar.

Die Häufungen der Benennung von Frühblühern im Vortest und Erdbeeren im Nachtest lässt sich mit der Jahreszeit erklären, in der die Untersuchung durchgeführt wurde: Der Vortest fand im März/April statt, der Nachtest im Juni/Juli. Frühblüher waren nach dem Vortest Unterrichtsthema, vor allem die Tulpe wurde im Unterricht ausführlich behandelt (vgl. Kapitel 7.4.2). Da die Kinder der Kontrollgruppe in der Zeit zwischen Vor- und Nachtest nicht so viele Pflanzen kennengelernt hatten wie die Kinder der Testgruppe, wiederholten sie im Nachtest häufig die Frühblüher. Zwei Klassen, eine mit und eine ohne Schulgarten, hatten aus gekauften Erdbeeren Marmelade hergestellt. Die Kinder nennen also vor allem Pflanzen, die ihnen durch eigenen Umgang damit vertraut sind.

Tulpe, Rose und Sonnenblume waren die am häufigsten genannten Pflanzen. Diese Arten dominierten auch in ähnlichen Untersuchungen (Klemm 1974; Gebhard 1995; Jäkel & Schaer 2004; Lindemann-Matthies 2005; Gatt et al. 2007; Patrick & Tunnicliffe 2011). Tulpen und Rosen stammen aus der direkten Lebenswelt der Kinder: Beide werden gerne auch als Schnittblumen verschenkt. Einige Kinder gaben bei Rosen an, dass sie die kennen, weil „Papa die der Mama schenkt". Auch Sonnenblumen entstammen der Lebenswelt der Kinder: Gerne werden Sonnenblumenkerne in die Erde gelegt, um das

4.5 Diskussion

Wachstum einer Sonnenblume zu beobachten. Sie kommen sowohl im Müsli als auch im Vogelfutter vor und sind vor allem im Herbst überall als Schnittblumen zu kaufen.

Nach der Wahl einer Pflanze für ein Beet befragt, zeigte sich im Vortest ein signifikanter Unterschied zwischen Mädchen und Jungen: Während Mädchen für ihr Beet eher attraktive Blumen wählten, bevorzugten Jungen Nutzpflanzen. Dies belegt die von Bögeholz (1999,195) vorgenommene Einteilung in Naturerfahrungstypen: Während Mädchen eher zum ästhetische Typ gehören, können die Jungen dem instrumentellen Typ zugeordnet werden. Allerdings verschwindet dieser Unterschied durch die intensive Beschäftigung mit Nutzpflanzen: Im Nachtest bevorzugten mehr Kinder sowohl Nutz- als auch Zierpflanzen für ihr Beet. Die Nennungen der Nutzpflanzen veränderten sich vom Vor- zum Nachtest: Während die Kinder im Vortest gar nicht auf die Idee kamen, Tomate, Karotte, Kräuter oder Salat als Pflanze anzusehen, wurden sie im Nachtest von der Testgruppe signifikant häufiger genannt. Die Kinder haben somit durch die Kultur von Nutzpflanzen im Schulgarten ihr Konzept vom Pflanzenbegriff erweitert. Dies bezieht sich auch auf obstliefernde Pflanzen, die von Kindern mit Schulgartenerfahrung häufiger genannt wurden. Durch die direkte eigene Erfahrung könnte die Erkenntnis, dass Pflanzen wichtige Nahrungsmittel darstellen, dem fortschreitenden Verlust der Formenkenntnis entgegenwirken (Pilgrim et al. 2008; Patrick & Tunnicliffe 2011).

Nach der Quelle ihrer Pflanzenkenntnisse befragt, nannten die Kinder am häufigsten die eigene Familie, die Schule, aber auch den eigenen Garten. Während die Kinder der Kontrollgruppe im Vor- und Nachtest den eigenen Garten etwa gleich oft nannten, gaben Kinder der Testgruppe den eigenen Garten wesentlich häufiger im Nachtest an. Dies bestätigt den Einfluss eines eigenen Gartens auf die Formenkenntnis. Auch in der Studie von Patrick & Tunnicliffe (2011) gaben die Kinder vor allem den eigenen Garten als den Ort an, an dem sie Pflanzen kennen lernen. Kinder der Testgruppe gaben im Nachtest neben dem eigenen Garten ebenso den Schulgarten als Quelle ihrer Formenkenntnis an. Auch in den anderen Untersuchungen dominierten das Elternhaus und der Garten die Angaben zur Quelle von Pflanzenkenntnissen (Klemm 1974; Mayer 1992; Gatt et al. 2007).

Mehr Kinder der Kontrollgruppe hatten ihre Pflanzenkenntnisse aus Medien, z.B. aus Büchern, Zeitschriften oder dem Fernsehen. Auch in der Untersuchung von Gatt et al. (2007) nannten wenige Kinder Bücher oder Filme als Quelle ihrer Artenkenntnis, Computer wurden wie in der vorliegenden Untersuchung gar nicht genannt. Dies lässt sich mit dem Alter der Kinder erklären. Auch in der Untersuchung von Patrick & Tunnicliffe (2011) nannten 32 amerikanische und sieben englische Kinder Medien als Ort, wo sie Pflanzen sehen. Die Kinder der Testgruppe nannten als Quelle ihrer Kenntnisse eher einen Ort in der Natur - sei es der eigene Garten oder der Schulgarten. Offensichtlich ermuntert die Schulgartenerfahrung die Kinder, sich mehr mit Pflanzen in der freien Natur zu beschäftigen. Diese Annahme wird durch die Angaben der Eltern hierzu gestützt (vgl. Kapitel 7.4.1). Die Angaben der Eltern zum Erwerb ihrer Artenkenntnisse fielen ähnlich aus: Am häufigsten wurde die eigene Familie bzw. das Eigenstudium als Quelle der Artenkenntnis genannt. Dass vor allem die Mutter als Quelle der Pflanzenkenntnis genannt wurde, bestätigt die Vermutung, dass Formenkenntnis vor allem in der weiblichen Linie weitergegeben wird (Lindemann-Matthies et al. 2004; Gatt et al. 2007; Lindemann-Matthies et al. 2010).

Die meisten Kinder nannten auf die Frage, ob sie etwas sammelten, vor allem Pflanzen. Damit meinten sie eher das Pflücken von Sträußen als wirkliches Sammeln. Von Naturobjekten wurden am ehesten Steine bzw. Kristalle genannt. Die übrigen Nennungen bezogen sich vor allem auf Sticker oder sonstige Sammelobjekte, die extra für Kinder angeboten werden, z.B. Blätter mit der Diddl-Maus oder Polly Pocket. Kindern in dieser Altersstufe sammeln zunächst hauptsächlich, um etwas zu besitzen, die Ordnung der gesammelten Objekte spielt noch eine eher untergeordnete Rolle (Winkel 1995). Von den befragten Kindern hatten nur die ein Aufbewahrungssystem, die Münzen oder Briefmarken sammelten. Dass dies vor allem Jungen waren, erklärt den signifikanten Unterschied zwischen den Geschlechtern.

Beim Vergleichen von Pflanzen stellten die Kinder im Durchschnitt sechs Gruppen aus zwei bis drei verschiedenen Pflanzen zusammen, wobei nicht immer alle Pflanzen verwendet wurden. Die Bevorzugung bestimmter Gruppen lässt sich leicht auf anatomische Merkmale wie Blatt oder Blüte zurückführen. So wurden z.B. von vielen Kindern die Echte Nelkenwurz (*Geum urbanum*) und die Knäuel-Glockenblume (*Campanula glomerata*) gruppiert, weil beide in einem frühen Entwicklungsstadium sehr ähnliche Blattformen aufwiesen. Ebenso erklärt sich die Zusammenstellung von der Schafgarbe (*Achillea millefolium*), der Wilden Möhre (*Daucus carota*) und der Echten Kamille (*Matricaria recutita*) im nichtblühenden Zustand: Alle besitzen ähnlich gefiederte Blätter. Gänseblümchen (*Bellis perennis*) und Kamille (*Matricaria recutita*) wurden aufgrund des ähnlichen Blütenstandes zu einer Gruppe zusammengestellt. Beim Gruppieren von Grasarten war eher der Habitus entscheidend: Die Kinder erkannten Gemeinsamkeiten in der Wuchsform. Vor allem Kinder mit Schulgartenerfahrung begründeten die Bildung der Gruppen mit der Wuchsform oder der Taxonomie. Durch die eigene Primärerfahrung mit Pflanzen in ihrem Lebensraum haben sie einen sog. Habitus-Blick entwickelt, d.h. sie erkennen Pflanzen an ihrem Gesamteindruck (Grupe 1957).

Die Kinder mit Schulgartenerfahrung konnten bis zu sieben unterschiedliche Merkmale für ihre Gruppierungen nennen: Blatt, Blüte, Taxonomie, Wuchsform, Ähnlichkeit, Farbe, Behaarung oder Ähnliches. Diese Ergebnisse

4.5 Diskussion

decken sich mit den Befunden von Askham (1976): Die Kinder klassifizierten Pflanzen nach einzelnen Merkmalen, z.B. nach der Größe, der Form einzelner Teile oder Farbe. Die Kinder beider Gruppen nannten als Begründung der Gruppierungen meistens Gemeinsamkeiten, nur wenige bildeten Gegensatzpaare. Nur etwa ein Fünftel aller Kinder ordnete kriterienstet, d.h. sie behielten für alle gebildeten Gruppen das gleiche Merkmal bei. Die meisten Kinder änderten das Vergleichskriterium von Gruppe zu Gruppe. Zum Aufbau von Formenkenntnis ist es allerdings wünschenswert, mehr als nur ein Kriterium zur Unterscheidung von Arten zu kennen, denn häufig entscheiden mehrere Merkmale.

Einige Kinder der Testgruppe bildeten im Vortest ihre Gruppierungen ohne Begründung. Weil Kinder auf Nachfragen mit Unsicherheit reagierten, konnte im Vortest häufig nicht weiter nachgehakt werden. Eine Erklärung bietet das Alter der Kinder: Auch in der Untersuchung von Strommen (1995) konnten 8 % der Sechsjährigen ihre Ordnungen von Pflanzen und Tieren nicht begründen. Es ist anzunehmen, dass ihnen die richtigen Begriffe zum Beschreiben der Pflanzenmerkmale fehlten. Im Nachtest wurde die Aufgabe insgesamt besser verstanden, und da die Interviewsituation und Fragestellung bereits vom Vortest bekannt waren, konnte leichter nachgefragt werden. Die Kinder hatten zudem durch die Beschäftigung mit Pflanzen sowie das Erlernen von Fachbegriffen bezogen auf die Teile einer Pflanze ihren Wortschatz erweitert und konnten daher ihre Anordnungen begründen. Dass die Kinder sich sprachlich weiter entwickelt haben, wird auch an der Verwendung des Komparativs deutlich (Montada 2002, 429): Während Kinder im Vortest häufig noch die Begründungen beschreibend gegenüberstellten („die hat große Blätter und die hat kleine"), argumentierten sie im Nachtest mit dem Komparativ („bei der sind die Blätter größer als bei der").

Es lässt sich festhalten, dass die Kinder durch Schulgartenerfahrung nicht nur ihre Formenkenntnisse, sondern auch ihren Pflanzenbegriff erweitert haben. Durch die Schulgartenerfahrung angeregt beziehen sie ihre Pflanzenkenntnisse eher aus der direkten Beschäftigung mit Pflanzen im Freien als Kinder ohne diese Erfahrungen, die eher Medien als Quelle angeben. Daher können Kinder mit Schulgartenerfahrung auch mehr Kriterien beim Vergleichen von Pflanzen nennen und anwenden.

5 Pflanzen als Lebewesen

In vielen Untersuchungen wurde aufgezeigt, dass Kinder Pflanzen und deren Samen häufig als nicht lebendig ansehen (Tamir et al. 1981; Nyberg et al. 2005; Driver et al. 2005a; Gebhard 2009). Während vor allem Piaget die kognitive Entwicklung als Grund dafür annahm, geht man heute eher von einem Mangel an botanischem Wissen oder von Verständnisschwierigkeiten mit dem polysemen Begriff „lebendig" aus (Inagaki & Hatano 2002; Anggoro et al. 2005; Gropengießer 2006; Leddon et al. 2009). Im folgenden Kapitel soll aufgezeigt werden, welchen Einfluss Schulgartenerfahrung auf die kindlichen Konzepte zur Lebendigkeit von Pflanzen hat. Dabei werden nicht nur die Pflanzen selbst, sondern auch die Samen als Ausbreitungseinheit näher betrachtet. Auch kindliche Vorstellungen zu Keim- und Wachstumsbedingungen sowie pflanzlichen Grundorganen und deren Funktionen werden in diesem Zusammenhang untersucht. Zunächst wird hierzu der theoretische Hintergrund dargelegt, aus dem die Forschungsfragen abgeleitet werden. Es folgt die Darstellung der Untersuchungsergebnisse sowie deren Diskussion auf der Grundlage vorhandener Studien.

5.1 Theoretischer Hintergrund

Bereits ab fünf Jahren verfügen Kinder über eine biologische Rahmentheorie für Lebewesen: Sie definieren Leben durch Etwas zu sich nehmen (Nahrung, Wasser, Luft) und damit Energie aufnehmen, Wachstum, Veränderung, krank und wieder gesund werden, alt werden und schließlich sterben (Inagaki & Hatano 1996; 2002, 26).

5.1.1 Lebendigkeit von Pflanzen

Nach Gebhard (2009) hängt die Zuordnung von Lebewesen vom kognitiven Konzept der Kinder über Leben und Tod ab: Lebendig wird in Bezug auf Pflanzen vor allem an Wachstum und Ernährung, bei Tieren an Bewegung und Ernährung festgemacht (Gebhard 2009, 201). Kinder erkennen sowohl Pflanzen als auch Tiere als *„growers"*, d.h. sie erkennen das Wachstum als gemeinsame Eigenschaft (Inagaki & Hatano 2002, 35). Zu ähnlichen Ergebnissen kamen auch Backscheider et al. (1993): Bereits 4-jährige Kinder wussten, dass ein Riss oder Kratzer bei Pflanzen durch neues Wachstum wieder geheilt werden kann.

Tamir et al. (1981) ließen israelische Schülerinnen und Schüler (N = 424) unterschiedlicher Altersgruppen (acht bis 14 Jahre) Abbildungen von Lebewesen und Artefakten unter dem Aspekt „lebendig oder nicht lebendig" ordnen und die jeweilige Entscheidung begründen. Als Lebewesen wurden Abbildungen von Katze, Schmetterling, Fisch, Baum, krautige Pflanze, Pilz, Samen und Hühnerei verwendet, bei den Artefakten Zug, Fluss, Wolken, Wind, Sonne, Feuer, Luft und Fernseher. Die Probanden konnten 99 % aller Tiere, aber nur 82% aller Pflanzen richtig zuordnen. Samen wurden von 40% als nicht lebendig angesehen, allerdings gaben 19% an, dass die „nicht lebendigen" Samen zum Leben erwachen könnten, wenn man sie in die Erde legen und gießen würde. Das Alter der Probanden hatte keinen signifikanten Einfluss auf die Klassifikation. In einer Befragung von Sula (1971) hingegen hielten die meisten Kinder der ersten Klasse Samen für nicht lebendig, obwohl sie dies für Pflanzen annahmen.

Die Begründungen für die Entscheidung, ob etwas lebendig ist oder nicht, konnten Tamir et al. (1981, 243f) folgenden Kategorien zuordnen: Wachstum & Entwicklung, Ernährung, Atmung, Reproduktion, Tod, Bewegung, aber auch Zustand & Ort, Form & Struktur, Selbstaktivierung, Zugehörigkeit zu einer bestimmten Gruppe, Anthropomorphismus, Tautologie, Unzulänglichkeit, Sonstiges oder ohne Begründung.

Nach Opfer & Siegler (2004) fokussieren Kinder bei der Zuordnung lebendig oder nicht vor allem auf die Fähigkeit zu zielgerichteten, autonomen Bewegungen. Um herauszufinden, welches Wissen Kindern dabei hilft, Pflanzen als Lebewesen zu verstehen, legten sie Kindergartenkindern (N = 80, durchschnittliches Alter 5.7 Jahre) in einer Pretest-Feedback-Posttest-Studie sechs zufällig ausgewählte Fotografien von je zwei Pflanzen, Tieren und Gegenständen vor. Im Pretest und Posttest sollten die Kinder in zwei Versuchsblöcken die Abbildungen der Kategorie „lebendig" oder „nicht lebendig" zuordnen. Nach dem Pretest wurden die Kinder in vier Experimentalgruppen eingeteilt. Die Kinder jeder Gruppe wurden gebeten, die Fotografien unter einer anderen Fragestellungen zu ordnen: in der Gruppe „Lebendigkeit" unter dem Aspekt lebendig/nicht lebendig, in der Gruppe „Wachstum" unter dem Aspekt kann wachsen/kann nicht wachsen, in der Gruppe „Wasserbedarf" unter dem Aspekt braucht Wasser/braucht kein Wasser und in der Gruppe „zielgerichtetes Handeln" unter dem Aspekt bewegt sich zielgerichtet/bewegt sich nicht zielgerichtet. Nach dem Klassifizieren im ersten Testblock bekamen die Kinder ein abschließendes Feedback, d.h. richtige Antworten wurden bestätigt und begründet, falsche mit Erklärungen korrigiert. In den folgenden drei Testblöcken bekamen die Kinder sofort nach jeder Zuordnung ein Feedback und wurden gebeten, ihre korrekten Entscheidungen zu begründen. Der fünfte Testblock war ohne Feedback, um den Erfolg der Erklärungen zu kontrollieren. Anschließend erfolgte der Posttest, der sich vom Pretest nur in der Reihenfolge der angebotenen Abbildungen unterschied. Die Ergebnisse zeigten, dass vor allem in den Gruppen mit einem Feedback zur Lebendigkeit und zur zielgerichteten Bewegung viele Kinder einen Konzeptwechsel vornahmen, während in den anderen beiden Gruppen kaum Wechsel auftraten. Opfer & Siegler (2004) postulieren daher, Kinder mehr Gelegenheiten zum Beobachten von Pflanzen und deren Bewegungen zu geben, da sich dieses Verständnis als guter Prädiktor für einen Konzeptwechsel gezeigt hat.

In den klinischen Interviews, die Piaget durchführte, erklärten Kinder Pflanzen häufig als leblos (Montada 2002, 422). Dies lag vermutlich am Untersuchungsdesign: komplizierte, missverständliche Fragen, ungewohnte Settings sowie ausschließliche Interpretation verbaler Äußerungen (Inagaki & Hatano 2002, 21; Gropengießer 2006). Kinder wechseln von realistischen zu unrealistischen Antworten in Abhängigkeit von der Frage, d.h. bei kindgerechten Fragen zu Themen aus ihrer Lebenswelt können Kinder sehr wohl zwischen lebendig/nicht lebendig unterscheiden (Inagaki & Hatano 2002, 37). Vor allem die Formulierung der Frage hat sich als bedeutsam erwiesen, da „lebendig" in unterschiedlichen Sinnzusammenhängen verwendet werden kann. In der Untersuchung von Stavy & Wax (1989) bezeichneten nur 30% der 6-Jährigen Pflanzen als lebendig, 25% der befragten Kinder bildeten eine eigene Kategorie für Pflanzen – zwischen lebendig und nicht lebendig. Dies konnte als ein Problem der hebräischen Sprache identifiziert werden, in der das Wort „lebendig" dem Wort für „Tier" sehr ähnlich ist. Dass die Zuordnung hauptsächlich mit der Polysemie des Wortes „lebendig" zusammenhängt, belegt auch die Vergleichsstudie von Anggoro et al. (2005): Amerikanische Kinder hatten deutlich größere Schwierigkeiten, Tiere, Pflanzen und Artefakte dem Begriff „lebendig" zuzuordnen als Kinder aus Indonesien. Wurden die Kinder gebeten, unter dem Aspekt „Sterben", „Nahrung benötigen" oder „Wachsen" zu klassifizieren, traten keine bedeutsamen Unterschiede mehr zwischen den beiden Gruppe auf. Auch Leddon et al. (2009) erzielten bei einer Untersuchung von Kindern andere Ergebnisse, nachdem sie den Begriff „lebendig" durch einen anderen, weniger polysemen Begriff ersetzt hatten.

Um methodische Fehler durch die Mehrdeutigkeit des Begriffes „lebendig" zu vermeiden, sollte in der Frage „Ist eine Pflanze lebendig?" ein Antonym gegenübergestellt werden, das die Bedeutung von lebendig im jeweiligen Zusammenhang erläutert. Es ist zu erwarten, dass die Antworten der Befragten dann anders ausfallen (Gropengießer 2006).

5.1.2 Wachstum und Entwicklung von Pflanzen

Das Wachstum von Pflanzen ist sehr gut geeignet, um Einblicke in die Vorstellungen von Kindern zu biologischen Prozessen zu gewinnen. Vor allem die Entwicklung einer Pflanze aus einem scheinbar leblosen Samen mit und ohne menschliches Zutun zu verstehen, ist eine Herausforderung für Kinder (Hickling & Gelman 1995).

In der Untersuchung von Jewell (2002), in der Kinder (N = 75) aus drei Altersgruppen (4 bis 5, 7 bis 8 und 10 bis 11 Jahre) zu ihren Konzepten zu Samen und deren Keimung befragt wurden, gaben etwa 50% der Kinder der ersten beiden Gruppen und 80% der älteren Kinder an, dass ein Samen lebendig sei. Insgesamt 20% der jüngeren, 40% der mittleren und 60% der älteren Kinder bezeichneten einen Samen als Pflanze. Kinder, die angaben, der Samen sei nicht lebendig, begründeten dies meist damit, dass er nicht wachsen würde. Nur wenige Kinder gaben an, dass der Samen lebendig werden könnte, wenn man ihn einpflanzt. Auf die Frage, was der Samen zum Keimen bräuchte, nannten fast alle Kinder Wasser. In der Gruppe der 4- bis 5-Jährigen nannten zwei Kinder Wurzeln bzw. eine Pflanze, Sonne, Wärme und Sauerstoff wurden jeweils einmal genannt. Die Kinder der beiden anderen Gruppen nannten häufiger Sonne und Erde, aber auch Licht und Nahrung. Zwei Kinder der mittleren Gruppe sagten, der Samen müsse gepflanzt bzw. in die Erde gelegt werden, ein Kind aus dieser Gruppe nannte zusätzlich Wärme als Keimbedingung.

Die von Sula (1971) befragten Kinder der ersten Klasse wussten alle, dass Pflanzen wachsen können. Die Kinder kannten einzelne Entwicklungsstadien, z.B. dass Pflanzen aus Samen wachsen und Pflanzen sich in Abhängigkeit von der Jahreszeit verändern (Blattabwurf, Absterben von Einjährigen im Herbst etc.). Die meisten Kinder wussten, dass Pflanzen sich durch Samen verbreiten und dass die Samen in den Früchten liegen. Einige Kinder nannten zudem vegetative Verbreitungsstrategien (Ausläufer, Stecklinge). Viele Kinder der ersten Klasse in dieser Untersuchung wussten, dass Pflanzen Wasser, Licht und Wärme zum Leben brauchen (ebd.). Wenn sie von Ernährung bei Pflanzen sprachen, meinten sie in der Regel die Aufnahme von Wasser durch die Wurzeln. Nur wenige Kinder nannten zusätzlich „Bodenstoffe" oder Dünger. Gasförmige Stoffe aus der Luft waren ihnen in diesem Zusammenhang unbekannt. Pflanzen wurden als nicht atmend bezeichnet, da ihnen entsprechende Organe bzw. Atmungsbewegungen fehlen (ebd.).

Leach et al. (1996) befragten Kinder und Jugendliche (N = 200), was eine Pflanze zum Leben und gesund bleiben braucht. Ergebnisse der Studie zeigen, dass Kinder die Erde als Ort des Pflanzenwachstums und weniger als Nahrungsquelle für Pflanzen auffassten. Kinder zwischen fünf und sieben Jahren gaben an, dass Pflanzen von Menschen „gefüttert" und gegossen werden müssen. Die Vorstellung, dass Pflanzen ihre Nährstoffe selbst herstellen können, fehlte noch (ebd., 25). Mehr als 70% der 7- bis 11-Jährigen nannten Wasser als wichtigsten Wachstumsfaktor für Pflanzen, aber auch Erde (55%), Sonne bzw. Licht (40%), Sauerstoff (10%) und Luft (5%) wurden genannt (Leach et al. 1996, 23). Ähnliche Ergebnisse fand auch Baisch (2009) in ihrer Untersuchung zu Schülervorstellungen zum Stoffkreislauf, in der Grundschulkinder der 3. und 4. Klasse nach den Bedingungen des Pflanzenwachstums befragt wurden (N = 48). Die Kinder nannten ebenfalls am häufigsten Wasser als Wachstumsbedingung, aber auch Sonne bzw. Licht, Erde, Luft und Dünger (ebd., 239ff).

5.1.3 Grundorgane von Pflanzen und ihre Funktion

Die vorunterrichtlichen Vorstellungen von Kindern zu den Grundorganen von Pflanzen und ihrer Funktion dürfen als eher gering eingeschätzt werden. Die Lebensvorgänge der Pflanzen sind nicht einfach zu beobachten, daher bilden die Kinder häufig Analogien zu ihrem eigenen Körper, um die Phänomene zu erklären, was schließlich zu anthropomorphen Aussagen führt (Sula 1971). Dabei könnten gerade in der Primarstufe anatomische Merkmale mit der Lupe erkundet und mit Basiswissen über Boden, Luft und Erde verknüpft eine gute Grundlagen zum Verständnis einfacher physiologischer Vorgänge bilden (Sula 1971). Pflanzen haben im Allgemeinen mehr Gemeinsamkeiten in ihren Lebenserscheinungen als Tiere und können so von den Kindern besser erfasst werden. Die Funktion von Pflanzenorganen, wie Wurzel, Blüte oder Frucht kannten oder erahnten nach Sula (1971) viele Kinder mehr oder weniger gut. Die Sprossachse als Träger von Pflanzenteilen war meistens bekannt, die Funktion der Blätter hingegen war jedoch völlig unklar. Einige vermuteten, dass sie zum Schutz von Spross oder Früchten dienten oder die Fähigkeit besäßen, Schadstoffe auszuscheiden (ebd.). Die Beziehung zwischen Blüte und Frucht erklärten die Kinder temporal (Früchte entstehen nach den Blüten), lokal (Früchte entstehen da, wo vorher Blüten waren) oder konditional (ohne Blüten gibt es keine Früchte). Einige Kinder konnten Pflanzenbewegungen beschreiben (Öffnen und Schließen der Blüten, Ausrichten der Pflanze nach dem Licht). In den Antworten der Kinder traten auch anthropomorphe Erklärungen zutage: Den Pflanzen wurde menschliche Fähigkeit zugeschrieben, z.B. Schmerzempfinden beim Abreißen von Blättern bzw. bluten (Austritt von Milchsaft) bei Verletzungen (Sula 1971).

5.2 Fragestellung

Um zu untersuchen, ob Kinder bei entsprechender Fragestellung Pflanzen und Samen als Lebewesen klassifizieren und ob die direkte Erfahrung mit dem Aussäen einen Einfluss auf die Vorstellungen der Kinder zu Keimung und Entwicklung von Pflanzen hat, wurden folgende Forschungsfragen formuliert:

1. Erkennen Kinder Pflanzen bzw. Samen als Lebewesen?
2. Haben eigenen Erfahrungen mit dem Aussäen einen Einfluss auf die Klassifikation eines Samens?
3. Gibt es Unterschiede bei der Klassifikation lebendig – nicht lebendig zwischen Mädchen und Jungen?
4. Nennen Kinder mit SGE (Testgruppe) andere Gründe für die Klassifikation von Pflanzen bzw. Samen als Kinder ohne diese Erfahrung (Kontrollgruppe)?
5. Welche Vorstellungen zu Keimung und Wachstum von Pflanzen haben Kinder?
6. Kennen Kinder mit SGE mehr Grundorgane von Pflanzen als Kinder ohne SGE?
7. Können Kinder die Funktion der pflanzlichen Grundorgane nennen?

5.3 Methode

Die Kinder wurden im Rahmen des leitfadengestützten Interviews (vgl. Kapitel 2.2.1) gefragt, ob sie Pflanzen bzw. Samen als"lebendig" ansehen (K11, K28). Um divergentes Verstehen bei dem Begriff „lebendig" auszuschließen, wurde das Antonym „ein Ding" mitgenannt (Gropengießer 2006, 33). Die Frage lautete also: „Was glaubst du: Sind Pflanzen/Samen lebendig oder ein Ding?" Anschließend wurden die Kinder gebeten ihre Aussage zu begründen (K12). Bei der Frage zum Samen wurde ihnen zur Veranschaulichung der Samen einer Feuerbohne vorgelegt, den sie auch anfassen konnten. Zudem wurde ihr Vorwissen über Keimung und Wachstum von Pflanzen erhoben, indem sie zunächst beschreiben sollten, was man mit dem Samen machen muss, damit eine Pflanze daraus wächst (K28), und danach erläutern, was eine Pflanze überhaupt zum Wachsen braucht (K29).

An einem getopften Ackervergissmeinnicht (*Myosotis arvensis*), das neben Blüten auch Knospen trug, sollten die Kinder die Grundorgane einer Pflanze benennen (K30, K31). Anschließend wurden sie gebeten, die Funktion der von ihnen benannten Teile zu erläutern. Nach Teilen, die sie nicht genannt hatten, wurde nicht gefragt.

5.4 Ergebnisse

Im Folgenden werden zunächst die Ergebnisse der Befragung zur Lebendigkeit von Pflanzen und Samen mit Begründung dargelegt, bevor näher auf die Keimbedingungen eingegangen wird. Anschließend werden die Vorstellungen der Kinder zum Wachstum von Pflanzen, den Grundorganen sowie deren Funktion beschrieben.

5.4.1 Lebendigkeit

Auf die Frage, ob eine Pflanze lebendig oder ein Ding sei, antworteten im Vortest 75% der Kinder, Pflanzen seien lebendig, 19% verneinten dies und 6% waren nicht sicher. Im Nachtest gaben 86% der Kinder an, dass Pflanzen lebendig seien, 13% lehnten dies ab und nur 1% war sich nicht sicher (Abb. 32). Aggregiert man die Antwortkategorien *weiß nicht* und *nein*, wiesen die Antworten im Nachtest einen signifikanten Unterschied zwischen Jungen und Mädchen auf: Mädchen hielten Pflanzen häufiger für lebendig, Jungen häufiger für ein Ding (df = 1, Chi-Quadrat-Wert = 4.41, p = 0.036).

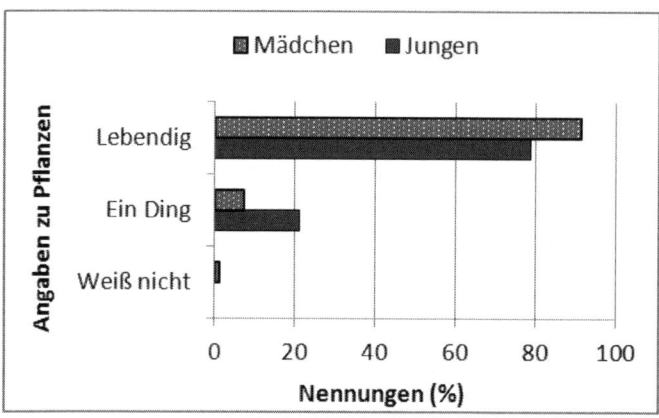

Abbildung 32: Angaben der Kinder im Nachtest zur Lebendigkeit von Pflanzen im Vergleich von Mädchen (N = 80) und Jungen (N = 56).

Die meisten Kinder begründeten die Lebendigkeit von Pflanzen im Vortest und Nachtest mit Wachstum und Entwicklung (Abb. 33). Die Begründungen der Kinder wurden in Anlehnung an Tamir et al. (1981, 243f) in neun Kategorien eingeteilt. In der Kategorie „Wachstum & Entwicklung" wurden Antworten wie „die kann wachsen", „die entwickelt sich", „die wird alt" und „die geht im Winter runter und im Frühling wieder rauf" aufgenommen. Die Kategorie „Ernährung" enthielt Antworten wie „die trinkt/saugt Wasser", „wenn man sie nicht gießt, vertrocknet sie" oder „nimmt Stoffe aus der Luft". In die Kategorie „Anthropomorphismus" fielen vor allem Begründung des Nichtlebendigen, wie „die kann nicht sprechen", „hat keine Augen und Nase" und „hat kein Gesicht". Auch die Antworten einzelner Kinder wie „die kann schlafen", „die Blätter könnten die Arme sein", „hat Blut in sich drin" oder „die hat Schmerzen, wenn man ihr Blätter abreißt" wurden dieser Kategorie zugeordnet. In die Kategorie „Zugehörigkeit" wurden Antworten wie „sie ist ein Lebewesen wie Mensch und Tier" und „Pflanzen sind Lebewesen" aufgenommen. In die Kategorie „Bewegung" wurden vor allem Antworten zur Leblosigkeit von Pflanzen wie „sie bewegen sich nicht", „können nicht laufen", „stehen nur rum", aber auch Begründungen der Lebendigkeit wie „sie bewegen sich nur ein bisschen", „die geht auf und zu" oder „Sonnenblumen wenden sich der Sonne zu" aufgenommen. Die Kategorie „Form & Struktur" enthielt Antworten, die sich auf äußere Erscheinungen und Merkmale bezogen, wie z.B. „die sieht hübsch aus", „wenn die weich sind, sind sie lebendig, wenn sie hart sind, nicht", „weil die steht", „die hat Wurzeln" und „dass der Kopf nicht hängt". Nur wenige Kinder machten Angaben wie „die atmen ein und aus", „weil die halt aus der Luft CO_2 nehmen und dann geben die uns frische Luft", „die atmet auch manchmal den Wind", aber auch „die kann nicht atmen". Diese Antworten wurden der Kategorie „Atmung" zugeordnet. In die Kategorie „Tod" wurden Antworten wie „die können sterben", „sie tot ist,

5.4 Ergebnisse

wenn man drauftritt" oder „irgendwann muss sie auch sterben" aufgenommen, während der Kategorie „Sonstiges" Antworten wie „hat mir Mama/die Lehrerin/jemand gesagt", „das weiß man halt" und „sonst wäre sie nicht auf der Welt", aber auch Tautologien wie „die Pflanze ist lebendig, weil sie lebt" oder „die ist lebendig, weil sie sieht lebendig aus" subsummiert.

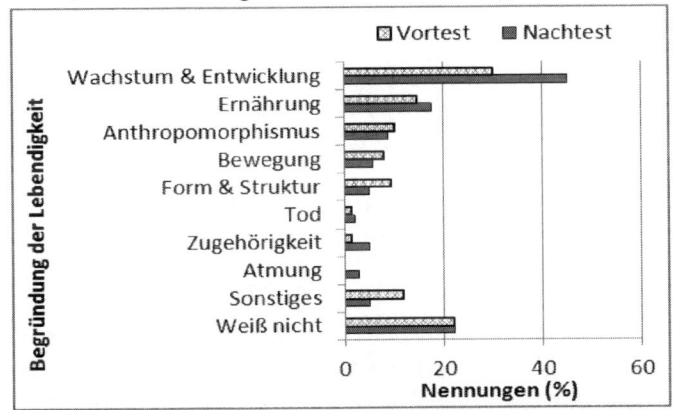

Abbildung 33: Begründungen für die Lebendigkeit bzw. Leblosigkeit von Pflanzen aller Kinder im Vergleich von Vor- zu Nachtest. Die Kategorie „Sonstiges" fasst individuelle Angaben einzelner Kinder zusammen. Mehrfachantworten waren möglich, N = 136.

Mehr Kinder nannten im Nachtest Wachstum und Entwicklung als Grund für die Lebendigkeit von Pflanzen, während die sonstigen Nennungen zurückgingen (df = 4, Chi-Quadrat-Wert = 23.90, p < 0.001). Insgesamt 50% der Kinder mit SGE wählten im Nachtest das Wachstum und die Entwicklung als Begründung, in der Kontrollgruppe waren es 40%.

Im Vortest antworteten 43% der Kinder, der Samen sei lebendig, 50% verneinten dies, 2% waren nicht sicher und 6% entschieden sich dafür, dass der Samen noch nicht lebendig sei, aber unter bestimmten Bedingungen („in die Erde legen und gießen") lebendig werden könnte. Im Nachtest gaben 61% an, der Samen sei lebendig, 28% verneinten dies, 3% waren nicht sicher und 8% meinten, der Samen wäre noch nicht lebendig. Aggregiert man die Antworten *ja* und *noch nicht lebendig* sowie die Kategorien *nein* und *weiß nicht*, ergibt sich ein signifikanter Zusammenhang zu den Aussagen über Pflanzen: Kinder, die Pflanze für lebendig hielten, gaben dies auch für den Samen an (Vortest: df = 1, Chi-Quadrat-Wert = 17.83, p < 0.001; Nachtest: df = 1, Chi-Quadrat-Wert = 10.78, p = 0.001).

Eigene Erfahrungen mit dem Aussäen hatten einen signifikanten Einfluss auf die Antworten (Abb. 34): Kinder, die angaben, bereits einmal ausgesät zu haben, hielten den Samen häufiger für lebendig, als Kinder ohne diese Erfahrung (df = 1, Chi-Quadrat-Wert = 9.12, p = 0.003). Die Antwort, dass der Samen noch lebendig werden könnte, gaben nur Kinder, die schon einmal selbst ausgesät hatten.

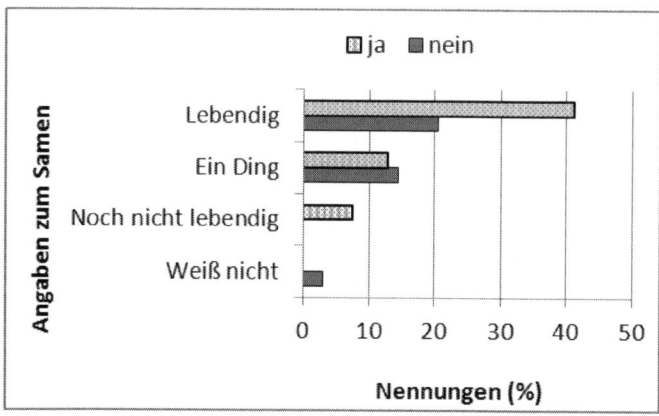

Abbildung 34: Angaben der Kinder im Nachtest zur Lebendigkeit des Samens in Abhängigkeit davon, ob sie schon einmal selbst ausgesät hatten (ja) oder nicht (nein), N = 131.

Auf die Frage, woran sie erkennen, ob ein Samen lebendig sei oder nicht, gaben die Kinder im Vortest und Nachtest am häufigsten das Wachstum bzw. die Entwicklung als Begründung für ihre Vermutung an. Die Antwortkategorien für diese Begründungen wurden in Anlehnung an die der Pflanzen gewählt (Abb. 35).

Antworten wie „da wächst eine Blume raus", „der enthält einen Keimling und der wächst da raus" und „das beschützt nur, was innen drin ist, da wo die Pflanze nachher raus wächst" wurden in die Kategorie „Wachstum & Entwicklung" aufgenommen. In der Kategorie „Form & Struktur" wurden Aussagen wie „der hat Punkte", „der ist ganz hart" und „der sieht echt bzw. unecht aus" eingeteilt, während die Kategorie „Zustand & Ort" Antworten wie „der wird lebendig" bzw. „ist noch nicht lebendig" oder „innen drin ist er lebendig", aber auch „wenn man es in die Erde legt und gießt" oder „weil es nicht in Erde ist" enthielt. Der Kategorie „Bewegung" wurden vor allem Antworten zur Leblosigkeit wie „der bewegt sich gar nicht", „der krabbelt nicht weg", aber auch die Antwort „der bewegt sich und knackst auf" zugeordnet. Die Kategorie „Anthropomorphismus" enthielt Antworten wie „der kann nicht sprechen", und „der hat keine Augen, Nase und Mund". Auch die Antwort eines Kindes, „wenn Menschen im Bauch sind, sind sie auch schon lebendig", wurde dieser Kategorie zugeordnet. Die Kategorie „Ernährung" enthielt Antworten sowohl zur Begründungen der Leblosigkeit, wie z.B. „ein Samen saugt kein Wasser", als auch der Lebendigkeit, wie z.B. „man muss Wasser drauf gießen, dann wird er lebendig". Ein Kind meinte, der Samen „kann nicht atmen". Diese Antwort wurde der Kategorie „Atmung" zugeordnet. Die Kategorie „Tod" enthielt Antworten wie „wenn die Pflanze stirbt, ist der Samen auch tot". In die Kategorie „Sonstiges" wurden Antworten wie „weil man Bohnen essen kann", „ist halt nur ein Samen" oder „habe ich mir ausgedacht" aufgenommen.

5.4 Ergebnisse

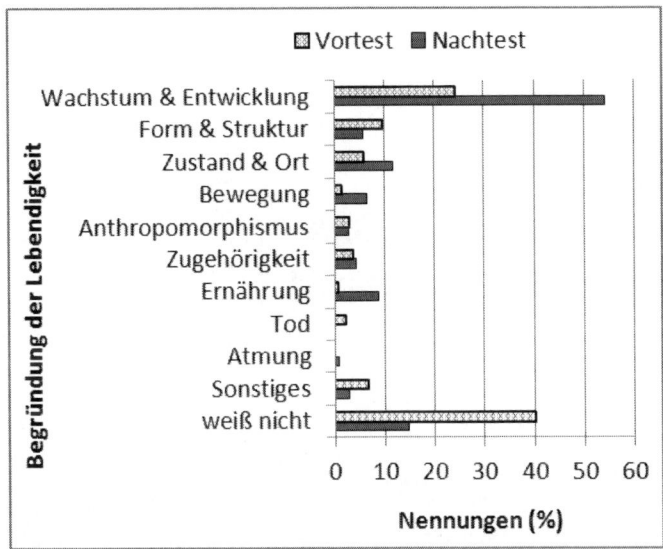

Abbildung 35: Begründungen der Kinder für die Lebendigkeit bzw. Nicht-Lebendigkeit von Samen im Vergleich von Vor- zu Nachtest. Die Kategorie „Sonstiges" fasst individuelle Angaben einzelner Kinder zusammen. Mehrfachantworten waren möglich, N = 136.

Während im Vortest 40% der Kinder keine Antwort auf die Frage nach der Lebendigkeit des Samens geben konnten, waren es im Nachtest nur noch 15%.

5.4.2 Wachstum und Entwicklung

Die meisten Kinder erklärten sowohl im Vor- als auch im Nachtest, dass man einen Samen in die Erde legen (Faktor Erde) und gießen (Faktor Wasser) muss, damit eine neue Pflanze wachsen kann (Abb. 36). Manche Kinder erwähnten zusätzlich, dass der Samen Sonne bzw. Licht bräuchte (Faktor Sonne) bzw. dass man nach dem Gießen warten müsste (Faktor Zeit). Ein Junge der Testgruppe erklärte, dass man Bohnensamen zuerst quellen lassen muss, bevor man sie in die Erde eingräbt. Das hatte er in einem Kinderbuch gelesen.

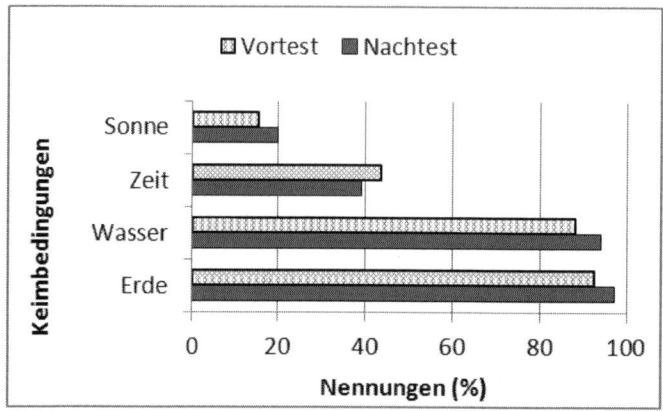

Abbildung 36: Antworten der Kinder auf die Frage, was ein Samen zum Keimen benötigt, im Vergleich von Vor-und Nachtest, N = 136.

Fast alle Kinder wussten bereits im Vortest, dass eine Pflanze Wasser zum Wachsen braucht, viele gaben zudem Erde und Sonne bzw. Licht als Wachstumsfaktoren an (Abb. 37).

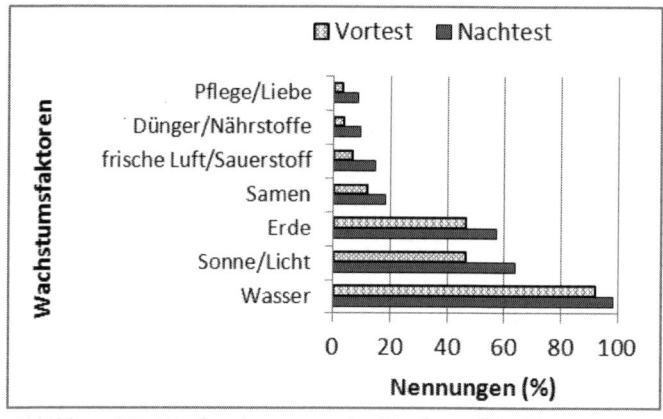

Abbildung 37: Häufige Antworten der Kinder auf die Frage, was eine Pflanze zum Wachsen braucht im Vergleich von Vor- zu Nachtest. Mehrfachnennungen waren möglich, N = 136.

Mehrere Kinder der Testgruppe machten im Nachtest Angaben, die auf Praxiserfahrungen hindeuteten, z.B. dass eine Pflanze Platz, einen Topf und Zeit zum Wachsen braucht.

5.4.3 Grundorgane und ihre Funktion

Um herauszufinden, welche Teile einer Pflanze die Kinder kennen, wurden sie gebeten, bei einem Ackervergissmeinnicht (*Myosotis arvensis*) die einzelnen Teile zu zeigen und zu benennen. Während im Vortest ein signifikanter Unterschied zwischen Test- und Kontrollgruppe auftrat ($F_{1,122}$ = 6.03, p = 0.015; Mit SGE: M = 2.5 ± 0.24; Ohne SGE: M = 3.3 ± 0.19), war dieser im Nachtest nicht mehr nachweisbar ($F_{1,122}$ = 1.29, p = 0.259; Mit SGE: M =

5.4 Ergebnisse

3.7 ± 0.17; Ohne SGE: M = 3.9 ± 0.16). Kinder der Testgruppe hatten im Durchschnitt 1.2 Teile hinzugelernt, bei Kindern der Kontrollgruppe waren es im Schnitt 0.7 ($F_{1,122}$ = 3.29, p = 0.072; Mit SGE: M = 1.18 ± 0.23; Ohne SGE: M = 0.67 ± 0.18). Am häufigsten wurden im Vor- und Nachtest das Blatt, die Blüte und der Stängel genannt (Abb. 38). Dabei wurden für die Kategorie „Blüte" auch Angaben wie Blütenblätter, Blümchen oder Blumen gezählt, beim „Stängel" auch Stiel oder Stamm.

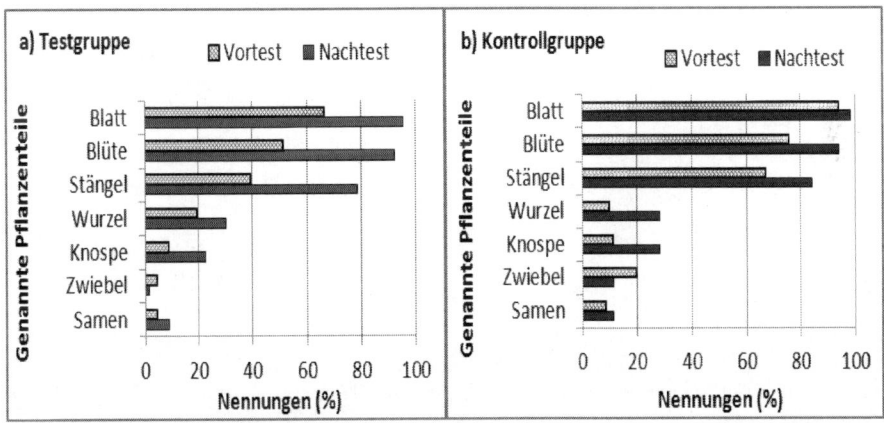

Abbildung 38: Nennungen einzelner Pflanzenteile von Kindern der (a) Testgruppe (Mit SGE, N = 66) und (b) Kontrollgruppe (Ohne SGE, N = 70) im Vergleich von Vor- zu Nachtest, Mehrfachnennungen waren möglich.

Im Vortest konnten 82%, im Nachtest 97% der Kinder das Blatt als Teil einer Pflanze nennen. Auf die Frage, wozu eine Pflanze Blätter braucht, konnte etwas mehr als die Hälfte der Kinder keine Antwort geben (54%), die Antworten der übrigen Kinder (46%) wurden in neun Kategorien eingeteilt (Abb. 39). Die Kategorie „Aussehen" enthielt Antworten wie „damit es schön/schöner aussieht" oder „dass sie nicht so langweilig aussieht". In der Kategorie „Wachstum" wurden Antworten wie „zum Wachsen", „da wachsen Blätter/Blumen/Stängel raus" oder „die werden mal Blüten" zusammengefasst. Der Kategorie „Wassertransport" wurden Angaben wie „zum Wasser speichern/sammeln", „da saugt sich Wasser auf", „das bringt Wasser zur Blüte" und „zum Trinken" zugeordnet. Die Kategorie „Atmung/Luftreinigung" enthielt Antworten wie „damit kann man atmen", „dass sie Luft hat" oder „zum Atmen", aber auch Antworten wie „die machen Luft/Luftfeuchtigkeit", „damit saugt sie zum Beispiel Sauerstoff aus der Luft auf" oder „die reinigen Sauerstoff". Der Kategorie „Schutzfunktion" wurden Antworten wie z.B. „die schützten vor Regen, Wasser, Wind, Sonne" oder „schützt vor Tieren" zugeordnet. Die Kategorie „Stabilität" enthielt Antworten wie „zum sich Halten" oder „damit sie nicht umfällt", während in der Kategorie „Insekten" Angaben wie „da rutschen Fliegen aus" oder „da können Insekten draufstehen zum Nektar holen" zusammengefasst wurden. Der Kategorie „Ernährung" wurden Angaben wie "saugen Nahrung auf" und „damit kann sie Nährstoffe sammeln/behalten" zugeordnet, während die Kategorie „Sonstiges" Antworten wie „für die Sonne/die Blüten", „da scheint die Sonne drauf", „die sind wie Hände" und „die braucht sie nicht" zusammenfasst.

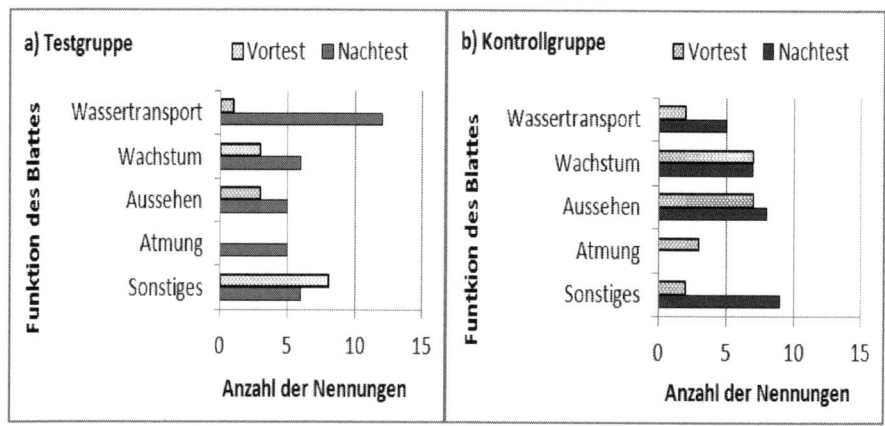

Abbildung 39: Angaben zur Funktion eines Blattes der (a) Testgruppe (Mit SGE, N = 34) und (b) Kontrollgruppe (Ohne SGE, N = 29) im Vergleich Vor- und Nachtest. In der Kategorie „Sonstiges" wurden z.B. Angaben zum Schutz der Pflanze, zur Ernährung oder zu Tieren zugeordnet.

Im Vortest konnten 63%, im Nachtest 93% aller Kinder die Blüte als Teil einer Pflanze nennen. Auf die Frage nach der Funktion der Blüte konnten viele Kinder im Vor- und Nachtest keine Angabe machen (45%). Von den übrigen Kindern (55%) wurde sowohl im Vor- als auch im Nachtest am häufigsten das Aussehen genannt (Abb. 40). In dieser Kategorie wurden Antworten wie „damit sie schön/schöner aussieht", „dass die Menschen sie mögen" und „zum Blume sein, sonst wäre sie keine Blume" subsummiert. Die Kategorie „Wachstum" enthielt Angaben wie „da kommen Blumen raus" und „die wachsen", die Kategorie „Früchte/Samen" Antworten wie „die braucht sie nur zum Samen nehmen", „zum sich Vermehren" oder „da wird Obst draus", „da wächst eine Erdbeere dran" und „beim Apfelbaum wird daraus ein Apfel". Angaben wie „zum Bienen anlocken", „zum Pollen und Nektar nehmen", „Bienen holen da Staub und trinken" und „damit die Wespe Honig saugen kann" wurden der Kategorie „Insekten" zugeordnet. Die Kategorie „Sonstiges" enthielt z.B. Antworten wie „dass sie nicht umkippt und kaputt geht", „zum Luftholen/Atmen", „zum Duft draus machen", „die brauchen nicht alle", „das ist ihr Kopf, wie unsere Haare" oder „die geht auf und zu, damit der Nektar nicht nass wird" zusammengefasst.

5.4 Ergebnisse

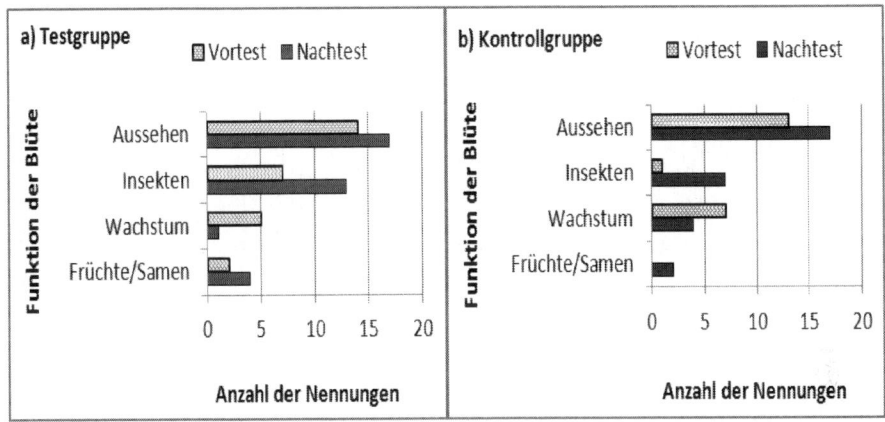

Abbildung 40: Häufige Angaben zur Funktion der Blüte der (a) Testgruppe (Mit SGE, N = 40) und (b) Kontrollgruppe (Ohne SGE, N = 35) im Vergleich von Vor- zu Nachtest.

Während im Vortest 54% der Kinder den Stängel als Teil einer Pflanze nennen konnten, waren es im Nachtest 91%. Auf die Frage nach der Funktion des Stängels konnten 74% aller Kinder eine Vermutung äußern (Abb. 41). Diese Antworten wurden in drei Kategorien eingeteilt. Die Kategorie „Wachstum" enthielt Antworten wie „da wachsen Blüte und Blätter dran", „damit die Blumen wachsen können" und „dass sie größer wird". In der Kategorie „Stabilität" wurden Angaben z.B. wie „damit sie hält und nicht umknickt", „dass sie fest bleibt/gerade steht" oder „damit Blätter/Blumen nicht runterfallen", in der Kategorie „Wassertransport" Antworten wie „zum Wasser in die Blüte und Knospen bringen", „zum Wasser aufsaugen" oder „damit Wasser überallhin kommt" zusammengefasst.

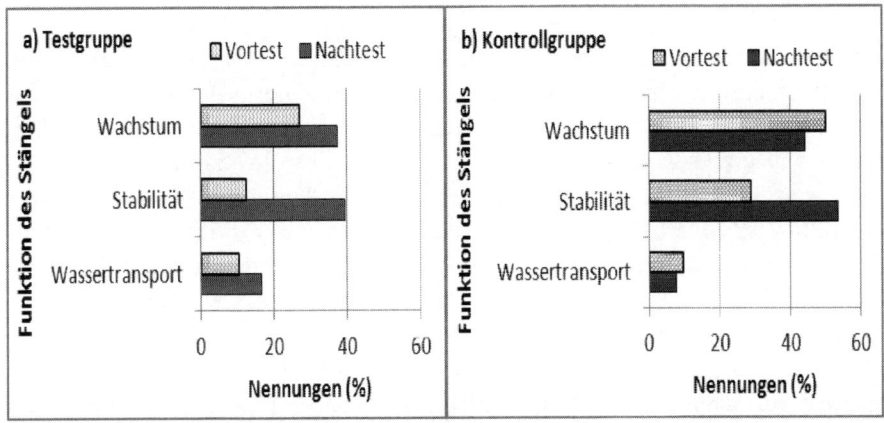

Abbildung 41: Angaben zur Funktion des Stängels im Vergleich der (a) Testgruppe (Mit SGE, N = 48) und (b) Kontrollgruppe (Ohne SGE, N = 52) in Vor- und Nachtest.

Im Vortest gaben 22%, im Nachtest 29% der Kinder die Wurzel als Teil einer Pflanze an, obwohl sie am Ackervergissmeinnicht nicht sichtbar war. Insgesamt 27% der Kinder konnten eine Funktion für die Wurzel angeben. Die Antworten wurden in die Kategorien „Stabilität", „Wassertransport", „Nährstoffe" und „Sonstiges" eingeteilt (Abb. 42). Der Kategorie „Stabilität" wurden Antworten wie „dass sie fest/stabil ist" bzw. „dass sie stehen bleibt/nicht umkippt" zugeordnet, während in die Kategorie „Wassertransport" Antworten wie „Wasser aufsaugen/einsaugen/saugen" oder „zum Trinken" aufgenommen wurden. Die Kategorie „Nährstoffe" enthielt Angaben wie „Nährstoffe aufnehmen" oder „Energie aus dem Boden aufnehmen", während die Kategorie „Sonstiges" Aussagen wie „zum Wachsen" oder „weiß nicht" enthielt.

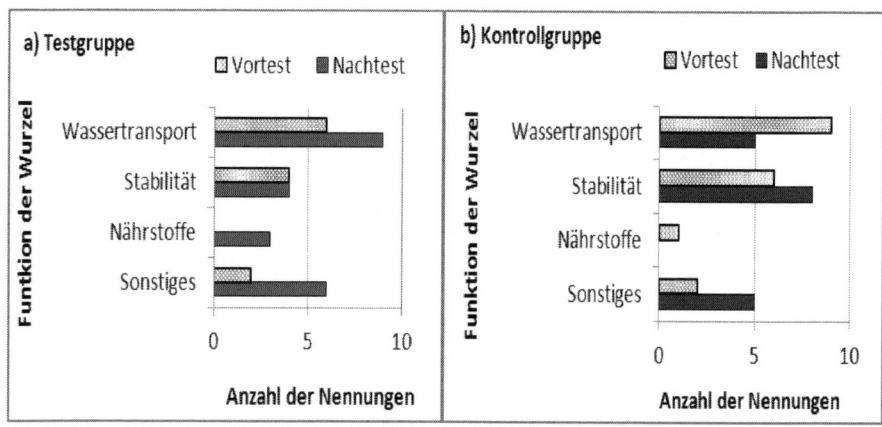

Abbildung 42: Angaben zur Funktion der Wurzel im Vergleich der (a) Testgruppe (Mit SGE, N = 19) und (b) Kontrollgruppe (Ohne SGE, N = 18) in Vor- und Nachtest. In der Kategorie „Sonstiges" wurden einzelne Antworten wie „zum Wachsen", „zum Blühen" oder „weiß nicht" zusammengefasst.

Im Vortest konnten 10% der Kinder, im Nachtest 26% der Kinder die Knospen als Teil einer Pflanze nennen. Insgesamt 30% der Kinder waren in der Lage, den Knospen eine Funktion zuzuordnen (Abb. 43). Die Antworten wurden in vier Kategorien eingeteilt: Blüte, Wachstum, Samen bzw. Frucht und Sonstiges. In die Kategorie „Blüte" wurden Antworten wie „da kommt die Blume/Blüte raus", „da sind die Blumen drin" oder „wird zur Blüte" aufgenommen, während die Kategorie „Wachstum" Angaben wie z.B. „zum Wachsen" oder „damit sie größer wird" enthielt. In der Kategorie „Samen/ Frucht" wurden Antworten wie „da wächst die Frucht raus" oder „zum Aufgehen, sonst gäbe es keine Samen" aufgenommen. In der Kategorie „Sonstiges" wurden Aussagen wie „das sind Käfer", „das ist die Pflanze", „zum Atmen" oder „weiß nicht" subsummiert.

5.5 Diskussion

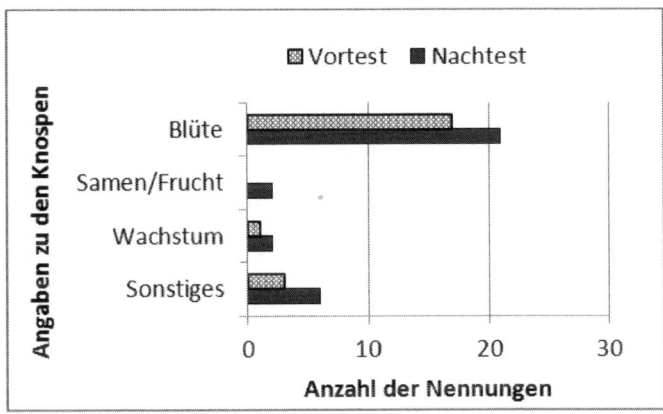

Abbildung 43: Angaben zur Funktion der Knospe im Vergleich von Vor- zu Nachtest, N = 41.

Im Vortest nannten 13% der Kinder die Zwiebel als Teil einer Pflanze, im Nachtest waren es 9%. Kinder der Kontrollgruppe nannten signifikant häufiger die Zwiebel als Kinder der Testgruppe (df = 1, Chi-Quadrat-Wert = 8.51, p = 0.004). Auf die Frage nach der Funktion nannten die Kinder die Speicherung von Wasser, das Wachstum oder machten sonstige Angaben, wie z.B. „die haben nur manche" oder „da sind die Wurzeln dran". Der Samen als Teil einer Pflanze wurde im Vortest von 7% der Kinder genannt, im Nachtest waren es 12%. Als Funktion wurde von allen Kindern das Herauswachsen einer Pflanze genannt.

5.5 Diskussion

Während im Vortest 75% der Kinder angaben, dass eine Pflanze lebendig sei, waren es im Nachtest 86%. Dies bestätigt die Annahme, dass mit einer entsprechenden Fragestellung Kinder sehr wohl in der Lage sind, Pflanzen als Lebewesen anzusehen (Inagaki & Hatano 2002; Gropengießer 2006). Es zeigte sich ein geschlechtsspezifischer Unterschied: Mädchen wählten häufiger die Zuordnung „lebendig" für Pflanzen als Jungen. Da die Mädchen beider Gruppen nach Einschätzung ihrer Eltern mehr Interesse an Pflanzen hatten und häufiger über Pflanzen redeten als die Jungen (vgl. Kapitel 7.4.4), ist anzunehmen, dass sie sich insgesamt auch häufiger mit Pflanzen beschäftigten. Dass das Beobachten von Pflanzen und deren Bewegungen dazu führt, Pflanzen für lebendig anzusehen, wurde bereits von Opfer & Siegler (2004) angenommen.

Als Begründung für die Lebendigkeit von Pflanzen wurden an erster Stelle Wachstum und Entwicklung und an zweiter Ernährung gewählt. Kinder mit Schulgartenerfahrung wählten im Nachtest häufiger die Kategorie Wachstum und Entwicklung als Kinder ohne diese Erfahrung. Da sie die Möglichkeit hatten, Pflanzen dabei zu beobachten, erscheint dies als logische Folge. Auch in der Untersuchung von Tamir et al. (1981, 245ff) bezogen sich 71% der Antworten auf biologische Prozesse wie Wachstum, Entwicklung und Ernährung. Dies belegt auch die These von Gebhard (2009), dass Lebendigkeit von Pflanzen vor allem am Wachstum und der Ernährung festgemacht wird. Nur 6% der Kinder begründen die Leblosigkeit von Pflanzen mit fehlender Bewegung. Die Feststellung von Opfer & Siegler (2004), dass Kinder bei der Einteilung in lebendig bzw. nicht lebendig vor allem auf die zielgerichtete Bewegung achten, lässt sich hier nicht feststellen. Da in der vorliegenden Untersuchung den Kindern ausschließlich Pflanzen bzw. Samen und nicht wie sonst üblich Tiere, Gegenstände und Pflanzen zum Ordnen präsentiert wurden, fällt damit dieses offensichtliche Unterscheidungsmerkmal als Begründung weg. Auch dieses Ergebnis zeigt, wie entscheidend die Fragestellung für das Antwortverhalten ist.

Animistische bzw. anthropomorphe Antworten können als Ausdruck kindlicher Fantasie (Inagaki & Hatano 2002, 36) oder Analogiebildung aufgrund nicht zu beobachtender Lebensäußerung von Pflanzen (Sula 1971) interpretiert werden. Die hier von den Kindern gewählten Antworten, wie z.B. „die hat kein Gesicht", lassen auf Analogiebildung zum eigenen Körper schließen, die häufig als Begründung für Leblosigkeit gewählt werden. Dies scheint jedoch nicht nur für Kinder zuzutreffen: Auch Erwachsene personifizieren Pflanzen häufig, was in Aussagen wie „die Pflanzen sind durstig" oder „meine Pflanzen mögen Sonnenschein" zum Ausdruck kommt (Hickling & Gelman 1995). Begründungen, die sich auf die Atmung bezogen, wurden nur im Nachtest gegeben. Alle Kinder, die sich diesbezüglich äußerten, waren von derselben Lehrperson unterrichtet worden und geben hier offensichtlich das Wissen der Lehrkraft wieder.

Bei den Samen nahmen die Angaben zur Lebendigkeit vom Vortest zum Nachtest um mehr als 20% zu. Auch in der Untersuchung von Jewell (2002) bezeichneten ca. die Hälfte der 4- bis 8-Jährigen Samen als lebendig, der Rest lehnte dies ab. Ähnliche Ergebnisse fanden auch Tamir et al. (1981, 248): Während 80% der Schülerinnen und Schüler Pflanzen für lebendig hielten, nahmen dies nur 56% für die Samen an. Obwohl die Probanden wussten, dass Samen von lebenden Pflanzen kommen, hielt sie nichts davon ab, Samen für nicht lebendig zu erklären (vgl. auch Sula 1971). Allerdings behandeln auch Erwachsene Samen häufig wie Artefakte: Samen können im Supermarkt in Papiertüten gekauft und in den Schrank gelegt werden, wo sie lange im Dunkeln aufbewahrt werden können (Hickling & Gelman 1995). Kinder, die bereits Erfahrungen mit dem Aussäen gemacht haben, hielten Samen häufiger für lebendig als Kinder ohne Aussaaterfahrungen. Nur Kinder mit diesen Erfahrungen gaben an, der Samen sei noch nicht lebendig, könnte es aber unter bestimmten Bedingungen werden (vgl. auch Jewell 2002). Diese Kinder verfügen bereits über belastbares botanisches Basiswissen. Ähnliche Einflüsse fanden auch Tamir et al. (1981, 247): Aus einer Gruppe von Schülerinnen und Schülern einer Landwirtschaftsschule (N = 17) gab nur einer an, dass Samen nicht lebendig seien. Dies bestätigt die Annahme von Gebhard (2009, 203), dass Kinder durch Primärerfahrungen mit dem Wachstum von Pflanzen neue Einsichten zur Lebendigkeit von Pflanzen gewinnen können.

Die Kinder, die Pflanzen als lebendig klassifizierten, taten dies auch mit dem Samen. Hier wird die Übertragung einer vorhandenen Vorstellung auf ein neues Phänomen deutlich: Wer Pflanzen für lebendig hält, überträgt dies auch auf Samen und umgekehrt. Häufig behielten die Kinder auch eine einmal gewählte Begründung für ihre Klassifikation bei: Kinder, die eine Pflanze für nicht lebendig hielten, weil ihr Augen und Mund fehlten, gaben dies auch für den Samen an. Die Konzepte werden demnach offensichtlich übertragen. Dies zeigt sich auch in der Äußerung „wenn die Pflanze stirbt, ist der Samen auch tot". In der Untersuchung von Tamir et al. (1981, 244) war die Klassifikation von Pflanzen und Embryos (Samen und Ei) ebenfalls positiv korreliert. Allerdings hatten die Schülerinnen und Schüler Probleme, unterschiedliche Entwicklungsstadien von Samen zu erklären, z.B. Dormanz und Keimung (Tamir et al. 1981).

Als Begründung für die Lebendigkeit von Samen nannten die Kinder am häufigsten Wachstum bzw. Entwicklung. Die Kinder hatten bereits selbst beobachtet, dass aus einem Samen eine Pflanze wachsen kann, insofern scheint ihnen das die plausibelste Erklärung. Auch Antworten zum Zustand des Samen bzw. Ort wurden relativ häufig genannt: Ein Samen ist nicht lebendig, weil er Punkte hat oder nicht in der Erde liegt. In der Untersuchung von Tamir et al. (1981, 245) wurden Zustand oder Ort vor Wachstum und Entwicklung genannt. Dies kann daran liegen, dass nicht nur nach dem Samen, sondern auch gleichzeitig nach dem Hühnerei gefragt wurde. Die Zunahme der Begründungen in der Kategorie „Zustand & Ort" im Nachtest deckt sich mit Befunden von Tamir et al. (1981, 246): Mit zunehmendem Alter gaben die Probanden häufiger Antworten aus dieser Kategorie an, um ihre Wahl lebendig-nicht lebendig bezogen auf Embryos zu begründen.

Die meisten Kinder erklärten bereits in der ersten Klasse, dass man einen Samen in die Erde legen und gießen muss, damit sich daraus eine Pflanze entwickelt. Sie verfügen hier über ein viables Konzept (Siebert 2008), das für die meisten Samen auch so zutrifft. Vielen Kindern war auch im Vortest schon klar, dass man warten muss, d.h. dass Zeit eine Rolle bei der Entwicklung von Pflanzen spielt. Mehr Kinder gaben im Nachtest an, dass ein Samen auch Licht bzw. Sonne bräuchte. Das mag damit zusammenhängen, dass die Kinder Kressesamen in der Schule ausgesät hatten, die auch im Licht keimen können. Eine weitere Erklärungsmöglichkeit wäre eine Übertragung von vorhandenem Wissen: Da eine Pflanzen Licht bzw. Sonne zum Wachsen braucht, wird dies auch für den Samen angenommen.

Ähnliche Faktoren wie für die Samenkeimung gaben die Kinder auch als Bedingung für das Wachstum von Pflanzen an: Fast alle Kinder nannten bereits im Vortest Wasser, etwa zwei Drittel nannten Sonne bzw. Licht und Erde (vgl. auch Sula 1971; Klemm 1974). Nur wenige Kinder erwähnten Dünger oder Nährstoffe. Als weitere Faktoren wurden Samen, frische Luft bzw. Sauerstoff und von Pflege bzw. Liebe genannt. Vor allem Kinder der Kontrollgruppe gaben an, dass eine Pflanze frische Luft oder Sauerstoff brauchen würde bzw. dass sie die Luft für die Menschen reinigt. Diese Erklärung fanden auch Leach et al. (1996, 24) bei älteren Kindern, die explizit Kohlendioxid nannten, das von den Pflanzen zum Nutzen von Mensch und Tier aus der Luft entfernt wird. Bei Sula (1971) konnten die Kinder noch keinen Zusammenhang zwischen Pflanzen und gasförmigen Stoffen erkennen.

Die weiteren Angaben decken sich ebenfalls mit den Ergebnissen von Leach et al. (1996, 23): Mehr als 70% der Schülerinnen und Schüler nannten Wasser als wichtigsten Wachstumsfaktor für Pflanzen, 55% Erde, 40% Sonne bzw. Licht, 10% Sauerstoff und ca. 5% Luft. Auch in der Studie von Baisch (2009, 239ff) nannten die Kinder am häufigsten Wasser, aber auch Sonne bzw. Licht, Erde, Luft und einige auch Dünger als Wachstumsbedingungen für Pflanzen. Die Kinder verfügen über erstaunlich viel Vorwissen zu Keimung und Wachstum von Pflanzen, das unbedingt bei der Planung von Unterricht berücksichtigt werden muss, damit die Kinder nicht klagen, Unterricht zu Pflanzen sei langweilig, denn sie hätten bereits alles schon gewusst (vgl. Kapitel 7.4.2).

Die Kinder der Kontrollgruppe konnten im Vortest mehr Grundorgane bzw. Teile einer Pflanzen benennen, im Nachtest waren die Angaben annähernd gleich: Die Kinder der Testgruppe hatten deutlich mehr Teile dazugelernt als Kinder der Kontrollgruppe. Die Grundorgane einer Blütenpflanze wurden in der Kontrollgruppe vor allem am Beispiel Tulpe vermittelt, sodass die häufige Nennung der Zwiebel als Grundorgan von Pflanzen nicht weiter verwundert.

Als Funktion des Blattes nannten Kinder mit Schulgartenerfahrung häufig den Wassertransport oder die Atmung. Einige Kinder begründen das Vorhandensein von Blättern damit, dass sie Luft bzw. Luftfeuchtigkeit machen oder ganz allgemein mit den Blättern atmen könnten. Einige Kinder gaben an, dass Pflanzen mit ihren Blättern den Sauerstoff reinigen bzw. den Sauerstoff aus der Luft saugen. Hier ist Hybridwissen entstanden: Neue Erkenntnisse werden mit bereits vorhandenen Vorstellungen verbunden (Duit 1995; Reich 2006; Weitzel 2012). Die Kinder der Kontrollgruppe nannten häufiger das Aussehen oder Wachstum als Funktion des Blattes: Pflanzen haben Blätter, damit sie schöner bzw. nicht so langweilig aussehen oder damit sie wachsen können. Dies sind Phänomene, die sie beobachten konnten. Kinder aus beiden Gruppen sahen die Funktion des Blattes vor allem als Schutz vor

5.5 Diskussion

abiotischen Faktoren, wie z.B. Regen, Sonne oder Wind. Die Schutzfunktion von Blättern wurde auch schon in der Untersuchung von Sula (1971) von den Kindern vermutet. Ähnliche Antworten zur Funktion von Blättern zeigten sich auch bei der Untersuchung zu den Vorstellungen von Kindern der 3. und 4. Klasse zur Fotosynthese: Die Kinder erklärten, dass Blätter zur Atmung, zur Filterung von Luft, zur Speicherung von Wasser oder anderen Nährstoffen bzw. zum Schutz der Pflanze vor überwiegend abiotischen Faktoren dienten (Vocilka & Schrenk 2012, 130f).

Die Blüte ist den Kindern spätestens im Nachtest (93%) als ein Teil von Pflanzen bekannt. In beiden Gruppen argumentieren die Kinder am häufigsten mit dem Aussehen: Pflanzen haben Blüten, damit sie schöner aussehen. An zweiter Stelle werden Insekten genannt: Die Blüten dienen als Nahrungsquelle für Insekten oder sie locken Insekten an. Ähnlich Antworten fand auch Helldén (2000) in seiner Befragung zur Rolle der Blüte bei der Reproduktion von Pflanzen. Ein Kind hatte beobachtet, dass Blüten sich öffnen und schließen können und folgerte daraus, dass die Blüten auf- und zugehen, damit der Nektar nicht nass wird. Solche Äußerungen sollten im Unterricht aufgegriffen werden, damit die Kinder nicht aus eigenen Beobachtungen falsche Schlüsse ziehen und so alternative Konzepte entwickeln (vgl. auch Helldén 2000). Die Funktion einer Blüte im Zusammenhang mit Früchten bzw. Samen nannten mehr Kinder mit Schulgartenerfahrung: Aussagen wie „die Pflanze braucht die Blüte zum Samen nehmen" oder „zum sich Vermehren" ist belastbares Wissen, auf dem später aufgebaut werden kann. Ähnlich wie bei Sula (1971) argumentieren die Kinder bei der Beziehung zwischen Blüte und Frucht lokal („daraus wird eine Erdbeere"), aber auch temporal („beim Apfelbaum wird da mal ein Apfel draus" oder „da wird später Obst draus"). Konditionale Begründungen konnten keine gefunden werden.

Die meisten Kinder beider Gruppen sehen die Funktion des Stängels in erster Linie im Stabilisieren der Pflanze, aber auch im Wachstum und im Wassertransport. Diese Funktionen können beobachtet werden und führen daher kaum zu Verständnisschwierigkeiten. Die Kinder haben eigene Erfahrungen mit dem Umknicken von Stängeln und wissen, dass dies die Stabilität der Pflanze beeinträchtigt. Wenn Pflanzen wachsen, streckt sich die Sprossachse – auch dies ist von Kinder gut zu beobachten und kann daher als Funktion erkannt werden. Was den Wassertransport betrifft, so haben alle schon einmal eine Pflanze gegossen oder jemandem dabei zugeschaut, sodass das Verschwinden des Wassers automatisch mit dem Aufsaugen in den Stängel in Verbindung gebracht wird. Dies trifft vor allem auch bei Schnittblumen zu. Die Kinder argumentieren in diesem Kontext vor allem mit dem „Strohhalmprinzip" (vgl. Wood-Robinson 1991; Baisch 2009, 96). Der Wurzel werden ähnliche Aufgaben zugeschrieben wie dem Stängel. Da die Wurzel aber häufig im Boden verborgen und daher nicht sichtbar ist, wird sie nur von einem

Drittel der Kinder als Teil einer Pflanze aufgezählt (vgl. auch Klemm 1974). Drei Kinder mit Schulgartenerfahrung erwähnen im Nachtest zusätzlich die Aufnahme von Nährstoffen bzw. Energie aus dem Boden. Für sie ist der Boden nicht mehr nur Ort des Pflanzenwachstums (Leach et al. 1996). Die Knospe kannten im Nachtest weniger als ein Drittel aller Kinder. Meist wird ihr in beiden Gruppen die Funktion, blühen zu können, zugeschrieben. Zwei Kinder der Kontrollgruppe erklärten, da kämen Früchte bzw. Samen raus. Eines dieser Kinder konnte zur Blüte keine Angabe machen, das andere nannte als Funktion der Blüte das schönere Aussehen. Diese beiden Kinder haben offensichtlich die Knospe mit der Frucht verwechselt.

Die Ergebnisse zeigen, dass das Unterrichten des Grundbauplans von Blütenpflanzen zwar zu Begriffswissen führt, aber nicht die Funktion dieser Organe klärt, was in didaktisch reduzierter Form durchaus möglich wäre (Sula 1971). Die intensive Beschäftigung im Schulgarten mit Pflanzen scheint hier mehr Einfluss auf das Wissen über die funktionellen Zusammenhänge zu haben als der theoretische Unterricht im Klassenzimmer.

6 Entwicklungszyklus von Samenpflanzen

Die lebendige Welt besteht aus einer Vielzahl von Kreisläufen, die die Grundlage allen Lebens schaffen. Die UNECE schlägt vor, Umweltprobleme z.B. mit Hilfe eines Lebenszyklus zu erklären, wenn Bildung für nachhaltige Entwicklung effektiv umgesetzt werden soll (UNECE 2005, 6). Zyklen sind Denkmodelle: Ein Samen bildet zwar sowohl den Ausgangspunkt als auch das Endprodukt des pflanzlichen Entwicklungszyklus, es handelt sich jedoch dabei nicht um dasselbe Individuum. Um Strukturen natürlicher Systeme, wie z.B. Zyklen, besser zu verstehen, können Naturerfahrungen hilfreich sein (Moore & Wong 2000).

In diesem Kapitel soll aufgezeigt werden, inwieweit Schulgartenerfahrung einen Einfluss auf die Vorstellungen zur Pflanzenvermehrung bzw. auf die Entwicklung eines belastbaren Konzepts zum pflanzlichen Entwicklungszyklus hat.

6.1 Theoretischer Hintergrund

Im Zusammenhang mit Schulgartenerfahrung eignet sich in der Primarstufe der Entwicklungszyklus von Blütenpflanzen besonders gut, um ein Zyklusverständnis anzubahnen: Ein Samen entwickelt sich zu einem Keimling, der zu einer Pflanze heranwächst, die schließlich blüht und Früchte bildet, die wiederum Samen enthalten (Abb. 44). Alle diese Phasen können von Kindern an selbst ausgesäten Pflanzen beobachtet werden, auch wenn der Vorgang und die Bedeutung der Befruchtung vorerst im Dunkeln bleiben.

Nach einer Untersuchung von Hickling & Gelman (1995) können Kinder bereits ab 4 1/2 Jahren Pflanzenwachstum als zyklisch erkennen. In dieser Studie sollten 4- bzw. 4 1/2-jährige Kinder (N = 24) jeweils drei Fotos von Samen-Pflanzen-Blüte bzw. Samen-Pflanze-Frucht in eine zeitliche Reihenfolge bringen. Das erste Foto der insgesamt zwölf unterschiedlichen Arten wurde zufällig ausgewählt, sodass der Zyklus immer an einem anderen Punkt startete. Während die Anordnungen der 4-Jährigen noch eine hohe Ratewahrscheinlichkeit aufwiesen (M = 6.8), wählten die 4 1/2-Jährigen signifikant häufiger die richtige Reihenfolge (M = 8.6).

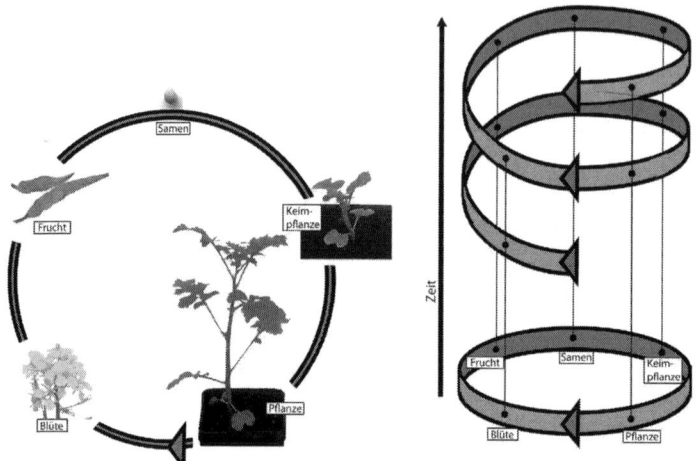

Abbildung 44: Entwicklungszyklus einer Blütenpflanze vom Samen zum Samen (links) und die schematische Darstellung des Zyklus als eine in der Zeit gedehnte Spirale (rechts, aus Benkowitz & Lehnert 2009).

Auf der Grundlage klinischer Interviews wiesen Cherubini et al. (2002) bei 4- und 5-jährigen Kindern (N = 15) ein nur vereinzelt vorhandenes Verständnis des pflanzlichen Entwicklungszyklus nach. Um dies zu ändern, fertigten sie ein digitales Lernspielzeug an, mit dem Kinder am Beispiel eines Apfelbaums die Entstehung vom Kern (Samen) zum Baum in 15 Minuten nachvollziehen konnten. Es gab die Möglichkeit, den virtuellen Baum zu gießen, indem von oben Wasser in die Box eingefüllt wurde. Jedes der zwölf Wachstumsstadien bestand aus einer Zeichnung, in der ein Entwicklungsstadium dargestellt war, d.h. der Kern und der ausgewachsene Baum hatten die gleiche Größe. Es zeigte sich, dass die Kinder nicht nur die Zeichnungen aufgrund der unterschiedlichen Maßstäbe falsch interpretierten und zum Teil auch die Übergänge zwischen den einzelnen Stadien nicht verstanden, sie hatten zudem Skrupel, Wasser in die digitale Box zu gießen. Der nach dem Einsatz des Lernspielzeugs durchgeführte Test zeigte, dass die Kinder ihr Konzept zum Entwicklungszyklus nicht verändert hatten.

Um die Wirksamkeit einer selbst entwickelten, handlungsorientierten Intervention zum Verständnis biologischer Entwicklungszyklen zu testen, legten Nyberg et al. (2005) Grundschulkindern (N = 70) vier Zeichnungen einer Bohne in unterschiedlichen Entwicklungsstadien vor und baten die Kinder, diese in eine zeitliche Reihenfolge zu bringen. Um eine Reihung nach Größe der gezeichneten Pflanzen auszuschließen, wurden absichtlich die Größenverhältnisse der Zeichnungen verändert, sodass die fruchtende Pflanze kleiner dargestellt war als die blühende. Der durch ein Vor-Nachtest-Design ermittelte Lernzuwachs lag bei den 9-jährigen Kindern bei 14%, bei den 11-jährigen bei 12%. Als Begründung für den nur bescheidenen Erfolg der aufwändigen

Einheit führte Nyberg den Maßstab der Zeichnungen an – die absichtlich kleiner gezeichnete Pflanze wurde nicht als älter erkannt – aber auch, dass die Kinder zwar eigene Bohnenpflanzen herangezogen hatten, jene aber bis zum Nachtest noch keine reifen Hülsen entwickelt hatten. Somit konnte der Zyklus nicht bis zum Ende beobachtet werden (Nyberg et al. 2005).

Tamir et al. (1981, 247) baten 10- bis 14-Jährige (N = 83) Karten mit Abbildungen der Samenkeimung in eine richtige Reihenfolge zu bringen. Anschließend wurden sie zur Lebendigkeit des Samens und der Keimpflanze befragt. Insgesamt 94% der Probanden konnten die richtige Reihe bilden, 66% hielten den Samen für lebendig, 85% gaben dies für die Keimpflanze an. Insgesamt 19% konnten keine Beziehung zwischen den Samen und der Keimpflanze herstellen. Nur 45% verstanden die Kontinuität des Lebendigen und konnten diese erläutern, 36% konnten zwar erfassen, dass lebende Organismen auch von Lebewesen abstammen, konnten die Beziehung aber nicht erklären. Weitere 19% hielten es durchaus für möglich, dass Samen aus Nichtlebendigem entstehen können, da Samen selbst ja auch nicht lebendig seien (Näheres zur Lebendigkeit von Samen s. Kapitel 5.1.1). Nur wenn Samen in die Erde gelegt und mit Nahrung versorgt werden, beginnen sie zu leben (ebd., 247).

6.2 Fragestellung

Um der Frage nachzugehen, ob Schulgartenerfahrung zu einem besseren Verständnis des pflanzlichen Entwicklungszyklus sowie der Rolle der Samen innerhalb dieses Zyklus beiträgt, wurden folgende Forschungsfragen formuliert:

1. Nennen Kinder mit Schulgartenerfahrung häufiger Samen als Entstehungsquelle einer neuen Pflanze als Kinder ohne diese Erfahrung?
2. Kennen Kinder mit Schulgartenerfahrung mehr Bezugsquellen für Samen?
3. Bringen Kinder mit Schulgartenerfahrung häufiger die Entwicklungsstadien einer Senfpflanze in eine zeitliche Reihe?
4. Hat Schulgartenerfahrung einen Einfluss auf die Begründung der Pflanzenreihe?
5. Haben eigene Erfahrungen mit dem Aussäen einen Einfluss auf die Reihung der Pflanzen?
6. Verändert Schulgartenerfahrung die Vorstellung zum Wachstum von Pflanzen?

6.3 Methode

Im Rahmen des leitfadengestützten Interviews (vgl. Kapitel 2.2.1) wurden die Kinder nach ihren Kenntnissen zur Vermehrung von Pflanzen sowie ihren Erfahrungen mit dem Aussäen von Samen befragt (K3, K4, K36, K37). Die Eltern wurden ebenso befragt, wie häufig sie mit den Kindern zu Hause ausgesät haben, um einen möglichen Einfluss des Elternhauses mit zu erfassen (E13).

Um zu untersuchen, ob Kinder mit SGE durch das Beobachten ihrer selbst ausgesäten Pflanzen das Basiskonzept des pflanzlichen Entwicklungszyklus besser erfassen als Kinder ohne SGE, wurden alle Kinder gebeten, eine Senfpflanze, die ihnen in ihren verschiedenen Entwicklungsstadien präsentiert wurde, in eine zeitliche Reihenfolge zu bringen (K26). Da Untersuchungen gezeigt haben, dass Kinder reale Pflanzen Fotos oder Zeichnungen von Pflanzen vorziehen (Tunnicliffe & Reiss 2000) und zudem Fotos oder Zeichnungen aufgrund von Maßstabsproblemen zu Verständnisschwierigkeiten führen können (Cherubini et al. 2002; Nyberg et al. 2005), wurden für den Test echte Senfpflanzen (*Sinapis alba*) herangezogen und eingesetzt. Neben Senfpflanzen in vier Entwicklungsstadien (Keimling, knospende Pflanze, blühende Pflanze, fruchtende Pflanze) standen zwei Töpfe mit Samen zur Verfügung (ein Topf mit einem Samen, ein Topf mit vielen Samen), die die Kinder in eine zeitliche Reihe bringen sollten (Abb. 45).

Abbildung 45: Unterschiedliche Entwicklungsstadien einer Senfpflanze (Sinapis alba) in einer zeitlichen Reihung, ausgehend von einem Samen über die Entwicklungsstadien der Pflanze bis hin zu vielen Samen (Foto: Carmen Hoffmann).

Vor allem die Einreihung der Samen sollte Rückschlüsse auf vorhandene Konzepte zum Entwicklungszyklus erlauben, da Samen als Quelle und Produkt des Pflanzenwachstums eine entscheidende Rolle spielen (Hickling & Gelman 1995). Die Frage wurde so formuliert, dass die Aufgabe auch als nicht lösbar abgelehnt werden konnte. In einer zusätzlichen Aufgabe sollten die Kinder erklären, wie sie sich die weitere Entwicklung der Senfpflanze vorstellen würden (K27).

6.4 Ergebnisse

Zunächst werden die Ergebnisse zur Vermehrung von Pflanzen dargestellt, bevor die Vorstellungen zum Entwicklungszyklus sowie die Erklärungen hierfür näher erläuterte werden.

6.4.1 Vermehrung von Pflanzen

Auf die Frage, woher sie eine neue Pflanze bekommen könnten, antworteten die meisten Kinder im Vortest, dass man eine Pflanze kaufen müsste, wohingegen im Nachtest die meisten angaben, dass man dazu Samen nehmen könnte (Abb. 46). Kinder mit SGE nannten signifikant häufiger, dass man hierzu Samen kaufen bzw. ansäen müsste (df = 1, Chi-Quadrat-Wert = 7.94, p = 0.005) oder diese aus anderen Pflanzen entnehmen könnte (df = 1, Chi-Quadrat-Wert = 6.15, p = 0.013). Kinder ohne SGE antworteten häufiger, dass man eine Zwiebel kaufen und/oder einpflanzen oder Blumen abschneiden oder ausgraben müsste (df = 1, Chi-Quadrat-Wert = 8.75, p = 0.013). Die Kategorie „Pflanze kaufen" enthielt Antworten wie „im Topf kaufen", „eine neue Pflanze im Blumenladen/Supermarkt kaufen" oder „von Mama geschenkt bekommen". Häufige Antworten in der Kategorie „Samen kaufen/säen" waren „Samen kaufen", „im Laden in kleinen Tütchen kaufen", „aus kleinen Körnern" oder „Samen säen, ein bisschen warten und immer mal gießen". Die Kategorie „Samen ernten" enthielt Antworten wie „Kerne von Sonnenblumen", „Samen aus einer anderen Pflanzen holen" oder „Samen einsammeln, manchmal liegen welche auf dem Boden". In der Kategorie „Zwiebel kaufen" nannten die Kinder „eine Zwiebel kaufen/pflanzen" oder „ein Päckchen mit Tulpen und Narzissen kaufen". Der Kategorie „Sonstiges" wurden Antworten wie „ausgraben", „abschneiden", „pflücken" oder „weiß nicht" zugeordnet. Die Kinder der Testgruppe hatten signifikant häufiger schon einmal Samen geerntet als Kinder der Kontrollgruppe (df = 1, Chi-Quadrat-Wert = 14.13, p < 0.001).

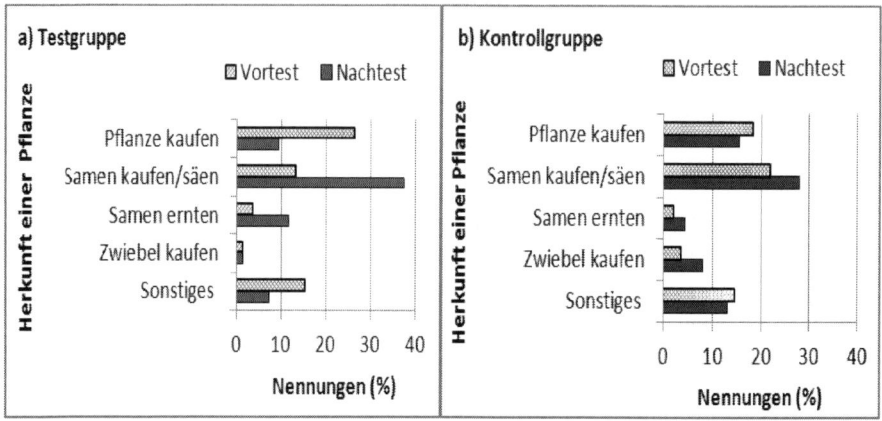

Abbildung 46: Antworten auf die Frage, woher man eine neue Pflanzen bekommen könnte, der (a) Testgruppe (N = 66) und (b) Kontrollgruppe (N = 70) im Vergleich von Vor- zu Nachtest. Die Kategorie „Sonstiges" enthielt Antworten wie „ausgraben", „abschneiden", „einpflanzen" oder „weiß nicht". Mehrfachnennungen waren möglich.

Insgesamt 38% der Kinder gaben an, schon einmal etwas in der Schule ausgesät zu haben, 42% hatten dies nie getan und 20% gaben an, zuhause schon einmal etwas ausgesät zu haben. Kinder der Testgruppe hatten öfter in der Schule ausgesät als Kinder der Kontrollgruppe (df = 2, Chi-Quadrat-Wert = 51.35, $p < 0.001$). Von den Kindern, die schon einmal etwas ausgesät hatten, gaben 89% an, dass es ihnen Freude gemacht hätte. Die Eltern von Kindern mit SGE gaben häufiger an, zuhause Samen ausgesät zu haben, als Eltern von Kindern ohne SGE (df = 2, Chi-Quadrat-Wert = 8.44, $p = 0.015$). Auch der eigene Garten hatte einen Einfluss: Eltern, die angaben einen eigenen Garten zu haben, hatten schon öfter mit ihren Kindern ausgesät als Eltern ohne eigenen Garten (df = 2, Chi-Quadrat-Wert = 10.27, $p = 0.006$).

6.4.2 Entwicklungszyklus von Samenpflanzen

Während im Vortest 28 Kinder angaben, dass man die Senfpflanzen in keine zeitliche Reihe stellen könnte, war es im Nachtest nur noch ein einziges Kind. Im Vortest konnten alle Kinder die Pflanzenstadien in der richtigen Reihenfolge anordnen, da mit zunehmendem Entwicklungsstadium auch die Größe der Pflanzen zunahm. Im Nachtest überragte in einer Testreihe die blühende Pflanze die fruchtende. Zwei Kinder der Test- und zehn Kinder der Kontrollgruppe stellten daraufhin die Pflanzenstadien in keiner sinnvollen Reihenfolge. Insgesamt neun Kinder der Testgruppe stellten die fruchtende Pflanzen vor die blühende, da sie die Früchte mit Knospen verwechselten.

Im Vortest ordneten zwei und im Nachtest vier Kinder der Kontrollgruppe die Töpfe so an, dass der Kreislauf von einem Samen über die unterschiedlichen Entwicklungsstadien bis hin zu vielen Samen erfolgte (Abb. 47). Weder im Vortest noch im Nachtest wählten Kinder der Testgruppe diese Rei-

6.4 Ergebnisse

henfolge. Reihen ohne Samen wählten im Nachtest ausschließlich Kinder der Kontrollgruppe. Kinder mit Schulgartenerfahrung (Testgruppe) brachten im Nachtest die Töpfe häufiger in die Reihenfolge „viele Samen/ein Samen" als Kinder der Kontrollgruppe (df = 2, Chi-Quadrat-Wert = 10.69, p = 0.005). Es zeigte sich weiterhin ein deutlicher Zusammenhang zwischen der Existenz eines eigenen Gartens und der Reihung der Samen: Kinder mit einem eigenen Garten zuhause wählten häufiger die Reihenfolge „viele Samen/ein Samen" als Kinder ohne Garten (df = 2, Chi-Quadrat-Wert = 14.84, p = 0.001). Kinder, die angaben, dass sie noch nie etwas ausgesät hatten, wählten häufiger die Reihenfolge „ein Samen/viele Samen" als Kinder mit entsprechenden Erfahrungen (df = 2, Chi-Quadrat-Wert = 5.61, p = 0.060).

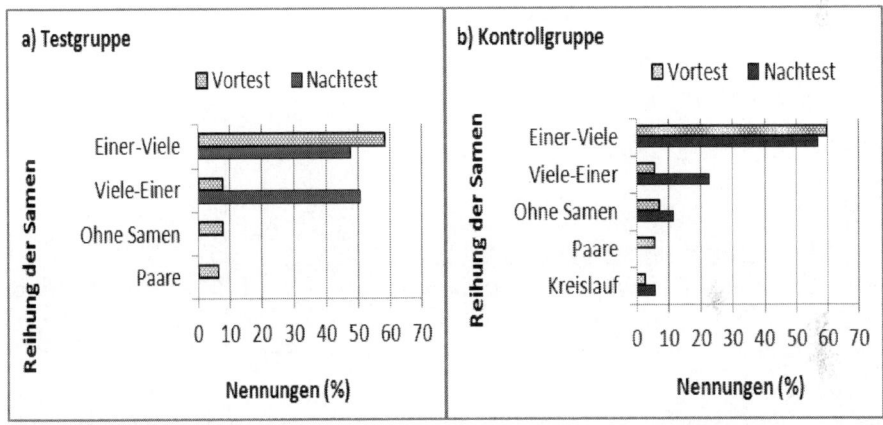

Abbildung 47: Gewählte Reihenfolge der Samen der (a) Testgruppe (Mit SGE, N = 65) und (b) Kontrollgruppe (Ohne SGE, N = 70) im Vergleich von Vor- zu Nachtest, gruppiert nach den Kategorien „Einer-Viele": die Reihe begann mit einem Samen gefolgt von vielen Samen, „Viele-Einer": die Reihe begann mit viele Samen gefolgt von einem Samen, „Kreislauf": die Reihe begann mit einem Samen und endete nach der Pflanzenreihe mit vielen Samen, „Ohne Samen": Kinder lassen die Samen ganz weg oder stellen sie nebeneinander sowie „Paare": Kinder ordnen die Töpfe in 2-er Gruppen.

Als Begründung für die gewählte Reihung nannten die Kinder der Testgruppe am häufigsten Erfahrungen mit dem Aussäen, während Kinder der Kontrollgruppe häufiger mit der Menge der Samen argumentierten (Abb. 48). Die Kategorie „Aussaat" enthielt Antworten wie „weil erst ein Samen gestreut wird und dann viele", „erst kommt einer rein und dann viele", „weil am Anfang macht man ja viele rein" oder „weil die Samen erst drauf kommen und dann gegossen werden". Der Kategorie „Menge" wurden Antworten wie „ein Samen ist weniger als mehrere", „ein Punkt [ein Samen] kommt zuerst", „da kommt ja nur eine Pflanze und da kommen mehrere" oder „weil das [ein Samen] weniger ist und das [viele Samen] ist mehr" zugeordnet. In der Kategorie „Wachstum" wurden Antworten wie „weil erst mal einer wachsen muss", „weil man macht erst die und dann müssen die wachsen" aufgenommen. Der

Kategorie „Vermehrung" wurden Antworten wie „ich glaube, dass der sich vermehrt hat", „weil der [ein Samen] entwickelt sich auch in mehrere" oder „weil erst ein Samen da drin ist und dann kommen ja diese mehreren, wahrscheinlich haben die sich durch so was [ein Samen] entwickelt" zugeordnet. Die Kategorie „Sonstiges" enthielt Antworten ohne Angabe von Gründen oder Antworten wie „ich habe es vergessen"oder „man weiß es nicht so genau".

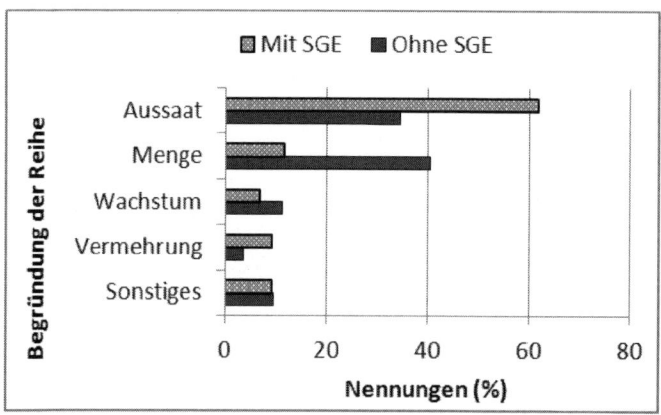

Abbildung 48: Begründungen der gestellten Reihe im Nachtest im Vergleich der Testgruppe (Mit SGE, N = 42) und Kontrollgruppe (Ohne SGE, N = 52). In der Kategorie „Sonstiges" wurden Antworten wie „habe ich vergessen", aber auch die Erklärung des Zyklus zusammengefasst.

Reihen ohne Samen wurden im Nachtest von sieben Kindern der Kontrollgruppe gestellt. Fünf dieser Kinder begründeten die Reihung damit, dass die Samen nicht dazu gehören. Zwei weitere Kinder waren sich nicht sicher, welche zuerst kommen, und stellten daher beide Töpfe mit Samen nebeneinander. Von den vier Kindern der Kontrollgruppe aus unterschiedlichen Klassen, die einen Kreislauf gestellt hatten, konnte ein Kind keine Erklärung geben, ein Junge begründete seine Wahl korrekt mit der Entwicklung einer Pflanze von einem Samen bis hin zu vielen Samen. Dieser Junge gab an, bereits öfter zuhause etwas ausgesät zu haben, was von den Eltern bestätigt wurde. Die übrigen zwei Kinder, ein Mädchen und ein Junge, begründeten ihre Reihenfolge mit der Menge der Samen. Sie gaben Antworten wie „weil da am meisten Samen drin sind" oder „weil da viele drin sind" (Abb. 49). Das Mädchen gab an, in der Schule, aber nicht zuhause gesät zu haben, der Junge hatte zuhause öfter etwas ausgesät. Alle Angaben wurden von den Eltern bestätigt.

6.5 Diskussion

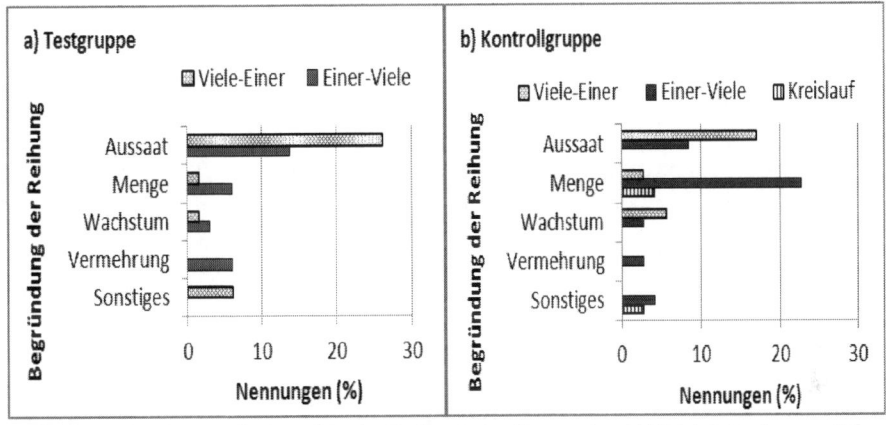

Abbildung 49: Begründungen für die Reihung der Samen in Abhängigkeit der gewählten Reihe im Vergleich der Kinder der (a) Testgruppe (Mit SGE, N = 65) und (b) Kontrollgruppe (Ohne SGE, N = 70) im Nachtest. Die Kategorien bedeuten: „Viele-Einer": Viele Samen-Ein Samen, „Einer-Viele": Ein Samen-Viele Samen, Kreislauf: ein Samen- Pflanzenstadien- viele Samen. In der Kategorie „Sonstiges" wurden keine Angaben oder Antworten wie „weiß man nicht genau" zusammengefasst.

Auf die Frage nach der weiteren Entwicklung einer Senfpflanze antworteten 56% der Kinder, dass die Pflanze immer größer werden würde, 16% waren der Ansicht, dass sie noch ein Stückchen weiter wachsen, dann aber wieder kleiner werden würde, 14% meinten, dass sie ihre endgültige Größe bereits erreicht hätte, 11% gaben an, die Pflanze würde immer kleiner werden, 1% gab an, sie würde nur noch ein Stückchen kleiner werden und dann gleichgroß bleiben und 2% wussten es nicht genau.

6.5 Diskussion

Während im Vortest fast die Hälfte aller Kinder sowohl in der Testgruppe als auch in der Kontrollgruppe angab, dass man eine Pflanze kaufen muss, wenn man eine neue haben möchte, nannten Kinder mit Schulgartenerfahrung im Nachtest das Kaufen oder Ernten von Samen deutlich häufiger als das Kaufen einer neuen Pflanze. Die Kinder haben demnach durch die Tätigkeit im Schulgarten ihr Konzept zur Pflanzenvermehrung erweitert und kennen nun neben dem Kaufen auch die Möglichkeit, durch das Aussäen von selbst geernteten Samen eine neue Pflanze zu bekommen. Kinder ohne diese Erfahrungen nannten zwar auch das Kaufen und Säen von Samen, aber deutlich seltener das Entnehmen von Samen aus Pflanzen. Häufiger als das Ernten von Samen nannten die Kinder der Kontrollgruppe, dass man neue Pflanzen durch das Setzen von Zwiebeln erhält. Hier lässt sich ein deutlicher Zusammenhang zu den im Unterricht behandelten Frühblühern erkennen. Da den Kindern die Erfahrung mit dem eigenen Aussäen fehlt, greifen sie auf Strategien zurück, die sie bei Pflanzen, vor allem der Tulpe, gelernt haben (vgl. Kapitel 4.4.2

und Kapitel 7.4.2). Untersuchungen mit älteren Schülerinnen und Schülern (Klasse 6 und 8, N = 133) zeigten, dass diese häufiger den Kauf von Pflanzen als die Aussaat von Samen nannten, es sei denn, sie hatten zuhause einen Garten oder wurden an einer Waldorfschule in Schulgartenarbeit unterrichtet, dann wurde das Aussäen signifikant häufiger genannt (Benkowitz & Lehnert 2009). Erfahrungsbasiertes Lernen hat demzufolge einen entscheidenden Einfluss auf das Konzept der Pflanzenvermehrung durch Samen.

Die Kinder, die das Ernten von Samen nannten, gaben das Entnehmen von Sonnenblumen-, aber auch von Apfel- oder Kirschkernen als Beispiele an. Die Kinder griffen hier auf eigene Erfahrung zurück, d.h. sie nannten nicht nur die Möglichkeit, dass man dies tun könnte, sondern berichteten, dass sie dies auch tatsächlich selbst durchgeführt hätten. Auch hier zeigt sich ein deutlicher Einfluss des erfahrungsbasierten Lernens. Die Aussagen zur Aussaat zuhause durch die Eltern bestätigten die Antworten der Kinder. Dass die Kinder mit Schulgartenerfahrung häufiger angaben, Pflanzen in der Schule ausgesät zu haben, ist verständlich, denn häufig handelte es sich dabei um die Aussaat für den Schulgarten. Den Kindern der Kontrollgruppe ist das Konzept der Vermehrung durch Zwiebeln präsenter als Kindern mit Schulgartenerfahrung und wurde daher häufiger genannt: Sie hatten sich in Klasse 1 und 2 sehr intensiv mit dem Thema „Frühblüher" im Unterricht beschäftigt und dabei mit echten Pflanzen gearbeitet (vgl. Kapitel 7.4.2). Die Kinder der Testgruppe hatten sich ebenfalls mit Frühblühern im Unterricht beschäftigt, allerdings nicht so zeitintensiv wie die Kinder der Kontrollgruppe (vgl. Kapitel 7.4.2). Möglicherweise hat die eigene Erfahrung mit dem Aussäen von Pflanzen die Erinnerung daran überlagert. Die eigene Erfahrung beeinflusste eindeutig das Wissen der Kinder, woher man eine neue Pflanze bekommen kann.

Die Aufgabe, Senfpflanzen in eine zeitliche Reihung zu bringen, bezeichneten im Vortest noch 28 aller Kinder als unmöglich, im Nachtest nur noch ein einziges. Die Kinder der Testgruppe hatten in der Zeit zwischen Vor- und Nachtest im Schulgarten die Gelegenheit, Pflanzen auszusäen und beim Wachsen zu beobachten, sodass ihnen eine Einordnung nun realisierbar erschien. Die Kinder beider Gruppen hatten aber zusätzlich in dem dazwischenliegenden Schuljahr im Mathematikunterricht Ordnungsaufgaben geübt, sodass die Fragestellung insgesamt besser verstanden wurde. Die Verwechslung der Entwicklungsstadien, wenn die fruchtende Pflanze kleiner war als die blühende, legt nahe, dass mindestens 9% der Kinder die Pflanzen nach ihrer Größe ordneten. Dies bestätigt die Ergebnisse von Nyberg et al. (2005). Die neun Kinder mit Schulgartenerfahrung hatten die Pflanzen getauscht, weil sie die Früchte mit den Knospen verwechselten. Da die Senfpflanzen und ihre Früchte den Kindern unbekannt waren, ist dies nachvollziehbar und eher als mangelndes Wissen und nicht als mangelndes Verständnis zu

6.5 Diskussion

interpretieren. Theoretisch wäre es korrekt, Knospen zeitlich vor den Blüten einzuordnen.

Das Stellen von 2-er Gruppen legt als Erklärung die Seriation asymmetrischer Relationen nach Piaget nahe: Die Kinder greifen „aus der Gesamtmenge einzelne Paare heraus und ordnen die Paarlinge in der Relation groß-klein, ohne eine Gesamtreihung zu erstellen" (Montada 2002, 429). Im Nachtest trat dieses Phänomen nicht mehr auf. Im Nachtest erklärten ausschließlich Kinder der Kontrollgruppe, dass die Samen nicht dazu gehörten. Auch bei Interviews mit 9-15-jährigen Kindern (N = 29) zeigten sich ähnliche Ergebnisse: Samen waren für die Kinder keine Unter-Kategorie von Pflanzen, sondern bildeten eine eigene, vergleichbare Gruppe (Stead 1980 zit. n. Driver et al. 2005a, 23).

Die meisten Kinder in Vor- und Nachtest entschieden sich dafür, die Reihung mit einem Samen zu beginnen und den Topf mit den vielen Samen direkt anzuschließen. Während die Kinder mit SGE meistens mit der Aussaat argumentierten – „erst macht man einem Samen rein und später mehr, weil man sich noch überlegt, ob man mehr pflanzen will" - nannten Kinder der Kontrollgruppe weitaus häufiger die Menge der Samen als Grund für ihre Wahl – „weniger ist jünger und mehr ist älter". Die positive Korrelation zwischen Menge und Alter kann auf ein gewisses Verständnis des Pflanzenwachstums hinweisen: Eine ältere Pflanze ist in der Regel größer und somit „mehr" als eine jüngere.

Einige Kinder gaben an, dass sich ein Samen vermehren kann. Gleiche Schülerantworten fand auch Quinte et al. (2013) in ihrer Studie zu den Denkmodellen zum Entwicklungszyklus von Pflanzen. Die Kinder haben bereits Kenntnis davon, dass Pflanzen sich vermehren können, und übertragen dieses Wissen auf die Samen. Es ist naheliegend zu vermuten, dass es sich hier um „träges Wissen" (Reinmann & Mandl 2006, 615) handelt, da es nicht in der Aufgabe angewendet werden kann. Vor allem Kinder der Kontrollgruppe begründeten ihre Wahl mit dem Wachstum von Pflanzen – „einer ist noch in der Erde, viele sind schon rausgekommen". Hier liegt die Idee zugrunde, dass Samen von alleine aus der Erde kommen. Kinder denken häufig, dass Samen aus der Erde kommen, da sich dies mit ihren Alltagsbeobachtungen deckt: Ohne dass jemand etwas gesät hat, wachsen überall Pflanzen. Auch bei Schülerinnen und Schülern der 6. Klasse wurde dieses Konzept noch gefunden (Benkowitz & Lehnert 2009). Alle diese Erklärungen zeigen ein Verständnis für Teilbereiche der pflanzlichen Entwicklung, ein Zyklusverständnis ist aber noch nicht erkennbar.

Kinder, die bereits Erfahrungen mit dem Aussäen von Pflanzen gemacht hatten, sei es im Schulgarten oder zuhause im eigenen Garten, begannen die Reihenfolge signifikant häufiger mit dem Topf mit vielen Samen. Ihre Argumentation lässt auf Erfahrungen mit der Aussaat von Samen schließen: Es werden mehrere Samen ausgesät, aber nicht aus jedem entwickelt sich eine Pflanze. Oder sie argumentieren mit der Gießtechnik: Das Wasser hat die Samen unter die Erde gedrückt oder diese sind in der Erde verschwunden. Auch dies sind eigene Beobachtungen, die die Kinder im Garten machen konnten.

Keines der beiden Kinder, die im Vortest eine ideale Reihe (Zyklus) gestellt hatte, konnte dies im Nachtest wiederholen. Gleichviele Jungen und Mädchen der Kontrollgruppe begannen ihre Reihe mit dem Topf mit einem Samen, ordneten die Pflanzen in der richtigen Reihenfolge und beendeten die Reihe mit dem Topf mit vielen Samen. Obwohl sie damit eine ideale Reihe gebildet hatten, konnte nur ein Junge seine Anordnung auch richtig begründen. Er hatte schon häufiger zuhause ausgesät und verfügt über ein belastbares Konzept zum pflanzlichen Entwicklungszyklus. Die anderen zwei Kinder argumentierten mit der Menge der Samen – „viele Samen sind mehr, also älter" und kommen deshalb an das Ende der Reihe. Immerhin hatten sie erkannt, dass zwischen den Samen die Pflanze in ihren unterschiedlichen Entwicklungsstadien gestellt werden muss. Auch hier zeigt sich ein durch Beobachtung erworbenes Verständnis des Pflanzenwachstums: Älter ist mehr. Obwohl das Konzept noch nicht belastbar ist, haben diese Kinder bereits eine gute Ausgangsposition, um ihr Konzept zu erweitern.

Nach dem weiteren Pflanzenwachstum der Senfpflanze befragt, gab etwa die Hälfte aller Kinder an, dass sie immer weiter wachsen würde. Diese Kinder orientieren sich eher an dem Wachstum von Bäumen, die für Kinder unendlich weiterwachsen. Aber auch Sonnenblumen erscheinen Kindern im Wachstum unbegrenzt, vor allem, wenn sie die Größe der Kinder überschreiten. Die meisten der verbleibenden Kinder hatten schon eine realistische Vorstellung vom Wachstum einjähriger Pflanzen, dass sie nämlich höchstens noch ein bisschen größer werden würde oder aber gleich bleiben oder wieder kleiner würde.

Die Ergebnisse zeigen, dass es für Kinder sehr schwer ist, den Zyklus ohne weitere Erklärungen alleine aus eigener Beobachtung und Erfahrung heraus zu verstehen. Insofern zeigte die Schulgartenerfahrung keinen nachweisbaren Einfluss auf das Konzept. Die Untersuchung von Quinte et al. (2013) hat gezeigt, dass Schülerinnen und Schüler zu unterschiedlichen Pflanzen alternative Konzepte entwickeln können. Driver et al. (2005b) sehen es grundsätzlich als eine große Herausforderung für Schülerinnen und Schüler an, die Spirale des Lebenszyklus in seiner Komplexität zu verstehen. Weiterführende Untersuchungen haben gezeigt, dass bis ins Erwachsenenalter Schwierigkeiten bestehen, die Entwicklung von Pflanzen als zyklisch zu verstehen und entsprechende Erklärungsmuster zu finden (Benkowitz & Lehnert 2009). Am Phänomen des pflanzlichen Entwicklungszyklus können Kinder wesentliche Kennzeichen des Lebendigen entdecken und bereits vorhandene Konzepte erweitern (GDSU 2002,15ff). Es reicht jedoch nicht, Phänomene nur zu beob-

6.5 Diskussion

achten, obwohl Primärerfahrungen eine zentrale Rolle beim Entwickeln von Vorstellungen spielen, denn sie formen die wissenschaftlichen Konzepte der Kinder (Driver et al. 2005a; Gropengießer 2007b). Wenn ein Konzeptwechsel von der Alltagsvorstellung zum wissenschaftlichen Konzept gelingen soll, ist der Austausch der gemachten Erfahrung mit der Lehrerin oder dem Lehrer essentiell (Driver et al. 2005a; Krüger 2007). Damit die im Schulgarten gemachten Erfahrungen fruchtbar werden, müssen sie reflektiert und intensiv aufgearbeitet werden (Helldén 2000; Dillon et al. 2006).

7 Interesse an Pflanzen

Zur Förderung der Interessensentwicklung bei Kindern ist es unerlässlich, ihnen handlungsorientiertes Lernen zu ermöglichen, da vor allem Grundschulkinder Interesse fast ausschließlich über eigene Aktivitäten definieren (Hartinger 1995, 27). Eigene Erfahrungen mit dem Wachstum von Pflanzen unter Anleitung eines freundlichen Experten haben sich vor allem bei jungen Kindern als besonders fruchtbar erwiesen, um später Aufmerksamkeit und Interesse für Pflanzen und somit botanisches Verständnis zu entwickeln (Wandersee & Schussler 2001).

Im folgenden Kapitel soll aufgezeigt werden, welche Wirkung die Schulgartenerfahrung und der dadurch ermöglichte direkte Kontakt zu Pflanzen auf die Entwicklung von botanischem Interesse bei Kindern hat.

7.1 Theoretischer Hintergrund

Entscheidend für die Entstehung von Interesse ist nach der Selbstbestimmungstheorie der Motivation die Erfüllung der angeborenen „*basic needs*", wie soziale Eingebundenheit, Autonomie und Kompetenzerleben, das eng mit dem Gefühl der Selbstwirksamkeit verbunden ist (Deci & Ryan 1993, 2000; Krapp 2005). Sind die „*basic needs*" befriedigt, kann sich ein sog. „*Flow*-Erleben" einstellen, besonders dann, wenn sich Lernende über längere Zeiträume hinweg mit einem Lerngegenstand beschäftigen (Vogt 2007). Die Grundvoraussetzung für das „*Flow*-Erleben", das als „Aufgehen im Tun" verstanden werden kann, ist die optimale Abstimmung der Fähigkeit einer Person auf die Herausforderung der Aktivität (Csikszentmihalyi 2005, 61ff). Im „*Flow*" ist die intrinsische Motivation besonders hoch, was sich positiv auf Lernen und Interessenentwicklung auswirkt (Vogt 2007). Die Beschäftigung mit Pflanzen im Schulgarten bietet die Möglichkeit zur Befriedigung der „*basic needs*", indem die Kinder sich z.B. selbstständig mit der Bepflanzung und Pflege eines Beetes auseinandersetzen und dementsprechend im sozialen Kontext Kompetenzen entwickeln können, die in der Ernte von selbstgezogenen Pflanzen die eigene Selbstwirksamkeit verdeutlicht. Im Schulgarten kann man Kinder beobachten, die konzentriert einer Tätigkeit nachgehen und ganz in ihr versinken. Diese Kinder haben offensichtlich ein „*Flow*-Erleben". Entsprechend der Lerntheorie des gemäßigten Konstruktivismus läuft Lernen in einem aktiven, selbstgesteuerten, konstruktiven, emotionalen, situativen und sozialen Prozess ab (Reinmann & Mandl 2006). Wissen wird nicht rezeptiv aufgenommen, sondern von jedem individuell und aktiv konstruiert. Voraussetzung hierfür ist eine entsprechend gestaltete Lernumgebung, die Möglichkeiten zum eigenen Explorieren bietet (Reinmann 2012; Weitzel 2012). Untersuchungen haben bestätigt, dass vor allem beim Lernen in einem lebensweltlichen und ökologisch-umweltlichen Kontext das Interesse an Pflanzen größer ist, als wenn Wissen über Pflanzen im systematisch-morphologischen Kontext ver-

7.1 Theoretischer Hintergrund

mittelt wird (Goller 2002). In einer authentischen Lernumgebung erworbenes Wissen ist nicht nur persönlich relevant, es ist zudem situiert, d.h. in eine authentische Verwendungssituation eingebunden (Siebert 2005, 37). Dieses Wissen ist nicht träge und oberflächlich, sondern flexibel und steht auch in Transfersituationen zur Verfügung.

Klein (1990) zeigte in einer Untersuchung, dass für die Stabilisierung bzw. Verstärkung von Interesse an Pflanzen eine optimale Abstimmung zwischen Lerninhalt, Tätigkeit und Lernumgebung förderlich ist. Der Schulgarten als authentischer Lernort bietet Kindern die Gelegenheit, situationsgebunden Wissen zu erwerben, das ihnen dann zum Transfer zur Verfügung steht. Die Kinder können z.B. die Entwicklung einzelner Pflanzenorgane an selbst gesäten Pflanzen beobachten und sich durch Übertragung der Beobachtung auf andere Pflanzen Grundwissen über den anatomischen Bau von Pflanzen erschließen.

Für Berck & Klee (1992, 194) ist die erste Stufe in einem Siebenschrittmodell zur Entstehung von Arteninteresse die Faszination, die durch das eigene Erleben mit Lebewesen entsteht (Abb. 50).

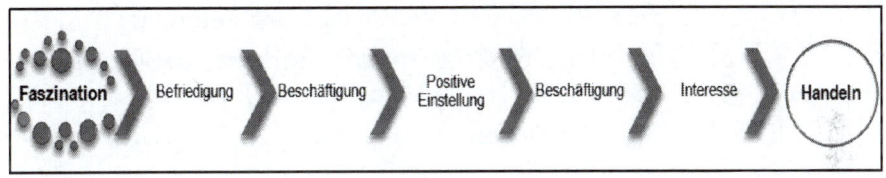

Abbildung 50: Siebenschrittmodell zur Entstehung von Arteninteresse: Von der Faszination zum Handeln (verändert nach Berck & Klee 1992, 194).

Sowohl die direkte eigene Naturbegegnung als auch das Ansehen von Naturfilmen oder das Lesen entsprechender Bücher kann Faszination auslösen (Berck & Graf 2010, 147f). Wird die Begegnung mit Lebewesen auf emotionaler und kognitiver Ebene als befriedigend empfunden, entwickelt sich durch die Beschäftigung mit den Lebewesen eine positive Einstellung, die schlussendlich zu andauerndem Interesse und somit zu Umweltbewusstsein führen kann (ebd.). Das Interesse an Pflanzen ist bei Kindern zwischen 9 und 12 Jahren im Vergleich zu anderen Altersstufen noch besonders groß (Löwe 1992; Gehlhaar et al. 1998; Leske & Bögeholz 2008; Gebhard 2009; Killermann et al. 2011). In einer Untersuchung von Starosta & Goller (2002) gaben zwei Drittel der befragten Schülerinnen und Schüler (N = 319) an, dass sie gerne mehr über Pflanzen und Tiere wissen wollten (Goller 2002).

Während im Kindergartenalter das Interesse an Pflanzen vor allem durch die Eltern angestoßen wird, treten im Grundschulalter Medien, wie z.B. Bücher, Zeitschriften oder Fernsehen, immer weiter in den Vordergrund (Wieder 1999, 27; Vogt et al. 2000, 93). Der Einfluss der Lehrpersonen auf die Interessensentwicklung ist eher gering (ebd.). Insgesamt zeigten in bisherigen Untersuchungen, dass Mädchen in der Regel mehr Interesse an Pflanzen haben als Jungen (Bögeholz 1999; Lindemann-Matthies 2002a; Dietze et al. 2005; Fancovicova & Prokop 2011).

7.2 Fragestellung

Um zu untersuchen, ob die direkte Naturbegegnung mit Pflanzen im Schulgarten das Interesse an Pflanzen fördert, und welche weiteren Einflüsse bei der Entstehung von Interesse eine Rolle spielen, wurden folgende Forschungsfragen generiert:

1. Beschäftigen sich Kinder in ihrer Freizeit mit Pflanzen?
2. Haben Mädchen größeres Interesse an Pflanzen als Jungen?
3. Gibt es einen Zusammenhang zwischen dem Interesse an Pflanzen und der Nutzung von Medien, wie z.B. Bücher, Filme oder Computerspiele über Pflanzen?
4. Hat botanischer Unterricht einen Einfluss auf das Interesse an Pflanzen?
5. Fördert die Schulgartenerfahrung das Interesse an Pflanzen?
6. Welche Tätigkeiten bevorzugen die Kinder im Schulgarten?
7. Steigert nach Einschätzung der Eltern und Lehrkräfte die SGE bzw. der botanische Unterricht das kindliche Interesse an Pflanzen?
8. Schätzen Eltern von Mädchen deren Interesse an Pflanzen anders ein als Eltern von Jungen?

7.3 Methode

Um zu ermitteln, wie oft die Kinder in ihrer Freizeit Möglichkeiten zum Kontakt mit Pflanzen haben, wurden die Kinder in Rahmen des leitfadengestützten Interviews (s. Kapitel 2.2.1) nach ihrer Freizeitgestaltung befragt (K5, K6). Da auch Medien, wie z.B. Bücher bzw. Kinderzeitschriften, Filme oder Computerspiele über Pflanzen Faszination auslösen können (Berck & Graf 2010), wurde erhoben, welche Medien die Kinder in welchem Umfang nutzen (K7, K8, K9). Da Untersuchungen gezeigt haben, dass Kinder, die Interesse für Pflanzen entwickelt haben, viele Fragen stellen (Gatt et al. 2007), wurde erhoben, wie häufig sich die Kinder mit ihren Eltern über Pflanzen unterhalten (K10).

Die Kinder wurden zum Inhalt des botanischen Unterrichts und den hierbei verwendeten Pflanzen befragt (K31, K33). Der Unterricht mit echten Pflanzen sollte anschließend bewertet und die Bewertung begründet werden (K32, K34, K35). Da die Kinder in der Regel schon einiges Vorwissen über Pflanzen mitbringen, sollte anschließend erhoben werden, ob und was sie Neues über Pflanzen im Unterricht gelernt haben (K38). Aus den Antworten sollten Rückschlüsse auf das Anforderungsniveau gezogen werden, das

7.3 Methode

als eine Voraussetzung für Kompetenzerleben gilt (Deci & Ryan 1993; Vogt 2007). Zudem sollte aufgezeigt werden, welche Inhalte des Unterrichts von den Kindern erinnert und positiv bewertet werden. Die Frage, ob sie etwas Spannendes über Pflanzen gelernt haben (K39, K40), sollte aufzeigen, inwiefern sich die Kinder von ihren Begegnungen mit Pflanzen im Unterricht faszinieren lassen und so die erste Stufe zur Entstehung von Arteninteresse erreichen (Berck & Klee 1992; Berck & Graf 2010). Die Frage, ob ihnen dieses Wissen schon einmal in einem anderen Zusammenhang nützlich gewesen ist, sollte Hinweise auf die Transferfähigkeit des erworbenen Wissens und das eigene Kompetenzerleben geben (Christen et al. 2001). Im Anschluss wurden die Kinder gebeten, den Unterricht mit einem Smiley zu bewerten und ihre Entscheidung zu begründen (K41, K42, K43).

Die Kinder der Testgruppe wurden zusätzlich zu den oben gestellten Fragen zur Häufigkeit ihres Aufenthaltes im Schulgarten befragt und gebeten, diese zu bewerten (K44, K45). Die Kinder sollten angeben, inwieweit sie sich gerne im Schulgarten aufhielten und welcher Tätigkeit sie dort am liebsten nachgingen (K46, K47). Zum Teil hatten die Klassen ein gemeinsames Beet gepflegt, daher zielte die nächste Frage darauf ab, ob die Kinder ein Beet für sich alleine vorgezogen hätten (K48, K49, K50, K51). Dies sollte Hinweise auf die Bedeutung von sozialer Eingebundenheit geben (Deci & Ryan 1993; Vogt 2007). Im Anschluss gaben die Kinder an, inwiefern sie im Schulgarten selbst bestimmen konnten, was in ihrem Beet gepflanzt wurde und/oder ob sie andere Arten bevorzugt hätten (K52, K53, K54). So konnte untersucht werden, inwieweit die Kinder ihre Entscheidungen autonom treffen konnten (Deci & Ryan 1993; Vogt 2007). Analog zum Unterricht im Klassenzimmer wurden die Kinder der Testgruppe gefragt, ob sie etwas Spannendes, Neues oder Nützliches im Garten gelernt hätten (K55, K56, K57). Schließlich erhielten die Kinder Gelegenheit, Verbesserungsvorschläge zu unterbreiten, bevor sie schlussendlich um eine begründete Bewertung der Schulgartenarbeit mit Hilfe von Smileys gebeten wurden (K58, K 59, K60, K61).

Parallel wurden die Eltern schriftlich befragt, wobei in der Regel eine 5-stufige Likert-Skala als Antwortvorgabe zur Verfügung stand (s. Kapitel 2.2.2). Die Eltern wurden zur Häufigkeit ihres Aufenthalts in der Natur bzw. ihrem eigenen Garten befragt (E2). Zudem sollten sie angeben, ob ihre berufliche Tätigkeit mit Pflanzen zu tun hat, um den familiären Hintergrund der Kinder zu erheben (E5). Anschließend sollte das eigene Interesse und das kindliche Interesse an Pflanzen eingeschätzt werden (E3, E4, E9, E10). Die weiteren Fragen bezogen sich auf die Mediennutzung und das Freizeitverhalten des Kindes (E14 bis E19, E20, E21). Danach wurden die Eltern gefragt, ob und wie häufig sie mit ihrem Kind Gespräche über Pflanzen führen, um zu untersuchen, ob botanischer Unterricht bzw. Schulgartenerfahrung die Gespräche über Pflanzen zuhause beeinflusst (E11, E12). Zusätzlich wurden die Eltern gebeten, das Interesse und den Wissenszuwachs ihres Kindes durch den Unterricht im Klassenzimmer (E22 bis E25) bzw. im Schulgarten (E22 bis E28) zu bewerten. Zum Abschluss wurde den Eltern Raum für individuelle Beobachtungen, Bemerkungen und sonstige Rückmeldungen zur Verfügung gestellt (E26 bzw. E33).

Die Lehrpersonen wurden ebenfalls schriftlich befragt. Auch hier standen in der Regel 5-stufige Likert-Skalen als Antwortvorgaben zur Verfügung (s. Kapitel 2.2.2). Als erstes sollten die Lehrkräfte angeben, wie häufig sie sich persönlich in der Natur aufhalten (L3). Sie wurden gebeten einzuschätzen, wie viel Prozent ihres MNK-Unterrichts botanische Themen einnehmen, um anschließend das Frageverhalten bzw. das Interesse der Kinder an Pflanzen prozentual einzuschätzen (L9, L10, L11). Im Nachtest wurden die Lehrpersonen nochmals gebeten, das Frageverhalten der Kinder im Unterricht zu bewerten (L3, L4), sowie das Interesse der Kinder an Pflanzen einzuschätzen (L5, L6). Es folgte eine Auflistung der im Unterricht verwendeten Medien (L7). Zum Schluss wurden die Lehrpersonen aufgefordert, kurz den Lernzuwachs der Kinder bezogen auf Pflanzen darzulegen (L9). Zum Abschluss des Fragebogens stand Raum für weitere Anmerkungen zur Verfügung (L10). Die Lehrpersonen der Testgruppe wurden zudem im Vortest gefragt, seit wann der Schulgarten an ihrer Schule besteht und wie viel Erfahrung sie mit Schulgartenarbeit besitzen (L8, L9). Es folgte die Angabe über den zeitlichen Rhythmus, indem die jetzige Klasse im Schulgarten arbeitete (L10). Im Nachtest wurde nach der Einschätzung der Lehrkräfte gefragt, inwieweit die Erfahrungen im Schulgarten das Fragenverhalten der Kinder bezogen auf Pflanzen bzw. das Interesse an Pflanzen gesteigert hat (L4). Es folgte eine kurze Beschreibung des Lernzuwachses bezogen auf Pflanzen durch Schulgartenerfahrung (L11), sowie eine Einschätzung der Vor- bzw. Nachteile von Schulgartenarbeit (L12).

7.4 Ergebnisse

Die Angaben der Lehrpersonen zur Häufigkeit von Lerngängen bzw. Schulgartenbesuchen etc. wurde bereits in der Stichprobenbeschreibung in Kapitel 2.4 dargelegt und wird daher nicht wiederholt. Auch die berufliche Tätigkeit der Eltern wurde dort beschrieben, sodass hier nicht mehr näher darauf eingegangen wird.

7.4.1 Freizeitbeschäftigung

Etwas mehr als die Hälfte der Kinder (57%) gab an, sich oft bzw. jeden Tag draußen in der Natur aufzuhalten (Mit SGE: M = 3.6 ± 0.13; Ohne SGE: M = 4.0 ± 0.13 auf einer 5-stufigen Likert-Skala). Die Angaben der Eltern bestätigten dies: 64% der Eltern gaben an, dass ihr Kind jeden Tag draußen im Freien war.

7.4 Ergebnisse

Die Angaben der Kinder zu ihrer Freizeitbeschäftigung wurden in die Kategorien Sport & Bewegung, Spielen, Pflanzen und Tiere eingeteilt. In der Kategorie „Sport & Bewegung" wurden Antworten wie „Fußball spielen", „Fahrrad, Inline-Skater oder Roller fahren", „Fangen und Verstecken" aber auch „Schaukeln und Rutschen" subsummiert. Die Kategorie „Spielen" enthielt Aussagen wie „spielen", „auf den Spielplatz gehen" und „Vater-Mutter-Kind spielen". In die Kategorie „Pflanzen" wurden Antworten wie „Blumen gießen", „Blumen pflücken", „Gartenarbeit machen" und „Samen säen" aufgenommen. Der Kategorie „Tiere" wurden Angaben wie „mit dem Hasen/Kaninchen spielen", „Tiere beobachten & sammeln" oder „mit dem Hund spazieren gehen" zugeordnet. Bei den Angaben zeigten sich Unterschiede zwischen Mädchen und Jungen (Abb. 51): Tendenziell mehr Mädchen als Jungen gaben an, sich in ihrer Freizeit mit Pflanzen zu beschäftigen (df = 1, Chi-Quadrat-Wert = 3.09, p = 0.079). Die Eltern von Mädchen gaben signifikant häufiger an, dass sich ihr Kind mit Pflanzen beschäftigt, als die Eltern von Jungen (df = 1, Chi-Quadrat-Wert = 5.88, p = 0.015). Insgesamt 83% der Eltern gaben an, dass ihr Kind draußen spielt. Die Angaben der Eltern wurden analog zu den Angaben der Kinder denselben Kategorien zugeordnet.

Etwa 34% der Kinder gaben im Vortest an, sich Bücher oder Kinderzeitschriften sowie Filme (37%) über Pflanzen anzuschauen oder PC-Spiele zu spielen (18%). Im Nachtest gaben knapp 40% aller Kinder an, Bücher bzw. Kinderzeitschriften über Pflanzen anzusehen, 36% sahen Filmen über Pflanzen und 14% spielten PC-Spiele mit Pflanzen. Eltern der Testgruppe gaben signifikant häufiger an, dass sich ihr Kind Bücher über Pflanzen anschaut, als Eltern der Kontrollgruppe (df = 1, Chi-Quadrat-Wert = 10.13, p = 0.001). Zudem taten die Kinder das nach Angaben ihrer Eltern im Mittel auch öfter als Kinder Kontrollgruppe ($F_{1,113}$ = 3.99, p = 0.048; Eltern der Testgruppe: M = 2.5 ± 0.12; Eltern der Kontrollgruppe: M = 2.2 ± 0.13 auf einer 5-stufigen Likert-Skala).

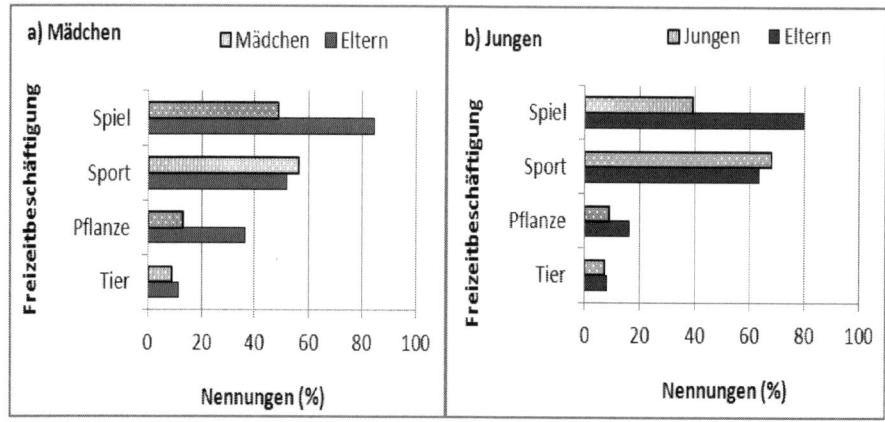

Abbildung 51: Angaben zur Freizeitbeschäftigungen im Nachtest der (a) Mädchen (Mit SGE, N = 80) und ihren Eltern (N = 71) sowie der (b) Jungen (Ohne SGE, N = 56) und ihren Eltern (N = 49). Mehrfachnennungen waren möglich.

Insgesamt 32% der Eltern gaben an, dass ihr Kind gelegentlich Filme über Pflanzen sehen würde, 32% wählten die Antwortvorgabe selten und die übrigen gaben an, dass ihr Kind nie Filme über Pflanzen anschaut. Nach Angaben der Eltern spielten 13% der Kinder selten PC-Spiele zu Pflanzen, 9% taten dies gelegentlich und die übrigen Kinder nie.

7.4.2 Unterricht zu Pflanzen

Während Lehrkräfte der Testgruppe im Nachtest im Durchschnitt weniger Zeit ihres MNK-Unterrichts für botanische Themen aufwendeten, blieben die Angaben der Lehrpersonen der Kontrollgruppe im Vor- und Nachtest gleich (Mit SGE: Vortest M = 2.3 ± 0.25, Nachtest M = 2.0 ± 0.00; Ohne SGE: Vortest M = 2.3 ± 0.25, Nachtest M = 2.3 ± 0.033 auf einer 5-stufigen Likert-Skala).

Insgesamt 85% aller Kinder erinnern sich daran, im Unterricht schon einmal über Pflanzen gesprochen zu haben. Dies waren 92% der Kinder in der Testgruppe und 78% in der Kontrollgruppe (df = 1, Chi-Quadrat-Wert = 5.56, p = 0.021). Die Angaben der Kinder zum Inhalt des Unterrichts konnten in acht Kategorien eingeteilt werden (Abb. 52). In die Kategorie „Formenkenntnis" wurden Aussagen wie „wir haben über Pflanzen gesprochen, wie sie heißen" und „Tulpen und Frühlingsblüher" aufgenommen. Die Kategorie „Textorientiertes Arbeiten" enthielt Antworten wie „wir haben eine Geschichte über unsere Lieblingsblume geschrieben", „im Sachkundebuch gelesen" oder „Blätter über Pflanzen gemacht". In der Kategorie „Künstlerisches Gestalten" wurden Angaben wie „wir haben eine Tulpe gebastelt" und „wir haben Pflanzen gemalt" zusammengefasst, während in der Kategorie „Pflanzenausstellung" Antworten wie „wir haben Pflanzen mitgebracht und hingestellt", „wir machen gerade eine Pflanzenausstellung" oder „wir haben getrocknete Blätter mitgebracht" zugeordnet wurden. Die Kategorie „Wachstum & Entwicklung" enthielt Angaben wie „wir haben Körner eingepflanzt und die sind dann gewachsen", „wir haben Äpfel und Bananen aufgeschnitten und die Samen angeschaut", aber auch Antworten wie „wir haben ein Daumenkino zum Krokus gemacht" oder „wir haben über Blüte und Stängel gesprochen". Vor allem Kinder der Kontrollgruppe machten zeitlich Angaben wie „manchmal", „selten" oder „nur ganz wenig". Diese Antworten wurden in der Kategorie „Zeitangaben" subsummiert. Die Kinder mit Schulgartenerfahrung nannten häufig den Schulgarten als Ort des Lernens. Diese Antworten, wie z.B. „im Schulgarten lernen wir immer die Blumen, welche das ist" oder „da haben wir im Schulgarten etwas gesät oder gepflanzt" wurden in der Kategorie „Schulgarten" zusammengefasst. Individuelle Antworten, wie „wir haben Blumen gepflückt" und „Pflanzen sind nicht mein größtes Hobby" oder „weiß nicht mehr", wurden von 12% Kindern der Testgruppe und 17% der Kontrollgruppe gegeben.

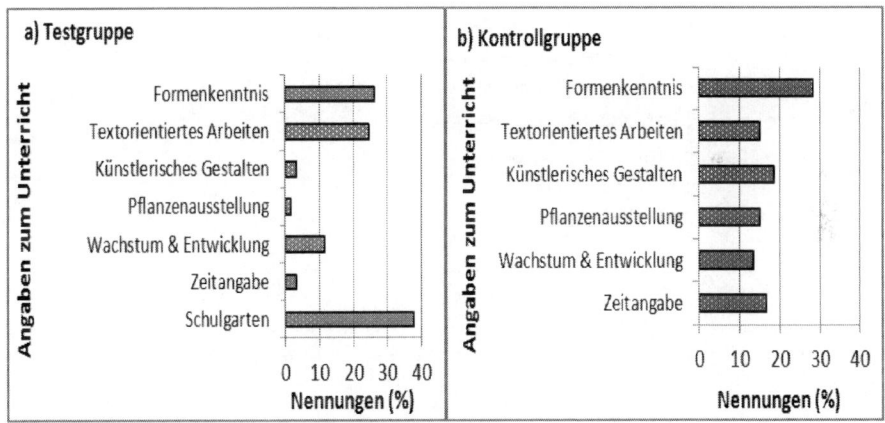

Abbildung 52: Häufige Angaben der Kinder zum Inhalt des Unterrichts über Pflanzen im Vergleich der (a) Testgruppe (Mit SGE, N = 61) und (b) Kontrollgruppe (Ohne SGE, N = 60). Mehrfachnennungen waren möglich.

Insgesamt 71% der Kinder bewerteten den Unterricht zu Pflanzen gut, 24% fanden ihn mittelmäßig und 5% gaben an, dass es nur manchmal Spaß macht. Die Angaben der Kinder hingen signifikant mit den Angaben der Lehrpersonen zum botanischen Unterricht zusammen: Je mehr Zeit des Sachunterrichts die Lehrpersonen für botanischen Unterricht aufwendeten, desto besser bewerteten die Kinder den Unterricht zu Pflanzen (df = 1, Chi-Quadrat-Wert = 6.19, p = 0.013).

Nach ihren Gründen für die Bewertung des Unterrichts befragt, nannten die Kinder am häufigsten Spaß und Freude an Pflanzen (Abb. 53). Antworten wie „das macht Spaß" oder „ich mag Pflanzen" wurden in die Kategorie „Spaß & Freude" aufgenommen. Die Kategorie „Lernen & Interesse" enthielt Angaben wie „da kann man viel lernen" und „ich finde Pflanzen interessant". Der

Kategorie „Schönheit" wurden Antworten wie „Pflanzen sind schön" oder „die haben unterschiedliche Farben" zugeordnet. In der Kategorie „Themenabhängigkeit" waren Aussagen wie „„manchmal ist es spannend, manchmal langweilig" oder „manchmal habe ich Lust und mal nicht" zusammengefasst. Der Kategorie „Fehlende Selbsttätigkeit" wurden Angaben wie z.B. „nur die Namen nennen, finde ich langweilig" oder „über Pflanzen sprechen ist langweilig" subsummiert, während der Kategorie „Kein Interesse" Aussagen wie „Pflanzen interessieren mich nicht" oder „Deutsch und Mathe finde ich besser" zugeordnet. Die Kategorie „Wiesenexperiment" enthielt Angaben zur Bewertung des Wiesenexperimentes. Dies waren Aussagen wie „schön, dass man seine Meinung über Pflanzen sagen darf", „es ist schön, dass ich bestimmen kann, was schön ist und was nicht" oder „ich verteile gerne Smileys". Insgesamt 10% der Kinder konnten ihre Entscheidung nicht begründen.

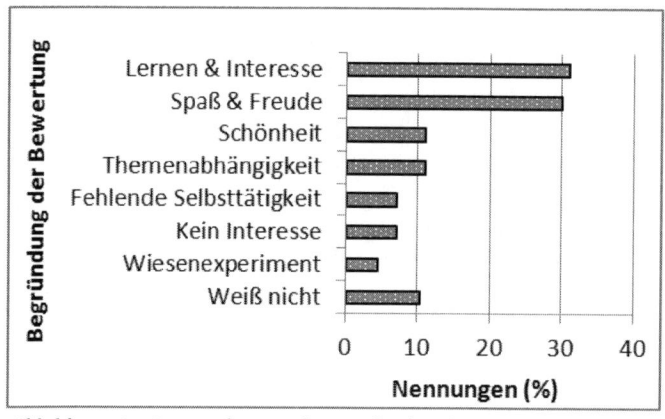

Abbildung 53: Begründungen der Kinder für ihre Bewertung des Unterrichts zu Pflanzen im Nachtest (N = 136). Mehrfachnennungen waren möglich.

Insgesamt 44% der Kinder hätten gerne häufiger Unterricht zu Pflanzen, 50% lehnten dies ab, 4% entscheiden sich für manchmal und 2% waren nicht sicher. Aggregiert man die Kategorien *nein* und *weiß nicht* sowie die Kategorie *ja* und *manchmal* zeigte sich ein signifikanter Unterschied zwischen Test- und Kontrollgruppe: 60% Kinder ohne Schulgartenerfahrung wünschten sich häufiger Unterricht zu Pflanzen, während dies nur 38% der Kinder mit Schulgartenerfahrung taten (df = 1, Chi-Quadrat-Wert = 6.36, p = 0.012). Rund 54% aller Kinder, die angaben, dass ihnen der Unterricht zu Pflanzen gefallen hatte, wollten auch signifikant häufiger botanischen Unterricht (df = 1, Chi-Quadrat-Wert = 13.59, p < 0.001). Insgesamt 21% der Kinder gaben an, dass ihnen etwas im Unterricht nicht gefallen hätte. Auf die Frage, was dies gewesen sei, nannten 8% die fehlende Selbsttätigkeit im Unterricht („wir haben die ganze Stunde nur geredet" oder „statt Pflanzen zeigen hätte ich lieber selbst gesät"). Einige Kinder der Kontrollgruppe (4%) fühlten sich unterfordert („das wusste ich schon alles"). Nach Angaben der Eltern fanden 74%

7.4 Ergebnisse

der Kinder den Unterricht zu Pflanzen interessant, 18% waren sich nicht sicher und 8% verneinten dies. Dass ihr Kind zu Hause vom Unterricht zu Pflanzen erzählt, bestätigten 60% der Eltern, 23% entschieden sich für *nein* und 17% konnten keine Angabe machen.

In beiden Gruppen erinnerten sich 71% der Kinder daran, einmal mit lebenden Pflanzen im Unterricht gearbeitet zu haben, 23% verneinten dieses und 6 % waren sich nicht sicher. Auf die Frage, welche Pflanzen das gewesen seien, nannten die meisten Kinder der Kontrollgruppe Frühblüher, vor allem die Tulpe, während die Kinder der Testgruppe vor allem Nutz- und Zierpflanzen aufzählten. Insgesamt 95% der Kinder bewerteten es positiv, wenn im Unterricht echte Pflanzen eingesetzt wurden. Als Begründung für den Einsatz echter Pflanzen nannten 21% der Kinder die sinnliche Wahrnehmung („die kann man besser sehen und fühlen") und 18% die Schönheit der Pflanzen („die sehen schöner aus").

Die Kinder wurden gefragt, ob sie im Unterricht etwas Neues, Spannendes oder Nützliches über Pflanzen gelernt hätten (Abb. 54). Kinder mit Schulgartenerfahrung gaben signifikant häufiger an, etwas Neues über Pflanzen gelernt zu haben als Kinder der Kontrollgruppe (df = 1, Chi-Quadrat-Wert = 6.66, p = 0.010).

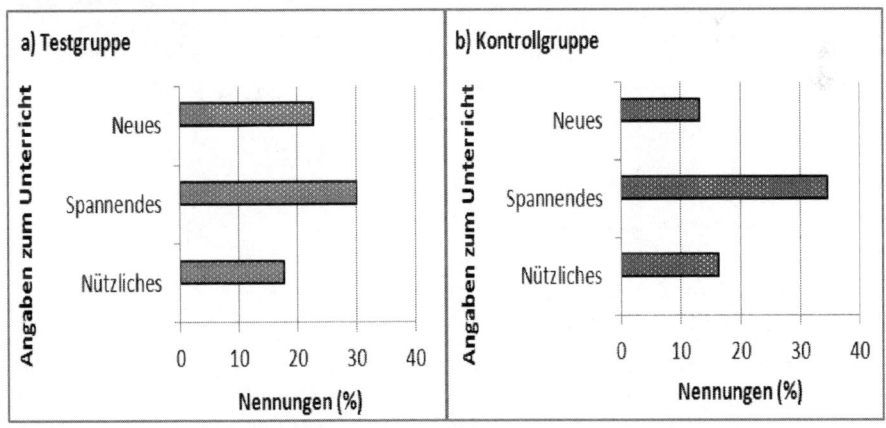

Abbildung 54: Angaben der Kinder zum Lernzuwachs im Unterricht im Vergleich der (a) Testgruppe (Mit SGE, N = 66) und (b) Kontrollgruppe (Ohne SGE, N = 70).

Kinder beider Gruppen, die angegeben hatten, etwas Neues über Pflanzen gelernt zu haben, nannten als Lernzuwachs vor allem neue Arten und deren Namen (Abb. 55). Diese Antworten wurden in der Kategorie „Formenkenntnis" zusammengefasst. In der Kategorie „Wachstum & Entwicklung" wurden Antworten wie „die wachsen", aber auch „sie kann verblühen" oder „Bienen vermehren sie" zugeordnet. Die Kategorie „Teile einer Pflanze" enthielt Angaben zu Grundorganen von Pflanzen, wie z.B. Blüte, Stängel oder Wurzel. Aussagen wie „Rasen mähen" und „Erde lockern" wurden unter der Kategorie „Schulgartentätigkeit" zusammengefasst. Die Kategorie „Pflege" enthielt Angaben zum Gießen, während unter „Sonstiges" Antworten wie „ich wusste alles schon" oder „weiß nicht mehr" subsummiert wurden.

Insgesamt 56% der Eltern gaben an, dass ihr Kind durch den botanischen Unterricht etwas Neues über Pflanzen gelernt hatte, 29% waren sich nicht sicher und 15% konnten dies nicht bestätigen. Dass ihr Kind durch den Unterricht mehr Formenkenntnis erlangt hat, bestätigten 56% aller Eltern, 17% verneinten dieses und 26% waren sich nicht sicher (Abb. 55). In der Testgruppe bestätigten 64% der Eltern eine Steigerung der Formenkenntnis durch Schulgartenerfahrungen, 12% verneinen dies, 18% konnten nicht sagen, ob ihre Kinder mehr Pflanzen mit Namen kannte, 6% machten keine Angaben. Aggregierte man die Antworten *weiß nicht* und *nein* ergab sich in der Testgruppe ein signifikanter Zusammenhang zwischen den Angaben zum Unterricht im Klassenzimmer und Schulgarten: Die 57% der Eltern, die überzeugt waren, dass ihr Kind im Klassenzimmer neue Pflanzen kennengelernt hatte, nahmen dies auch für den Schulgarten an (df = 1, Chi-Quadrat-Wert = 27.64, p < 0.001).

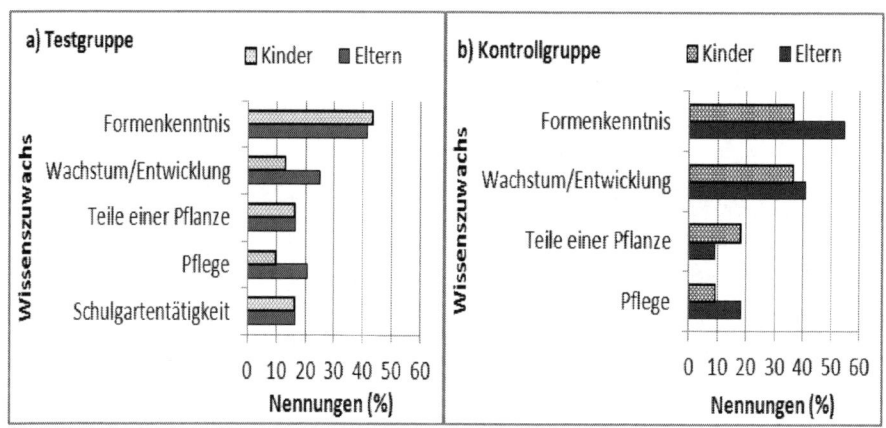

Abbildung 55: Häufige Antworten der Kinder und Eltern auf die Frage, was die Kinder Neues über Pflanzen im Unterricht gelernt haben, im Vergleich von (a) Testgruppe (Mit SGE, Kinder: N = 30, Eltern: N = 24) und (b) Kontrollgruppe (Ohne SGE, Kinder: N = 22, Eltern: N = 22). Mehrfachnennungen waren möglich.

Mehr als die Hälfte der Kinder (63%) gab an, im Unterricht etwas Spannendes über Pflanzen gelernt zu haben. Dies waren 73% der Mädchen und 52% der Jungen (df = 1, Chi-Quadrat-Wert = 6.09, p = 0.014). Von den Kindern, die etwas Spannendes gelernt hatten, nannten 67% das Wachstum und die Entwicklung von Pflanzen. Dies waren Aussagen „wie sie wächst und wie groß sie wird", „dass sie Samen haben", „dass sie sich vermehren" und „dass sie ihre Blüten von alleine auf- und zumachen können". Einige Kinder antworteten, dass Pflanzen schön aussehen oder gut duften würden (12%). Insgesamt 9% der Kinder fanden die Namen einzelner Pflanzen spannend.

Insgesamt 34% der Kinder gaben an, etwas Nützliches im Unterricht gelernt zu haben. Dabei wurde am häufigsten das Wissen über die Pflege (41%) und Anzucht (31%) von Pflanzen angegeben. In der Kategorie „Pflege" wurden Antworten wie „man muss sie regelmäßig gießen", „wie man sich kümmert" und „sie brauchen Wasser, Erde, Sonne etc." aufgenommen, während der Kategorie „Anzucht" Angaben wie „säen", „wie man eine Blume einpflanzt" oder „man braucht Samen" zugeordnet wurden.

Die Lehrpersonen wurden gebeten auf einer 5-stufigen Skala einzuschätzen, wie viel Prozent der Kinder in ihrer Klasse Fragen zu Pflanzen hatten. Während im Vortest eine Lehrperson der Testgruppe und zwei der Kontrollgruppe angaben, dass 50% der Kinder in der Klasse Fragen zu Pflanzen hätten, wählten die anderen 25%. Im Nachtest wählten bis auf eine Lehrperson der Testgruppe, die bei 25% blieb, alle anderen 50%. Sieben von neun Lehrpersonen gaben an, zur Gestaltung des Unterrichts echte Pflanzen verwendet zu haben, sechsmal wurden Fotografien bzw. Abbildungen genannt, vier Lehrkräfte setzten auch Bücher ein. Zum Lernzuwachs der Kinder durch Unterricht im Klassenzimmer machten zwei Lehrkräfte der Kontrollgruppe nähere Angaben (Tab. 14).

Tabelle 14: Angaben der Lehrpersonen der Kontrollgruppe zum Lernzuwachs zu Pflanzen durch den Unterricht (N = 2).

Klasse	Angaben
6	Die Kinder können Pflanzen benennen und wissen, wann sie blühen.
	Erleben die Natur bewusster, v.a. die Jahreszeiten
	Generell ist das Interesse geweckt und einige Kinder sind sensibilisiert für das Thema.
	Naturschutz fand besonderes Interesse.
8	Kennenlernen von Frühblühern
	Grundbauplan von Blütenpflanzen

Die Stundenprotokolle, die die Lehrpersonen zum Unterricht im Klassenzimmer führten, fielen trotz einheitlicher Vorlage sehr unterschiedlich aus, Zeitangaben waren häufig ungenau oder fehlten, sodass diese nicht vergleichbar waren. Daher wurden die Protokolle nicht weiter ausgewertet.

7.4.3 Schulgartenerfahrung

Die meisten Kinder gaben an, oft im Schulgarten gewesen zu sein (Abb. 56). Diese Antwortkategorie beinhaltete auch die Angaben „regelmäßig" oder „einmal die Woche". Ungefähr 30% der Kinder, die oft im Schulgarten gewesen waren, fanden dies angemessen, während Kinder, die eher selten im Schulgarten waren, gerne öfter gegangen wären ($F_{1,63}$ = 3.96, p = 0.051; Angemessen: M = 2.4 ± 0.013; Zu Selten: M = 2.0 ± 0.014 auf einer 3-stufigen Skala). Rund 54% der Kinder, die gerne öfter im Garten gewesen wären, wünschten sich signifikant mehr Unterricht zu Pflanzen, während 76% der Kinder, die oft genug im Garten waren, dies nicht wollten (df = 1, Chi-Quadrat-Wert = 5.64, p = 0.018). Fast alle Kinder (92%) gingen gerne in den Schulgarten. Die 8% der Kinder, die nicht so gerne in den Schulgarten gingen, nannten als Begründung organisatorische Gründe. Dies waren Angaben zum Beet, wenn die ganze Klasse gleichzeitig an einem Beet arbeitete und es dadurch zu Gedränge kam, oder Angaben zum Arbeiten in der Mittagshitze.

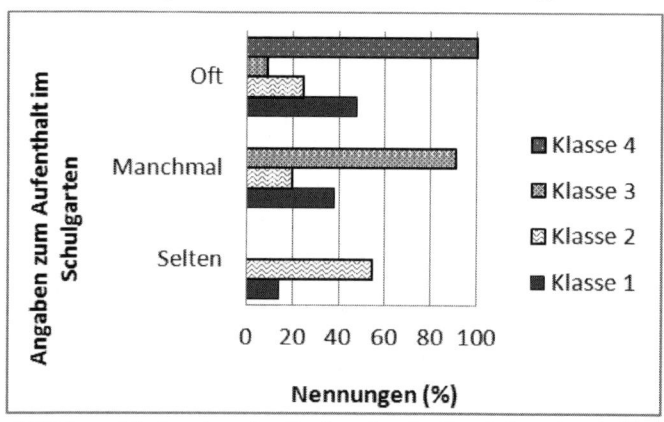

Abbildung 56: Angaben der Kinder über die Häufigkeit des Aufenthalts im Schulgarten auf einer 3-stufigen Skala im Vergleich der einzelnen Klassen (Klasse 1: N = 21 , Klasse 2: N = 20 , Klasse 3: N = 11, Klasse 4: N =13).

Die Frage, ob ihr Kind gerne in den Schulgarten geht, bejahten 91% der Eltern, 1% lehnte dies ab, 8% wussten es nicht oder machten keine Angabe. Insgesamt 77% der Eltern waren sicher, dass ihr Kind zuhause von der Schulgartenerfahrung erzählte, 12% verneinten dies, 11% waren nicht sicher oder machten keine Angabe.

Auf die Frage nach ihrer bevorzugten Tätigkeit im Schulgarten gaben die meisten Kinder pflegerische Tätigkeiten an (Abb. 57). In der Kategorie „Pflegerische Tätigkeiten" wurden Antworten wie „gießen", „Unkraut rausrupfen", „Erde lockern" und „im Beet arbeiten" zusammengefasst. Die Kategorie „Säen & Ernten" enthielt Antworten wie „Pflanzen einpflanzen", „Samen säen" und „Radieschen essen", die Kategorie „Pflanzen beobachten" Antworten wie „Blumen anschauen" oder „Pflanzen beobachten, wie die wachsen/sich entwickeln". Der Kategorie „Sonstiges" wurden individuelle Antworten wie z.B. „Spiele machen", „Tiere im Teich angucken" und Ähnliches zugeordnet.

7.4 Ergebnisse

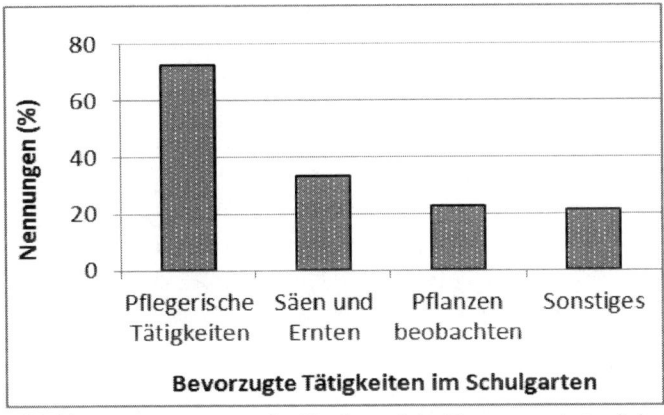

Abbildung 57: Antworten der Kinder auf die Frage, was sie im Schulgarten am liebsten tun, N = 66. Mehrfachantworten waren möglich. Die Kategorie „Sonstiges" enthielt individuelle Antworten wie „Spiele machen" oder Ähnliches.

Insgesamt 23% der Kinder gaben an, mit anderen Kindern zusammen ein Beet im Schulgarten zu pflegen. Insgesamt 56% der Eltern hatten sich das Beet ihres Kindes im Schulgarten zeigen lassen. Während 64% der Kinder ein Beet zu zweit bevorzugten, gaben 33% an, gerne ein Beet für sich alleine haben zu wollen, die übrigen 3% konnten sich nicht entscheiden. Die häufigste Begründung für ein Beet zu zweit war die Teamarbeit (64%). Dies waren Antworten wie „dann muss ich nicht alles alleine machen", „das geht schneller/leichter", „wenn ich mal nicht gießen kann, machen es die andern", aber auch Antworten wie „es macht mehr Spaß, mit Freunden zu teilen" oder „alle helfen mit" zusammengefasst. Die restlichen Kinder gaben individuelle Antworten oder machten keine Angabe. Als Begründung, warum sie gerne ein Beet für sich alleine hätten, nannten die Kinder am häufigsten die Entscheidungsfreiheit (32%). Dies waren Aussagen wie „man kann dann pflanzen, was man will, wo man will und wann man will" und „dann kann ich selber gießen". Auch Angaben von drei Kindern, die sich von den anderen gestört fühlten, wurden hier subsummiert, z.B. „die anderen laufen über unsere Sachen" oder „dann können die anderen nichts wegnehmen". Ansonsten gaben die Kinder individuelle Antworten oder konnten keine Begründung nennen. Fast die Hälfte der Kinder (44%) gab an, dass sie die Pflanzen für ihr Beet selbst auswählen konnten, etwas mehr als die Hälfte (54%) durften dies nicht und 2% konnten sich nicht mehr erinnern. Die Hälfte aller Kinder (54%) gab an, die für ihr Beet ausgesuchten Pflanzen hätten ihrer Wahl entsprochen, 36% hätten andere Pflanzen ausgewählt, 11% waren sich nicht sicher.

Dass sie im Schulgarten etwas Neues gelernt hätten, bestätigten 46% der Kinder. Insgesamt 49% hatten etwas Spannendes und 26% etwas Nützliches gelernt. Alle Angaben zeigten einen signifikanten Zusammenhang zu den Angaben zum Unterricht im Klassenzimmer: Wer angab, im MNK-Unterricht im Klassenzimmer etwas Neues, Spannendes oder Nützliches über Pflanzen gelernt zu haben, gab dies auch für den Schulgarten an und umgekehrt (Neues: df = 1, Chi-Quadrat-Wert = 6.62, p = 0.010; Spannendes: df = 1, Chi-Quadrat-Wert = 9.60, p = 0.002; Nützliches: df = 1, Chi-Quadrat-Wert = 16.69, p < 0.001). Die Zugehörigkeit zu einer Klasse zeigte einen Einfluss darauf, ob Kinder etwas spannend fanden oder nicht (df = 3, Chi-Quadrat-Wert = 7.35, p = 0.062). Auf die Frage, was sie Neues im Schulgarten gelernt hätten, nannten die meisten Kinder Wachstum und Entwicklung von Pflanzen (Abb. 58). In der Kategorie „Wachstum & Entwicklung" wurden Aussagen über das Wachstum, wie z.B. „dass eine Sonnenblume zwei Meter groß werden kann", aber auch Antworten zur Vermehrung von Pflanzen, z.B. „wo ein paar Samen sind", „für Kartoffeln braucht man keine Samen" oder „wie Samen überall hingehen können, wo der Wind sie hintreibt" sowie Angaben zu Pflanzenteilen, z.B. „der Stempel und die Blüten" sowie „die haben Wurzeln, um Wasser aufzusaugen" zugeordnet. In der Kategorie „Gärtnerische Tätigkeiten" wurden Antworten wie „Pflanzen pflegen", „Wasser geben" und „die Geräte" zusammengefasst. Die Kategorie „Tiere" beinhaltete Aussagen wie „man darf nicht zu tief buddeln, weil da viele Regenwürmer, Maulwürfe und Erdhummeln sind" oder „in der Blüte sind manchmal viele Tiere". Die Nennungen einzelner Pflanzen, z.B. Klatschmohn, Kartoffel oder Tulpe, wurden der Kategorie „Neue Arten" zugeordnet. Die Kategorie „Sonstiges" enthielt Angaben wie „das weiß ich von Opa", „dass man ohne Bäume nicht leben kann" oder „weiß nicht mehr".

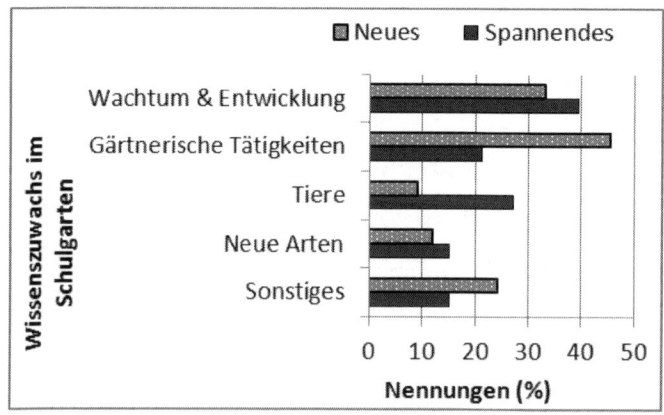

Abbildung 58: Angaben der Kinder auf die Frage, was sie im Schulgarten Neues (N = 33) oder Spannendes (N = 33) gelernt hätten. Mehrfachnennungen waren möglich. Die Kategorie „Sonstiges" enthielt „weiß nicht" oder individuelle Antworten.

Den Zuwachs an Wissen durch den Schulgarten bestätigten 64% Eltern, 11% verneinten dies, 25% waren sich nicht sicher oder machte keine Angabe. Als Beispiel für den Lernzuwachs wurden u.a. die Artenkenntnis, der Aufbau und das Wachstum von Pflanzen, die Beetpflege mit entsprechenden Geräten so-

7.4 Ergebnisse

wie Kenntnisse über gute und schlechte Nachbarn im Beet genannt. Wurden die Antworten *weiß nicht* und *nein* zu einer Kategorie aggregiert, ergab sich ein signifikanter Zusammenhang zwischen den Angaben zum Lernzuwachs im Schulgarten und im Klassenzimmer: Eltern, die überzeugt waren, dass ihr Kind beim Unterricht im Klassenzimmer etwas Neues gelernt hatte, gaben dies auch für den Schulgarten an (df = 1, Chi-Quadrat-Wert = 12.76, p < 0.001).

Auf die Frage, was für sie spannend im Schulgarten war, gaben die meisten Kinder das Wachstum oder die Entwicklung von Pflanzen an (Abb. 59). Die Kategorie „Wachstum & Entwicklung" enthielt Antworten wie „wie groß die werden können", „ich finde es immer spannend, wenn wir was pflanzen, wie die dann rauskommt und wie viele Blätter die dann hat", „bei Radieschen und Kürbissen werden aus kleinen Samen große Kugeln" oder „wenn der Feldsalat blüht". In der Kategorie „Tiere" waren Aussagen zu Löchern von Wühlmäusen im Beet, Regenwürmer, die beim Lockern der Erde auffielen oder einer „Ameisenspur in der Kräuterspirale" zusammengefasst. Der Kategorie „Gärtnerische Tätigkeiten" wurden Angaben wie „Blumen gießen", „Rasen mähen" oder „wenn da ein Blatt bei der Tomate wächst, macht man das dann weg [ausgeizen]" zugeordnet. Individuelle Angaben, wie z.B. „die Naturgalerie", „habe mich an einer Rose geschnitten" oder „weiß nicht" wurden in der Kategorie „Sonstiges" subsummiert.

Ein Viertel der Kinder (26%) hatte im Schulgarten etwas Nützliches gelernt. Am häufigsten wurden dabei Wachstum und Entwicklung oder gärtnerische Tätigkeiten benannt. Antworten zu „Wachstum & Entwicklung" waren z.B. „die brauchen Wasser" oder „die brauchen Sonne und Erde". Bei den gärtnerischen Tätigkeiten beschrieben die Kinder, wie man sich um Pflanzen kümmert, Unkraut zupft oder Kletterhilfen befestigt. Wenige Kinder nannten einzelne Arten, z.B. Rosmarin oder Margerite, oder gaben individuelle Antworten.

Drei Lehrkräfte bescheinigten den Kindern einen Lernzuwachs durch Schulgartenerfahrung, die vierte fand dies schwierig zu beurteilen (Tab. 15).

Tabelle 15: Angaben der Lehrpersonen der Testgruppe zum Lernzuwachs durch Schulgartenerfahrung (N = 4).

Klasse	Angabe
1	Kenntnis einzelner Pflanzenteile
	Vermehrung durch Stecklinge
	Was Pflanzen zum Wachsen brauchen
	Pflanzen als Grundlage einer richtigen Ernährung (Verarbeitung bzw. haltbar machen von Pflanzen)
2	Kenntnis von Pflanzenarten
	Pflanzen im Jahreslauf
	Gartenpflege
	Umgang mit Gartengeräten
	Verständnis für botanische Zusammenhänge
3	Schwierig zu beurteilen, da viele zu Hause einen Garten haben und dort mitarbeiten, daher kennen sie bereits viele Nutzpflanzen
4	Erkennen von Pflanzen an den Blättern bzw. Blüten
	Unterscheiden von Beetpflanzen und Unkraut
	Kenntnisse über Schädlinge und deren Bekämpfung
	Welche Pflanzen passen zusammen
	Jahreskreislauf und Auswirkungen auf Pflanzen

Die Frage, ob ihnen etwas im Schulgarten nicht gefallen hätte, verneinten 74% Kinder. Von den 32% der Kinder, die etwas gestört hatte, wurden entsprechende Verbesserungsvorschläge gemacht. Am häufigsten fühlten sich die Kinder von Tieren gestört. Dies waren vor allem Ekeltiere wie Würmer oder Schnecken, die die Kinder bei der Beetarbeit fanden. Mehrere Kinder beschwerten sich über das immer wieder nachwachsende „Unkraut", anderen war das Arbeiten in der Mittagshitze zu anstrengend, weshalb sie für einen früheren Beginn der Garten-AG plädierten.

Die Kinder wurden gebeten, die Schulgartenerfahrung mit einem Smiley zu bewerten. Insgesamt 83% der Kinder bewerteten die SGE „gut", 17% entscheiden sich für „geht so". Rund 27% der Kinder, die angaben, im Schulgarten nichts Spannendes gesehen oder erlebt zu haben, bewerteten signifikant häufiger die Schulgartenerfahrung mit *geht so*, während 94% der Kinder, die etwas Spannendes entdeckt hatten, den Schulgarten mit *gut* bewerteten (df = 1, Chi-Quadrat-Wert = 5.32, p = 0.021). Als Begründung für die gute Bewertung der Schulgartenerfahrung nannten die Kinder etwa gleichhäufig die selbsttätige Arbeit im Garten (40%) sowie Spaß und Freude am Aufenthalt im Garten (38%). Einige Kinder fanden den Garten einfach schön (18%), andere bewerteten positiv, dass man im Garten viel über Pflanzen lernen könnte (12%). Wenige Kinder konnten ihre Bewertung nicht begründen. Bei der

7.4 Ergebnisse

Bewertung *geht so* wiederholten die Kinder ihre Antworten, die sie bereits auf die Frage, was ihnen im Garten nicht gefällt, gegeben hatten. Dies waren vor allem organisatorische Probleme (8%) oder gärtnerische Tätigkeiten (8%), wie z.B. „Unkraut zupfen".

Während 36% der Eltern davon überzeugt waren, dass ihr Kind sich durch die Schulgartenerfahrung verändert hatte, konnten 39% keine Veränderung feststellen und 25% waren nicht sicher oder machten keine Angabe. Die von den Eltern genannten Veränderungen bezogen sich vor allem auf ein gestiegenes Interesse an Pflanzen und der Natur durch die Schulgartenerfahrung. Zudem beteiligten sich die Kinder mit mehr Freude an der Pflege von Pflanzen zuhause (Tab. 16).

Tabelle 16: Antworten der Eltern zur Veränderung ihres Kindes durch die Schulgartenerfahrung. Mehrfachnennungen waren möglich, N = 22.

Veränderung durch Schulgartenarbeit	Nennungen
Mehr Interesse für Pflanzen/an der Natur	9
Beschäftigt sich mit Blumen (einpflanzen, gießen, pflegen)	4
Hat mehr Spaß an der Gartenarbeit	4
Hilft gerne zuhause beim Pflanzen/im Garten mit	3
Wissen hat zugenommen	2
Thema Garten war präsenter	2
Mein Kind ist noch ausgeglichener	1
Gesamt	**25**

Die meisten Eltern (88%) fanden die Schulgartenerfahrung für die Klassenstufe sehr gut geeignet, 5% fanden es nur mäßig geeignet, 1% entschied sich für wenig geeignet, 6% machten keine Angabe. Insgesamt 19 Eltern von Kindern mit Schulgartenerfahrung gaben eine individuelle Rückmeldung. Die Eltern standen dem Projekt sehr positiv gegenüber und waren sicher, dass ihr Kind mit viel Freude teilgenommen hat. Viele wünschen sich Schulgartenerfahrung für alle Kinder, da die Möglichkeit, Wissen durch eigenes Handeln zu erwerben von den Eltern als sehr wichtig eingeschätzt wurde. Die Eltern waren sicher, dass im Schulgarten erworbenes Wissen einprägsamer und fundierter war als das Lernen im MNK-Unterricht. Insgesamt gab es keine negativen Aussagen.

Tabelle 17: Auf die Frage nach den Vor- bzw. Nachteilen des Lernens im Schulgarten nannten die Lehrerinnen alle mindestens zwei Vorteile, Nachteile nannte eine Lehrerin. Dies waren ausschließlich organisatorische Schwierigkeiten.

Klasse	Vorteile	Nachteile
1	Grundkenntnis über unsere Umwelt Artenkenntnis Pflege von Pflanzen	Probleme beim Gießen Keine Unterstützung im Kollegium Wenig Zeit
2	Gemeinschaftserlebnis Bezug zur Natur Freude daran, etwas Wachsen zu sehen Erfahrung: Wer ernten will, muss auch etwas dafür tun. Bewussteres Naturerleben	Keine Angabe
3	Die gemeinsame Arbeit hat das Klassenklima verbessert. Vor allem die Jungen haben sich auf die Gartenarbeit gefreut. Die Arbeit war ihnen wichtiger als das Ernten bzw. Setzen von Pflanzen.	Es gibt meiner Meinung nach keine Nachteile.
4	Lernen mit Kopf, Herz und Hand Soziales Lernen Verantwortungsbewusstsein	keine

Die Möglichkeit einer kurzen Abschlussbemerkung nutzten zwei Lehrerinnen. Dabei gab die eine an, es habe den Kindern Spaß gemacht, im Schulgarten zu sein. Die andere Lehrerin bemerkte, dass die Kinder sich mehr für die Tiere interessierten, die beim Umgraben und Jäten auftauchten. Zudem bevorzugten die Jungen das Wegfahren der Gartenabfälle mit der Schubkarre vor der Arbeit am Beet.

7.4.4 Einschätzung der Eltern und Lehrpersonen

Die Eltern schätzten das Interesse ihrer Kinder an Pflanzen ihrem eignen ähnlich ein: Je mehr sie sich selbst für Pflanzen interessierten, desto höher schätzten sie auch das Interesse ihres Kindes an Pflanzen ein ($r = 0.25$, $F_{1,119} = 7.85$, $p = 0.006$; Interesse des Kindes: $M = 3.4 \pm 0.08$; Interesse der Eltern: $M = 3.4 \pm 0.07$ auf einer 5-stufigen Likert-Skala). Die Angaben der Eltern zum Interesse an Pflanzen hing signifikant mit dem Geschlecht ihrer Kinder zusammen: Eltern von Mädchen gaben signifikant häufiger an, dass sich ihr Kind für Pflanzen interessiert als Eltern von Jungen ($F_{1,121} = 4.57$, $p = 0.035$; Mädchen: $M = 3.5 \pm 0.95$; Jungen: $M = 3.2 \pm 0.13$ auf einer 5-stufigen Likert-Skala). Die Eltern der Testgruppe gaben an, dass ihr Kind *oft* Fragen zu Pflanzen stellen würde, während die Eltern der Kontrollgruppe eher die Kategorie *selten* oder *nie* wählten. Die Unterschiede waren signifikant ($F_{1,121} = 6.92$, $p = 0.055$; Eltern der Testgruppe: $M = 3.2 \pm 0.09$; Eltern der Kontrollgruppe:

M = 2.9 ± 0.1 auf einer 5-stufigen Likert-Skala). Die gleichen Kategorien wählten die Eltern der Kontrollgruppe auch zur Häufigkeit von Gesprächen über Pflanzen: Sie gaben an, *nie* oder *selten* mit ihren Kindern über Pflanzen zu reden, während Eltern der Kinder mit Schulgartenerfahrung signifikant häufiger die Kategorien *gelegentlich* oder *oft* wählten ($F_{1,120}$ = 6.92, p = 0.010; Eltern der Testgruppe: M = 3.1 ± 0.08; Eltern der Kontrollgruppe: M = 2.8 ± 0.1 auf einer 5-stufigen Likert-Skala). Die Eltern von Mädchen gaben signifikant häufiger an, dass ihr Kind mit ihnen über Pflanzen sprechen würde, als die Eltern von Jungen ($F_{1,121}$ = 5.06, p = 0.020; Mädchen: M = 3.1 ± 0.09; Jungen: M = 2.7 ± 0.1 auf einer 5-stufigen Likert-Skala). Je mehr Interesse die Eltern selbst an Pflanzen hatten, desto häufiger sprachen sie nach eigenen Angaben auch mit ihren Kindern über Pflanzen (r = 0.38, $F_{1,118}$ = 19.34, p < 0.001).

Lehrpersonen der Test- und Kontrollgruppe schätzten das Interesse der Kinder an Pflanzen im Nachtest insgesamt höher ein als im Vortest (Mit SGE: Vortest M = 2.8 ± 0.49, Nachtest: M = 3.0 ± 0.41; Ohne SGE: Vortest M = 3.0 ± 1.00, Nachtest M = 3.7 ± 0.03 auf einer 5-stufigen Likert-Skala). Im Nachtest bestätigen Lehrpersonen beider Gruppen, dass die Kinder mehr Fragen zu Pflanzen haben als vorher (Mit SGE: Vortest M = 2.4 ± 0.26, Nachtest M = 2.5 ± 0.29; Ohne SGE: Vortest M = 2.8 ± 0.25, Nachtest M = 3.0 ± 0.00 auf einer 5-stufigen Likert-Skala). Nach den Angaben der Lehrkräfte der Testgruppe steigerte die Schulgartenerfahrung sowohl das Frageverhalten zu Pflanzen als auch das Interesse der Kinder an Pflanzen mehr als der Unterricht im Klassenzimmer (Tab. 18).

Tabelle 18: Angaben der Lehrpersonen zur Menge botanischer Fragen und dem Interesse an Pflanzen im Unterricht (MNK) und zur Zunahme von Fragen bzw. des Interesses durch den Unterricht (MNK, N = 7) bzw. die Schulgartenerfahrung (SGE, N = 4) im Nachtest. Als Antwortmöglichkeit stand eine 5-stufige Likert-Skala zur Verfügung (Fragen bzw. Interesse im MNK: 1 = 0%, 2 = 25%, 3 = 50%, 4 = 75%, 5 = 100%; Mehr Fragen bzw. Mehr Interesse: 1 = gar nicht, 2 = kaum, 3 = mittelmäßig, 4 = ziemlich, 5 = außerordentlich).

	Mit SGE	Ohne SGE	Gesamt
Fragen im MNK	M = 2.5 ± 0.29	M = 3.0 ± 0.00	M = 2.8
Mehr Fragen durch MNK	M = 3.0 ± 0.41	M = 3.0 ± 0.58	M = 3.0
Mehr Fragen durch SGE	M = 3.8 ± 0.63		M = 3.8
Interesse im MNK	M = 3.0 ± 0.41	M = 3.7 ± 0.03	M = 3.4
Mehr Interesse durch MNK	M = 3.0 ± 0.41	M = 3.0 ± 0.58	M = 3.0
Mehr Interesse durch SGE	M = 3.3 ± 0.48		M = 3.3

Der Unterricht im Klassenzimmer führte in der Testgruppe zu mehr Fragen, Lehrkräfte der Kontrollgruppe schätzten die Menge der Fragen gleichbleibend ein. Nach Einschätzung der Lehrkräfte der Kontrollgruppe war nicht der MNK-Unterricht der Auslöser dafür, dass die Kinder mehr Fragen oder mehr Interesse an Pflanzen hatten.

7.5 Diskussion

Vor allem, wenn den Kindern zuhause ein Garten zur Verfügung stand, gingen sie nach den Angaben ihrer Eltern jeden Tag nach draußen. Die kleinen Abweichungen bei den Zeitangaben von Eltern und Kindern lassen sich mit dem Alter der Kinder erklären: Manche Kinder hatten noch Schwierigkeiten, die zeitliche Abstufung zwischen den Aussagen *„manchmal"* und *„oft"* zu erfassen und verwendeten diese synonym (Grunert & Krüger 2012, 38). Die meisten Kinder spielten in ihrer Freizeit oder fuhren Fahrrad bzw. Inline-Skater, nur wenige beschäftigten sich mit Pflanzen.

Kinder mit Schulgartenerfahrung lesen nach der Angabe ihrer Eltern öfter Bücher oder Kinderzeitschriften über Pflanzen als Kinder der Kontrollgruppe. Die Beschäftigung mit Pflanzen im Schulgarten motiviert die Kinder offensichtlich, sich häufiger mit Pflanzen zu beschäftigen und dabei Bücher bzw. Zeitschriften als Medium zu nutzen (Berck & Klee 1992, 1995). Da es nicht so viele Filme oder PC-Spiele gibt, bei denen es ausschließlich um Pflanzen geht, war hierzu kein Zusammenhang erkennbar. Dass die meisten Kinder angaben, keinen Zugang zu einem PC zu haben, kann mit dem Alter der Kinder erklärt werden (Gatt et al. 2007). Insgesamt bewerteten Eltern das Interesse ihres Kindes entsprechend ihrem eigenen: Je mehr Interesse sie selbst hatten, desto größer schätzten sie auch das Interesse des Kindes ein und desto häufiger redeten sie mit ihrem Kind über Pflanzen. Kinder mit Schulgartenerfahrung hatten mehr Fragen zu Pflanzen und redeten zu Hause häufiger mit ihren Eltern über Pflanzen als Kinder ohne diese Erfahrungen. Dass Schulgartenerfahrung einen Einfluss auf das Elternhaus hat, zeigte sich in der Zusammenfassung von Blair (2009, 21), die sieben qualitative Studien zu Schulgartenarbeit bei Grundschulkindern verglich: Die Kinder beziehen ihre Eltern in ihre Erfahrungen im Schulgarten mit ein, wodurch die Eltern mehr in das Schulgeschehen involviert werden.

Nach Aussagen der Eltern, beschäftigen sich mehr Mädchen in ihrer Freizeit mit Pflanzen als Jungen. Dabei handelt es sich häufig um pflegerische Tätigkeiten wie gießen oder Ähnliches. Auch andere Untersuchungen zeigten, dass sich vor allem Mädchen bzw. Frauen um Pflanzen kümmern, wobei die Pflanzenpflege vor allem bei Frauen positiv mit umweltbewusstem Verhalten korreliert war (Gebhard 2009, 204). Dass das Interesse an Pflanzen bei Mädchen insgesamt größer ist als bei Jungen ist bereits häufig nachgewiesen worden (Bögeholz 1999; Lindemann-Matthies 2002a; Dietze et al. 2005;

7.5 Diskussion

Pohl 2006; Fancovicova & Prokop 2011). Es ist eine logische Konsequenz daraus, dass Mädchen sich in ihrer Freizeit häufiger mit Pflanzen beschäftigen, diese spannender finden, mehr Formenkenntnis besitzen und sich häufiger mit ihren Eltern über Pflanzen unterhalten als Jungen. Fancovicova & Prokop (2011) erklären sich diese Vorliebe für Botanik bei Frauen aus der Perspektive der Evolution: Während die Frauen auf der Suche nach Nahrung Pflanzen bzw. Früchte sammelten und dabei folglich Kenntnisse über Pflanzen erwarben, gingen die Männer eher auf die Jagd.

Die meisten Kinder bewerten den Unterricht zu Pflanzen positiv und einige würden sich auch öfter Unterricht zu Pflanzen wünschen. Fast alle Kinder bevorzugen Unterricht mit echten Pflanzen, weil sie diese als ästhetisch schöner empfinden und sie mit allen Sinnen erkunden können. Die Kinder finden den Unterricht vor allem dann interessant, wenn sie selbst tätig werden können. Dies bestätigt die Aussage von Hartinger (1995), dass Grundschulkinder Interesse vor allem durch eigene Aktivität definieren. Den Kindern macht Unterricht zu Pflanzen Spaß, weil sie gerne etwas über Pflanzen lernen. Dies bestätigt einerseits die Ergebnisse von Goller (2002), die zeigten, dass zwei Drittel der befragten Schülerinnen und Schüler gerne mehr über Pflanzen wissen wollten, andererseits die Befunde früherer Studien, die Kinder dieser Altersstufe noch ein großes Interesse an Pflanzen bescheinigen (Löwe 1992; Gehlhaar et al. 1998; Killermann et al. 2011).

Je mehr Zeit des Unterrichts auf botanische Themen verwendet wurde, desto besser gefiel den Kindern der Unterricht zu Pflanzen. Dabei fiel es den Kinder mit Schulgartenerfahrung zum Teil schwer, zwischen dem Unterricht im Klassenzimmer und dem Schulgartenunterricht zu differenzieren, da häufig im Klassenzimmer für den Schulgarten vor- bzw. nachgearbeitet wurde (z.B. Aussaat, Vorkultur oder Verwertung der Ernte) oder Themen aus dem Schulgarten im Unterricht aufgegriffen und weiter ausgeführt wurden. Dies geht auch aus den Angaben zum Inhalt des botanischen Unterrichts hervor: Fast die Hälfte der Kinder mit Schulgartenerfahrung nannten Inhalte, die sich auf Tätigkeiten oder Ereignisse im Schulgarten bezogen. Den Kindern ist die eigene Erfahrung im Schulgarten offensichtlich präsenter als der Unterricht im Klassenzimmer. Dies wird auch von den Eltern wörtlich so bestätigt. Daher gaben auch die Kinder mit Schulgartenerfahrung häufiger an, etwas Neues, vor allem neue Arten, im Unterricht gelernt zu haben, als Kinder ohne diese Erfahrungen. Spannend fanden die Kinder beider Gruppen vor allem das Wachstum und die Entwicklung von Pflanzen. Die Kinder lassen sich demnach vor allem von diesem Thema faszinieren. Als nützliches Wissen bewerten die Kinder die Pflege von Pflanzen, z.B. das regelmäßige Gießen, aber auch die Anzucht wie Aussäen oder Einpflanzen. Nur Kinder mit Schulgartenerfahrung werteten auch die Kenntnis von Arten als nützlich. Dass sie den Wert von Artenkenntnis zu schätzen lernen, zeigt, dass Schulgartenerfahrung das Interesse an Pflanzen und ihren Namen steigern kann. Den Angaben der Kinder zufolge war der Unterricht in der Kontrollgruppe methodisch abwechslungsreicher als in der Testgruppe. Dies erklärt einerseits, warum sich die Kinder der Kontrollgruppe häufiger Unterricht zu Pflanzen wünschten, da es ihnen Freude gemacht hätte, und andererseits deckt sich dies mit den Befunden von Klein (1990), dass die Art und Weise des Unterrichts das Interesse am Unterricht über Pflanzen bestimmt. Bei zwei Lehrerkräften der Kontrollgruppe trat ein sog. *John Henry Effect* (Phipps & Merisotis 1999) auf: Sie fühlten sich durch die Untersuchung in eine Wettbewerbssituation versetzt und unterrichteten enthusiastischer botanische Themen als sie es unter normalen Umständen getan hätten.

Die Lehrkräfte beider Gruppen bestätigten einen Anstieg der Fragen zu Pflanzen im MNK-Unterricht vom Vor- zum Nachtest. Die Lehrkräfte der Testgruppe bestätigen zudem, dass durch die Schulgartenerfahrung sowohl das Frageverhalten als auch das Interesse der Kinder an Pflanzen anstieg. Dies unterstützt die Annahme von Gatt et al. (2007), dass Kinder, die einmal begonnen haben, sich für Pflanzen zu interessieren, viele Fragen dazu entwickeln. Den Kinder mit Schulgartenerfahrung ist insgesamt das Thema Pflanzen präsenter, was dadurch belegt wird, dass sie sich häufiger daran erinnern können, im Unterricht über Pflanzen gesprochen zu haben, als Kinder der Kontrollgruppe. Dies unterstützt die Annahme von Goller (2002), dass das Lernen in einem lebensweltlichen Kontext das Interesse an Pflanzen steigern kann. Dass die Lehrkräfte der Testgruppe im Nachtest weniger Zeit des Sachunterrichts auf botanische Themen verwendeten, mag daran liegen, dass sie die Beschäftigung der Kinder im Schulgarten mit Pflanzen ausreichend fanden und die Zeit im Klassenzimmer weitere Themenfelder des Sachunterrichts unterrichteten.

Fast alle Kinder gingen gern in den Schulgarten, weil es ihnen im Garten gefällt und weil sie da etwas Neues über Pflanzen lernen können (vgl. auch Klingenberg & Rauhaus 2005). Einige Kinder gaben an, dass es besonders schön im Garten ist, weil sie dort machen durften, was sie wollten. Dieses Gefühl der Autonomie steigert die Lernfreude und erfüllt eine Grundvoraussetzung für das Entstehen von Interesse (Dillon et al. 2006; Vogt 2007). Einige Kinder empfanden den Aufenthalt im Schulgarten entspannender als den Unterricht im Klassenzimmer, da sie selbst aktiv werden durften (Gudjons 2008). Aussagen wie „wir mussten mal nichts lernen" zeigt, dass die Kinder das Lernen im Schulgarten nicht als Last empfinden. In einer Befragung von White & Pyle (2009) gaben insgesamt 11% der 690 befragten Grundschullehrkräfte an, dass Schulgartenerfahrung das Lernen der Kinder verbessern würde. Dies bestätigten auch die Lehrkräfte in der Befragung von Klingenberg & Rauhaus (2005).

7.5 Diskussion

Die meisten Kinder übernehmen im Schulgarten besonders gerne pflegerischen Tätigkeiten, wie z.B. gießen, Unkraut zupfen oder gärtnern. Auch in der Untersuchung von Klemm (1974) nannten die Kinder der 2. Klassen am häufigsten gießen als von ihnen ausgeführte Tätigkeit beim Pflegen von Pflanzen. Auch das Lockern des Bodens wurde häufig genannt. Man kann davon ausgehen, dass in diesem Zusammenhang auch die dabei verwendeten Geräte impliziert sind. Einige Kinder bewerteten die Arbeit mit Gartengeräten besonders positiv, da sie dies zuhause nicht dürfen. Sie erwähnen ausdrücklich, dass sie im Schulgarten Dinge tun durften, die man ihnen zu Hause nicht gestattete. Dies bestätigt auch die Angabe einer Lehrerin, dass vor allem die Jungen großes Interesse an den Gartengeräten gezeigt hätten. Auch Rasenmähen wurde von einigen Kindern als ganz besonders reizvoll eingestuft. Die Kinder fühlten sich ernst genommen und kompetent, wenn sie Geräte nutzen durften, die sonst Erwachsenen vorbehalten bleiben. Hier wird Kompetenzerleben als ein Teilbereich der „*basic needs*" erfüllt (Deci & Ryan 1993; Vogt 2007).

Das Durchführen von Naturerfahrungsspielen oder künstlerische Zugangsweisen wie z.B. die Naturgalerie, bei der bevorzugte Pflanzen mit selbst gebastelten Holzrahmen eingerahmt werden, wird von den Kindern sehr gut bewertet (vgl. auch Lindemann-Matthies 2002). Gerade das sinnliche Erleben der Natur und des Naturschönen kann Staunen über die Natur fördern und so Interesse wecken (Birkenbeil 1999; Wittkowske 2001, 89).

Viele Kinder bevorzugen ein Beet zu zweit, da die Arbeit im Team leichter und schneller geht. Außerdem macht es mehr Freude, mit anderen ein Beet zusammen zu betreuen. Die Kinder trainieren somit Teamfähigkeit und erkennen den Mehrwert der gemeinsamen Arbeit (Blair 2009; Passy et al. 2010). Die Kinder fühlen sich sozial eingebunden, womit eine weitere Voraussetzung für die Entstehung von Interesse erfüllt wird (Deci & Ryan 1993; Vogt 2007). Knapp die Hälfte der Kinder konnte die Pflanzen für das Beet selbst aussuchen und war mit der Wahl zufrieden, die übrigen hätten lieber etwas anderes gepflanzt. Durch mehr Auswahl bei den Pflanzen könnte das Autonomieerleben der Kinder noch gesteigert werden. Für Kinder ist es besonders interessant, einen eigenen Beetbereich zu besitzen und die Bepflanzung individuell zu gestalten (Birkenbeil 1999, 22).

Im Vergleich zu der Bewertung des Lernzuwachses durch Unterricht gaben signifikant mehr Kinder an, im Schulgarten etwas Neues, Spannendes und Nützliches über Pflanzen gelernt zu haben. Dies waren vor allem gärtnerische Tätigkeiten, gefolgt von Wissen über Wachstum und Entwicklung von Pflanzen. Vor allem Letzteres fanden die Kinder faszinierend, z. B. dass „aus kleinen Kugeln große Kürbisse werden können". Gerade das Wachstum ist in dieser Altersgruppe von besonderem Interesse: Die Kinder befinden sich selbst in einer Phase des Wachstum, häufig werden sie von Erwachsenen darauf angesprochen, wie groß sie geworden seien. Das Beobachten von pflanzlichem Wachstum ist insofern eine besondere Lernchance, um Basiswissen über Lebewesen zu erlangen (Gatt et al. 2007). Die Kinder nannten ebenfalls Tiere, über die sie etwas Spannendes entdeckt haben. So hatten die Kinder z.B. Insekten an ihren Pflanzen beobachtet oder beim Lockern der Erde Regenwürmer entdeckt. Auch Maulwürfe, die Nacktschnecken fraßen und diese so vom Salat abhielten, weckten die Neugier. Die Kinder erhalten hier erste Einblicke in ökologische Zusammenhänge und Nahrungsnetze. Die Gartentätigkeit zeigt zudem ein Problemfeld auf, das sich auch im Zusammenhang mit „Unkraut" stellt: „einerseits bewahren, fördern, schützen, retten, andererseits nützen, unterdrücken, ausreißen, töten" (Birkenbeil 1999, 18). Der Garten kann hier ein Modell für die Beziehung von Mensch und Natur werden (ebd.).

Viele Kinder gaben an, dass sie im Schulgarten nützliches Wissen über die Pflege von Pflanzen erworben hätten. Da Pflanzenpflege positiv mit umweltbewussten Einstellungen korreliert, ist hier ein erster Schritt in die richtige Richtung getan (Gebhard 2009, 204). Dies deckt sich mit den Befunden der Befragung von englischen Grundschullehrkräften (N = 690) zu den Benefits von Schulgartenerfahrung: Insgesamt 60% bestätigten die Zunahme des Umweltbewusstseins bei den Kindern, 12% nannten zudem die Ausbildung gärtnerischer Fähigkeiten (White & Pyle 2009). Wenn Kindern etwas im Schulgarten nicht gefiel, bezog sich das häufig auf Tiere, vor denen sie sich geängstigt oder geekelt hatten (vgl. auch Dillon et al. 2006). Kinder können lernen, Angst oder Ekel vor Tieren auszuhalten, in dem ihnen ohne direkten Kontakt z.B. im Klassenzimmer sachliche Informationen über die Tiere und ihren Nutzen bzw. ihre Lebensweise zur Verfügung gestellt werden. Durch diese stellvertretende Erfahrung kann Neugier und Faszination geweckt werden, die beim Überwinden von Angst und Ekel hilft (Gebhard 2009, 191ff).

Fast alle Eltern bestätigten, dass ihr Kind gern in den Schulgarten ging, und von seinen Erfahrungen aus dem Schulgarten zuhause berichtete. Mehr als die Hälfte der Eltern haben sich das Beet ihres Kindes im Schulgarten zeigen lassen. Dies bestätigt die Angaben von englischen Lehrkräften, dass Eltern durch die Schulgartenerfahrung der Kinder in das Schulleben involviert werden (Blair 2009; White & Pyle 2009). Etwas mehr als ein Drittel der Eltern gab an, ihr Kind habe sich durch den Schulgarten verändert. Am häufigsten wurden das gestiegene Interesse an Pflanzen und der Natur im Allgemeinen, aber auch die Freude an Gartenarbeit genannt. Die Eltern sind sich sicher, dass ihr Kind durch die eigene Erfahrung mit Pflanzen im Schulgarten transferfähiges Wissen erworben hat, und wünschen sich diese Möglichkeit der Primärerfahrung für alle Kinder. Die in der Studie von White & Pyle (2009) befragten Grundschullehrerinnen und -lehrer (N = 675) gingen sogar

7.5 Diskussion

noch weiter: 72% der Befragten stimmten der Aussage, dass jedes Kind ein Recht auf Schulgartenerfahrung hätte, zu.

Die Lehrpersonen sahen bezogen auf das Lernen der Kinder nur Vorteile in der Schulgartenerfahrung. Die einzigen Nachteile, die eine Lehrerin nannte, bezogen sich auf die Organisation im Schulalltag (z.B. wenig Unterstützung im Kollegium oder Probleme mit dem Gießen der Pflanzen in den Ferien). Auch in der Erhebung von Alisch (2008,110) gaben 13% der befragten Lehrpersonen an, dass sie den Schulgarten an der Schule alleine betreuen würden (vgl. auch Dillon et al. 2006). Um die Schulgartennutzung zu erleichtern, sollte die Betreuung auf möglichst viele Schultern verteilt werden. Geeignete Vorschläge zur Umsetzung finden sich z.B. bei Pappler & Witt (2001), die eine bessere Verortung im Schulcurriculum vorschlagen. Die Lehrpersonen bestätigten den Wissenszuwachs der Kinder sowohl im kognitiven als auch im emotionalen und sozialen Bereich. Neben Formenkenntnissen, Kulturtechniken und botanischem Grundwissen wurden auch Verantwortungsbewusstsein, Teamarbeit sowie Nachhaltigkeit und Respekt vor der Natur vermittelt. Ähnliche Angaben machten auch die befragten Lehrkräfte in England (White & Pyle 2009). Diese Ergebnisse decken sich mit den in der Untersuchung von Alisch (2008, 114) genannten Zielen für Schulgartenarbeit: Unabhängig vom Geschlecht nannten die Lehrpersonen die Übernahme von Verantwortung, das Lernen von Kulturtechniken, die Umsetzung sozialer und integrativer Ziele sowie den Einsatz für den Artenschutz.

Insgesamt lässt sich festhalten, dass durch die Schulgartenerfahrung beste Voraussetzungen geschaffen wurden, um das vorhandene Interesse an Pflanzen zu erhalten bzw. zu steigern. Alle angeborenen „*basic needs*" wie Autonomie, Kompetenzerleben und soziale Eingebundenheit konnten durch die Schulgartenerfahrung befriedigt werden (Deci & Ryan 1993; Vogt 2007). Die Aussagen der Kinder, Eltern und Lehrpersonen belegen, dass die Kinder im Schulgarten Wissen im aktiven, selbstgesteuerten, konstruktiven, emotionalen, situativen und sozialen Kontext erworben haben (Reinmann & Mandl 2006). Der Schulgarten als authentischer Lernort kann somit alle Anforderungen an eine moderat-konstruktivistische Lernumgebung erfüllen, um so die Kluft zwischen Wissen und Handeln zu schließen und anschlussfähiges Lernen zu ermöglichen.

8 Fazit und Ausblick

Die Ergebnisse der Studie zeigen deutlich, dass Schulgartenerfahrung die Fähigkeit, pflanzliche Vielfalt wahrzunehmen erhöht. Kinder, die im Schulgarten eigene Erfahrungen mit Pflanzen machen konnten, fanden artenreiche Arrangements attraktiver und bewerten sie entsprechend besser. Ihre Bewertungen begründeten sie häufig mit der Vielfalt der Arten in den Wiesenarrangements. Durch die Schulgartenerfahrung hat sich die Formenkenntnis der Kinder deutlich gesteigert und ihr Pflanzenbegriff hat sich um die Nutzpflanzen erweitert. Die außerordentliche Merkfähigkeit von Grundschulkindern wird allerdings noch nicht ausreichend genutzt. Dabei stellt gerade die Grundschulzeit eine sensible Phase zum Kennenlernen von Arten dar, da bei Kindern dieser Altersstufe einerseits eine hohe Merkfähigkeit vorhanden ist und andererseits das Interesse an Pflanzen noch groß ist (Berck & Klee 1995).

Nach den Angaben der Lehrpersonen und Eltern hat die Schulgartenerfahrung das Interesse an Pflanzen nachdrücklich gesteigert: Die Kinder hatten mehr Fragen zu Pflanzen und redeten häufiger zuhause darüber. Die Kinder gaben an, dass sie im Schulgarten Neues, Spannendes und Nützliches über Pflanzen gelernt haben. Sie erlebten sich im Schulgarten als kompetent und autonom und lernten die Arbeit im Team zu schätzen. Schulgartenerfahrung kann somit die *„basic needs"* befriedigen und die Grundvoraussetzung für die Entstehung von Interesse an Pflanzen schaffen (Deci & Ryan 1993; Vogt 2007).

Durch die Erfahrungen mit Pflanzen im Schulgarten haben die Kinder mehr Teile von Pflanzen hinzugelernt und haben zum Teil realistischere Vorstellungen über deren Funktion als Kinder der Kontrollgruppe. Kinder mit Schulgartenerfahrung hielten Pflanzen und Samen häufiger für lebendig und hatten ein elaborierteres Verständnis für die Herkunft von Pflanzen bzw. Samen. Die eigenen Erfahrungen mit dem Aussäen von Samen fördern das Verständnis des pflanzlichen Entwicklungszyklus, allerdings ist an dieser Stelle noch weitere Forschung nötig, um die Lernvoraussetzungen besser zu erfassen und entsprechende Unterrichtskonzepte zu entwickeln.

Mädchen bewerteten die Artenvielfalt besser, kannten mehr Pflanzen mit Namen, hatten nach den Angaben ihrer Eltern mehr Interesse an Pflanzen und scheinen so insgesamt mehr von der Schulgartenerfahrung zu profitieren als Jungen. Dies bestätig einerseits vorhandene Untersuchungen (Bögeholz 1999; Lindemann-Matthies 2005), andererseits kommen Mädchen generell mit Interviewsituationen besser zurecht als Jungen und besitzen zudem die größeren sprachlichen Kompetenzen (Fuhs 2012, 88).

Die Untersuchung hat darüber hinaus gezeigt, dass bestimmte Voraussetzungen erfüllt sein müssen, damit Kinder im Schulgarten erfolgreich lernen können. Kinder, die nicht gerne in den Schulgarten gingen, begründeten dies mit organisatorischen Mängeln, dass sie z.B. kein eigenes Beet zur Verfügung hatten. Wenn eine ganze Klasse ein einziges Beet betreut, kommt es zu einem großen Gedränge, in dem Kinder auch die Pflanzen von anderen zertreten können. Entsprechend schlugen die Kinder vor, den Schulgarten zu vergrößern, damit sie in kleinen Gruppen je ein Beet betreuen können. Wenige Kinder, bei denen die ganze Klasse ein gemeinsames Beet hatte, wünschten sich ein eigenes für sich alleine. Kinder, die zu zweit oder dritt ein Beet betreuten, bewerteten dies besonders positiv. Daher sollte den Kindern lieber ein kleiner Beetbereich im Team überlassen werden, als mit der ganzen Klasse ein großes Beet zu teilen. Die Beetgruppen könnten von den Kindern selbst gewählt werden („jeder darf selber sagen, mit wem er arbeiten möchte").

Bezogen auf die Lernorganisation wünschten sich die Kinder eine gerechtere Verteilung der Aufgaben („jeder darf mal säen") und eine bessere Abstimmung auf die Tageszeit: Schulgartenarbeit sollte im Sommer nicht zwischen 12.00 bis 13.00 Uhr durchgeführt werden, da das Arbeiten in der Mittagshitze weder für die Kinder noch für die Pflanzen vorteilhaft ist. Um die Autonomie der Kinder zu fördern, könnte ihnen die Wahl der Pflanzen zumindest teilweise selbst überlassen werden. So könnten sie auch ihre Pflanzenkenntnisse zusätzlich erweitern. Aufgetretene Probleme sollten besprochen und ökologisch wertvolle Lösungen gesucht werden (Schneckenfraß, Blattlausbefall etc.), damit die Kinder für diese Problematik sensibilisiert werden.

Die Kinder bewerteten es besonders positiv, wenn sie regelmäßig einmal in der Woche in den Schulgarten gehen konnten. Eine kontinuierliche Tätigkeit über einen längeren Zeitraum hat sich als besonders fruchtbar erwiesen (Dillon et al. 2006). Im Schulgarten gemachte Erfahrungen sollten im Unterricht im Klassenzimmer aufgegriffen werden, damit die Kinder nicht alternative Vorstellungen zu den beobachteten Phänomenen entwickeln. Die Lehrperson könnte im Sinne eines *„plant mentors"* die Kinder in ihrem Lernen ermutigen und unterstützen (Wandersee & Schussler 2001). In der konstruktivistischen Lerntheorie bezeichnet man dieses Modell als Cognitive-Apprenticeship-Ansatz, d.h. die Kinder erhalten von ihrer Lehrkraft eine praxisnahe Anleitung, um Wissen unter Anwendungsaspekten zu erwerben (Reinmann & Mandl 2006, 631). Dies setzt natürlich entsprechendes Fachwissen bei den Lehrkräften voraus, damit sie einfache Antworten auf komplexe Fragen finden, die wieder neue Fragen induzieren (Wittkowske 2012). Daher sollte nicht nur in den Schulen, sondern auch in den Hochschulen wieder mehr Wert auf Freilandbiologie gelegt werden. Die positive Auswirkung auf Studierende belegt die Untersuchung von Weusmann (2012), in der die Wirkung von Freilandunterricht in der Schulzeit bzw. während des Studiums erfasst wurde. Lernen durch eigene Erfahrung in einer authentischen Lernumgebung hat sich in vielerlei Hinsicht erfolgreicher erwiesen als der Unterricht im Klassenzimmer, daher sollte in der Schule dem erfahrungsbasierten Wissenserwerb wieder mehr Bedeutung gegenüber dem theoretisch vermittelten Wissen beigemessen werden.

„In the end we will conserve only what we love;
we will love only what we understand;
and we will understand only what we are taught."
Baba Dioum (1968)

9 Zusammenfassung

Primärerfahrungen in und mit der Natur fördern die Wahrnehmung und Wertschätzung biologischer Vielfalt. Da jedoch immer mehr Menschen in Städten leben, wird der direkte Kontakt zur Natur erschwert. Die zunehmende Urbanisierung reduziert Biodiversität und damit eine wesentliche Grundlage für menschliches Leben. Daher soll im Rahmen der UN-Dekade „Bildung für nachhaltige Entwicklung" die Wahrnehmung von biologischer Vielfalt durch die Bevölkerung gefördert werden. Als mögliches Aktionsfeld für die Umsetzung wird die Anlage und Nutzung von Schulgärten explizit vorgeschlagen. Schulgärten bieten als authentische Lernorte vielfältige Möglichkeiten, Pflanzen und deren Vielfalt mit allen Sinnen wahrzunehmen.

In vorliegenden Studien wurden meist die Lehrkräfte zur Wirkung von Schulgartenerfahrung befragt, quantitative Untersuchungen über den Einfluss dieser Erfahrung auf die Wahrnehmung pflanzlicher Vielfalt durch Kinder liegen jedoch bislang keine vor. In einer vergleichenden Längsschnittstudie wurden daher 136 Kinder aus acht Klassen mit leitfadengestützten Interviews zu ihrer Wahrnehmung und Bewertung pflanzlicher Vielfalt, der Formenkenntnis, dem Interesse an Pflanzen sowie den Vorstellungen zur Entwicklung von Pflanzen befragt. Als Methode wurde das "Wiesenexperiment" eingesetzt, bei dem die Artenzahl in Testflächen mit unterschiedlichen Diversitätsstufen (2, 4, 8 und 16 Arten) geschätzt und bewertet werden sollte. Des Weiteren wurden die Kinder aufgefordert, Pflanzen zu vergleichen und in Gruppen zu ordnen sowie pflanzliche Entwicklungsstadien in eine zeitliche Reihenfolge zu bringen. Fragen zu Vorerfahrungen und zum persönlichen Hintergrund ergänzten die Untersuchung. Während eine Testgruppe (N = 66) nach dem Vortest im Schulgarten unterrichtet wurde, hatte die Kontrollgruppe (N = 70) Unterricht im Klassenzimmer. Nach einem Jahr wurde der Test wiederholt, um den Einfluss der Schulgartenerfahrung zu untersuchen. Die Lehrkräfte und Eltern wurden begleitend schriftlich befragt, um die Angaben der Kinder zu triangulieren und somit zu validieren.

Die Ergebnisse zeigten, dass artenreiche Wiesen tendenziell unterschätzt und artenarme überschätzt wurden. Die Schätzungen der Kinder mit Schulgartenerfahrung zeigten jedoch niedrigere Standardfehler auf als die der Kontrollgruppe. Die meisten Kinder bevorzugten artenreiche Wiesenarrangements und begründeten dies mit der Vielfalt, Kinder mit Schulgartenerfahrung bewerteten diese Arrangements signifikant besser als Kinder der Kontrollgruppe. Durch die Schulgartenerfahrung hat nicht nur die Formenkenntnis der Kinder signifikant zugenommen, der Pflanzenbegriff der Kinder wurde um die Nutzpflanzen erweitert. Die Schätzung der Diversität in den Wiesen und die Formenkenntnis korrelierten positiv: Je mehr Pflanzen ein Kind nennen konnte, desto genauer war die Schätzung. Die eigene Erfahrung mit dem Aussäen von Pflanzen führte dazu, dass Pflanzen und ihre Samen signifikant häufiger als lebendig angesehen wurden.

Schulgartenerfahrung kann die „*basic needs*" nach der Selbstbestimmungstheorie der Motivation erfüllen und so das Interesse an Pflanzen steigern: Kinder mit Schulgartenerfahrung schauten häufiger Bücher über Pflanzen an, hatten mehr Fragen und redeten öfter mit ihren Eltern über Pflanzen als Kinder der Kontrollgruppe. Dies wurde auch von den Eltern und Lehrpersonen bestätigt. Vor allem Mädchen beschäftigten sich in ihrer Freizeit häufiger mit Pflanzen, hatten mehr Interesse an ihnen und entsprechend größere Formenkenntnisse als Jungen.

Die Ergebnisse der Studie zeigen, dass Kinder von der Schulgartenerfahrung in hohem Maße profitieren: Durch persönlich bedeutsame Erfahrungen im Schulgarten verbessern sie ihre Wahrnehmung für pflanzliche Vielfalt, lernen diese zu schätzen und entwickeln belastbare Konzepte zum Wachstum und der Entwicklung von Pflanzen. Wenn pflanzliche Diversität besser wahrgenommen und geschätzt wird, kann der Naturentfremdung entgegengewirkt und auf diese Weise ein Beitrag zum Erhalt der Artenvielfalt im Sinne der Bildung für nachhaltige Entwicklung geleistet werden.

10 Literaturliste

Alisch, Jeanette; Zabler, Esther; Bay, Frieder; Köhler, Karlheinz & Lehnert, Hans-Joachim (2005): Schulgärten und naturnah gestaltetes Schulgelände in Baden-Württemberg - eine empirische Untersuchung. In: Lehnert, H.-J. & Köhler, K. (Hrsg.): Schulgelände zum Leben und Lernen. Books on Demand, Norderstedt: 7-38.

Alisch, Jeanette (2008): Schulgärten in Baden-Württemberg unter Berücksichtigung struktureller, organisatorischer und personeller Einflussfaktoren. Pro Business- Book-on-demand, Berlin.

Anggoro, Florencia K.; Waxman, Sandra R. & Medin, Douglas L. (2005): The Effects of Naming Practices on Children's Understanding of Living Things. Paper presented at the Proceedings of the Twenty-Seventh Annual Conference of the Cognitive Science Society.

Askham, Leonard R. (1976): The Effects of Plants on Classification Behavior in an Outdoor Environment. Journal of Research in Science Teaching, 13 (1), 49-54.

Backscheider, Andrea G.; Shatz, Marilyn & Gelman, Susan A. (1993): Preschoolers' Ability to Distinguish Living Kinds as a Function of Regrowth. Child Development, 64 (4), 1242–1257.

Baisch, Petra (2009): Schülervorstellungen zum Stoffkreislauf. Kovac, Hamburg.

Balmford, Andrew; Clegg, Lizzie; Coulson, Tim & Taylor, Jennie (2002): Why Conservationists Should Heed Pokémon. Science, 295 (5564), 2367.

Bebbington, Anne (2005): The ability of A-level students to name plants. Journal of Biological Education, 39 (2), 62-67.

Benkowitz, Dorothee; Gehm, Hanne; Hagenmüller, Jessica & Köhler, Karlheinz (2007): Biodiversität wahrnehmen - Kompetenzförderung durch Schulgartenarbeit? Ausbildung und Professionalisierung von Lehrkräften - Internationale Tagung der Fachgruppe Biologiedidaktik im VBio, 19-22.

Benkowitz, Dorothee & Lehnert, Hans-Joachim (2009): Denken in Kreisläufen - Lernerperspektiven zum Entwicklungszyklus von Blütenpflanzen. Berichte des Institutes für Didaktik der Biologie (IDB) Münster, 17, 31-40.

Benkowitz, Dorothee (2010): Authentische Lernumgebungen als Zugang zu Biodiversität – Kompetenzerwerb durch Schulgartenarbeit. In: Korn, H. & Feit, U. (Hrsg.): Treffpunkt Biologische Vielfalt IX. BfN-Skripten 265. Bundesamt für Naturschutz (BFN), Bonn: 155-159.

Benkowitz, Dorothee & Köhler, Karlheinz (2010): Perception of Biodiversity - The Impact of School Gardening on Getting in Touch with Plants. In: Müller, N.; Werner, P. & Kelcey, J. (Hrsg.): Urban Biodiversity and Design. Wiley- Blackwell, Chichester: 425-440.

Benkowitz, Dorothee & Lehnert, Hans-Joachim (2010): Wahrnehmung von Biodiversität - Der Einfluss von Schulgartenarbeit. In: Giest, H. & Pech, D. (Hrsg.): Anschlussfähige Bildung im Sachunterrichts. Klinkhardt, Bad Heilbrunn: 67-74.

Berck, Karl-Heinz & Klee, Rainer (1992): Interesse an Tier- und Pflanzenarten und Handeln in Natur- und Umweltschutz. Peter Lang, Frankfurt/ Bern.

Berck, Karl-Heinz & Klee, Rainer (1995): Empirische Untersuchungen über Bedingungen der Genese von Arten-Interesse - und das „Siebenschrittmodell" als Vorschlag zu ihrer Realisierung im Biologieunterricht. In: Mayer, J. (Hrsg.): Vielfalt begreifen - Wege zur Formenkunde. IPN, Kiel: 61-85.

Berck, Karl-Heinz (2009): Artenkenntnisse wozu - Naturbegegnung was ist das? Ein Abgesang auf den Biologieunterricht? Der mathematische und naturwissenschaftliche Unterricht (MNU), 62 (2), 68-71.

Berck, Karl-Heinz & Graf, Dietmar (^{4}2010): Biologiedidaktik. Grundlagen und Methoden. Quelle & Meyer, Wiebelsheim.

Birkenbeil, Helmut (Hrsg.)(1999): Schulgärten. Ulmer, Stuttgart.

Blair, Dorothy (2009): The Child in the Garden: An Evaluative Review of the Benefits of School Gardening. The Journal of Environmental Education, 40 (2), 15-38.

Blessing, Karin (2008): Artenwissen als Handlungskompetenz zur Erhaltung der Biodiversität - analysiert am Beispiel repräsentativer Biologiebücher in Baden-Württemberg (Zeitraum 1950-2004). Retrieved 12.02.2013, from http://geb.uni-giessen.de/geb/volltexte/2008/5505/

BMU (2007): Nationale Strategie zur biologischen Vielfalt. Retrieved 25.01.2013, from www.bmu.de/files/pdfs/aalgemein/application/pdf/broschuere_biolog_vielfalt_strategie_bf.pdf

Bögeholz, Susanne (1999): Qualitäten primärer Naturerfahrung und ihr Zusammenhang mit Umweltwissen und Umwelthandeln. Leske & Budrich, Opladen.

Bogner, Franz-Xaver (1998): The Influence of Short-Term Outdoor Ecology Education on Long-Term Variables of Environmental Perception. Journal of Environmental Education(29), 17-29.

Bortz, Jürgen & Döring, Nicola (⁴2006): Forschungsmethoden und Evaluation für Human- und Sozialwissenschaftler. Springer, Heidelberg.

Cherubini, Mauro; Rasmussen, Jamie; Gash, Hugh & McCloughlin, Tom (2002): Digital Seed: An interactive toy for the children's exploration of plant growth and life cycles. Retrieved 14.05.2012, from http://citeseer.ist.psu.edu/543923.html

Christen, Franka; Vogt, Helmut & Upmeier zu Belzen, Annette (2001): Einstellung von Schülern zu Schule und Sachunterricht. Berichte des Institutes für Didaktik der Biologie (IDB) Münster, 10, 1-16.

Csikszentmihalyi, Mihaly (⁹2005): Das *flow*-Erlebnis. Klett-Cotta, Stuttgart.

De Haan, Gerhard (2001): Bildung für nachhaltige Entwicklung. In: Baier, H. & Wittkowske, S. (Hrsg.): Ökologisierung des Lernortes Schule. Klinkhardt, Bad Heilbrunn: 197-217.

Deci, Edward L. & Ryan, Richard M. (1993): Die Selbstbestimmungstheorie der Motivation und ihre Bedeutung für die Pädagogik. Zeitschrift für Pädagogik, 39 (2), 223-238.

Deci, Edward L. & Ryan, Richard M. (2000): The "What" and "Why" of Goal Pursuits: Human Needs and the Self-Determination of Behavior. Psychological Inquiry Copyright, 11 (4), 227-268.

Diekmann, Andreas (¹⁷2007): Empirische Sozialforschung - Grundlagen, Methoden, Anwendungen. Rowohlt, Hamburg.

Dierschke, Hartmut (1994): Pflanzensoziologie: Grundlagen und Methoden. Ulmer, Stuttgart.

Dietze, Jörg; Gehlhaar, Karl-Heinz & Klepel, Gerd (2005): Untersuchungen zum Entwicklungsstand von Biologieinteresse bei Schülerinnen und Schülern der Sekundarstufe II. In: Klee, R.; Sandmann, A. & Vogt, H. (Hrsg.): Lehr-Lernforschung in der Biologiedidaktik 2. Studienverlag, Innsbruck: 133-145.

Dillon, Justin; Rickinson, Mark; Teamey, Kelly; Morris, Marian; Choi, Mee Young; Sanders, Dawn & Benefield, Pauline (2006): The value of outdoor learning: evidence from research in the UK and elsewhere. School Science Review, 87 (320), 107-111.

Driver, Rosalind; Squires, Ann; Rushworth, Peter & Wood-Robinson, Valerie (⁶2005a): Making sense of secondary science. Routledge, London.

Driver, Rosalind; Squires, Ann; Rushworth, Peter & Wood-Robinson, Valerie (⁶2005b): Making sense of secondary science. Support materials for teachers. Routledge, London.

Duit, Reinders (1995): Zur Rolle der konstruktivistischen Sichtweise in der naturwissenschaftlichen Lehr- und Lernforschung. Zeitschrift für Pädagogik, 41 (6), 905-923.

Fancovicova, Jana & Prokop, Pavol (2011): Plants have a chance: outdoor educational programmes alter students' knowledge and attitudes towards plants. Environmental Education Research, 17 (4), 537-551.

Flick, Uwe (⁵2007a): Design und Prozess qualitativer Forschung. In: Flick, U.; von Kardorff, E. & Steinke, I. (Hrsg.): Qualitative Forschung. Rowohlt, Hamburg: 252-265.

Flick, Uwe (⁵2007b): Triangulation in der qualitativen Forschung. In: Flick, U.; von Kardorff, E. & Steinke, I. (Hrsg.): Qualitative Forschung. Rowohlt, Hamburg: 309-318.

Friebertshäuser, Barbara & Langer, Antje (³2010): Interviewformen und Interviewpraxis. In: Friebertshäuser, B.; Langer, A. & Prengel, A. (Hrsg.): Handbuch Qualitative Forschungsmethoden in der Erziehungswissenschaft. Juventa, Weinheim/ München: 437-455.

Fuhs, Burkhard (²2012): Qualitative Interviews mit Kindern. In: Heinzel, F. (Hrsg.): Methoden der Kindheitsforschung. Ein Überblick über Forschungszugänge zur kindlichen Perspektive. Beltz Juventa, Weinheim/ Basel: 80-103.

Gatt, Suzanne; Tunnicliffe, Sue D.; Borg, Kurtsten & Lautier, Katya (2007): Young Maltese children's ideas about plants. Educational Research, 41 (3), 117-121.

Gebauer, Michael (2012): Der Schulgarten als Ausdruck des Verhältnisses von Mensch, Natur und Kultur. In: Pütz, N. & Wittkowske, S. (Hrsg.): Schulgarten- und Freilandarbeit. Klinkhardt, Bad Heilbrunn: 65-84.

Gebhard, Ulrich (1995): Die Lesbarkeit der Welt. Zur psychischen Funktion von Formenkenntnis. In: Mayer, J. (Hrsg.): Vielfalt begreifen - Wege zur Formenkenntnis. IPN, Kiel: 163-180.

Gebhard, Ulrich (³2009): Kind und Natur. Westdeutscher Verlag, Wiesbaden.

Gehlhaar, Karl-Heinz; Fankhänel, Katja & Klepel, Gerd (1998): Zur Entwicklung von Interesse an Pflanzen, Tieren und Naturschutz bei Schülern der Klassen 5 bis 10 - eine empirische Studie. In: Bayrhuber, H.; Etschenberg, K.; Gebhard, U.; Gehlhaar, K.-H.; Hedewig, R.; Hesse, M.; Klautke, S.; Klee, R.; Mayer, J.; Prenzel, M. & Schmidt, E. G. (Hrsg.): Biologie und Bildung. 166. IPN, Kiel: 180-184.

Giest, Hartmut (2012): Kategoriale Bildung im Schulgarten - komplexe Lerngegenstände im fächerübergreifenden Unterricht. In: Pütz, N. & Wittkowske, S. (Hrsg.): Schulgarten- und Freilandarbeit. Klinkhardt, Bad Heilbrunn: 13-39.

Goller, Helmut (2002): Kontextabhängiger Erwerb von Arten- und Formenkenntnissen im Biologieunterricht des Gymnasiums. Retrieved 12.02.2013, from http://nbn-resolving.de/urn/resolver.pl?urn=urn:nbn:de:bvb:355-opus-680

Gropengießer, Harald (^{2}2006): Lebenswelten - Denkwelten - Sprechwelten: Wie man Vorstellungen der Lerner verstehen kann. 4. Didaktisches Zentrum, Oldenburg.

Gropengießer, Harald (2007a): Theorie des erfahrungsbasierten Verstehens. In: Krüger, D. & Vogt, H. (Hrsg.): Theorien in der biologiedidaktischen Forschung. Springer, Berlin/Heidelberg: 105-116.

Gropengießer, Harald (^{2}2007b): Didaktische Rekonstruktion des Sehens. 1. Didaktisches Zentrum, Oldenburg.

Gropengießer, Harald (^{8}2008): Erkunden und Erkennen. In: Gropengießer, H. & Kattmann, U. (Hrsg.): Fachdidaktik Biologie. Begründet von D. Eschenhagen, U. Kattmann und D. Rodi Aulis, Köln: 239-270.

Grunert, Cathleen & Krüger, Heinz-Herrmann (^{2}2012): Quantitative Methoden in der Kindheitsforschung. In: Heinzel, F. (Hrsg.): Methoden der Kindheitsforschung. Ein Überblick über Forschungszugänge zur kindlichen Perspektive. Beltz Juventa, Weinheim/ Basel: 36-51.

Grupe, Heinrich (^{3}1957): Naturkunde in der Volksschule. Diesterweg, Frankfurt/ Berlin/ Bonn.

Gudjons, Herbert (^{7}2008): Handlungsorientiert lehren und lernen. Klinkhardt, Bad Heilbrunn.

Hammann, Markus (2002): Kriteriengeleitetes Vergleichen im Biologieunterricht. Studienverlag, Innsbruck.

Hartinger, Andreas (1995): Interessenentwicklung und Unterricht. Grundschule, 27 (6), 27-29.

Heinzel, Friederike (^{2}2003): Qualitative Interviews mit Kindern. In: Friebertshäuser, B. & Prengel, A. (Hrsg.): Handbuch Qualitative Forschungsmethoden in der Erziehungswissenschaft. Juventa, Weinheim/ München: 396-413.

Helldén, Gustav (1997): To Develop an Understanding of the Natural World in the Early Ages. In: Härnqvist, K. & Burgen, A. (Hrsg.): Growing up with Science - Developing Early Understanding of Science. Jessica Kingsley London: 186-199.

Helldén, Gustav (2000): A Longitudinal Study of The Pupils' Conceptualisation of the Role of the Flower in Plant Reproduction. Proceedings of the Second Conference of European Researchers in Didactic of Biology (ERIDOB), November 18-22, 1998, University of Göteborg.

Hesse, Manfred (2000): Erinnerungen an die Schulzeit - ein Rückblick auf den erlebten Biologieunterricht junger Erwachsener. Zeitschrift für Didaktik der Naturwissenschaften (ZfDN), 6, 187-201.

Hesse, Manfred (2002): Eine neue Methode zur Überprüfung von Artenkenntnissen bei Schülern. Frühblüher: Benennen – Selbsteinschätzen – Wiedererkennen. Zeitschrift für Didaktik der Naturwissenschaften (ZfDN), 8, 53-66.

Hickling, Anne & Gelman, Susan A. (1995): How Does Your Garden Grow? Early Conceptualization of Seeds and Their Place in the Plant Growth Cycle. Child Development, 66, 856-876.

Hollstein, Gudrun (2002): Pflanzenkenntnis als Teil der Umweltbildung. Schneider Hohengehren, Baltmannsweiler.

Hopf, Christel (^{5}2007): Qualitative Interviews - ein Überblick. In: Flick, U.; von Kardorff, E. & Steinke, I. (Hrsg.): Qualitative Forschung. Rowohlt, Hamburg: 349-360.

Hülst, Dirk (2000): Ist das wissenschaftlich kontrollierte Verstehen von Kindern möglich? In: Heinzel, F. (Hrsg.): Methoden der Kindheitsforschung. Juventa, Weinheim/ München: 37-55.

IBM (2011): SPSS Statistics 20 (Version 20.0.0). IBM, Chicago, Illinois.

Inagaki, Kayoko & Hatano, Giyoo (1996): Young Children's Recognition of Communalities Between Animals and Plants. Child Development, 67, 2823-2840.

Inagaki, Kayoko & Hatano, Giyoo (2002): Young Children's Naive Thinking About the Biological World. Psychological Press, New York/Brighton.

Inngauer, Meike (2008): Pflanzliche Biodiversität in Schulgärten – Bestandsaufnahme und Vorschläge zur Steigerung der Vielfalt. Wissenschaftliche Hausarbeit, Pädagogische Hochschule Karlsruhe, unveröffentlicht.

Jäkel, Lissy (1992): Formenkenntnisse im Beziehungsfeld von Alltag und Unterricht. In: Meyer, J. (Hrsg.): Vielfalt begreifen- Wege zur Formenkenntnis. IPN, Kiel: 227-239.

Jäkel, Lissy & Schaer, Anka (2004): Sind Namen nur Schall und Rauch? Wie sicher sind Pflanzenkenntnisse von Schülerinnen und Schülern? Berichte des Institutes für Didaktik der Biologie (IDB) Münster, 13, 1-24.

Jewell, Natalie (2002): Examining Children's Models of Seed. Journal of Biological Education, 36 (3), 116-122.

Kahn, Peter H. (2002): Children's Affiliations with Nature: Structure, Development, and the Problem of Environmental Generational Amnesia. In: Kahn, P. H. & Kellert, S. R. (Hrsg.): Children and Nature. MIT Press, Cambridge: 93-116.

Kattmann, Ulrich (2001): Nicht nur Schall und Rauch- Zum Umgang mit Namen im Biologieunterricht. Berichte des Institutes für Didaktik der Biologie (IDB) Münster, 10, 87-98.

Killermann, Wilhelm & Scherf, Gertrud (1986): Erwerb pflanzlicher Formenkenntnisse mit Hilfe des Unterrichtsgangs und Verstärkung der schützenden Einstellung gegenüber Pflanzen durch formenkundlichen Unterricht. In: Hedewig, R. & Knoll, J. (Hrsg.): Biologieunterricht außerhalb des Schulgeländes. Aulis, Köln: 162-172.

Killermann, Wilhelm; Peter, Hiering. & Starosta, Bernhard (^{14}2011): Biologieunterricht heute. Auer, Donauwörth.

Kleber, Eduard W. & Kleber, Gerda (1994): Handbuch Schulgarten - Biotop mit Mensch. Beltz, Weinheim/Basel.

Kleber, Eduard W. (2001): Die Überwindung der Natur und das Dilemma mit dem Schulgarten. In: Baier, H. & Wittkowske, S. (Hrsg.): Ökologisierung des Lernortes Schule. Klinkhardt, Bad Heilbrunn: 175-184.

Klein, Rüdiger (1990): Untersuchungen über Schülerinteressen bei Pflanzen. In: Killermann, W. & Staeck, L. (Hrsg.): Methoden des Biologieunterrichts. Aulis, Köln: 255-264.

Klemm, Ingrid (1974): Vergleichende Untersuchungen über den Pflanzenbegriff bei Schülern. Praxis der Naturwissenschaften, 23 (6), 154-160.

Klingenberg, Konstantin & Rauhaus, Eva-Katharina (2005): Schulgartenunterricht in Lehrer- und Schülerurteil: Ergebnisse einer empirischen Untersuchung zu Interessen, Zielen, Kompetenzerwerb und transferiertem Wissen. Retrieved 20.02.2013, from http://www.ifdn.tu-bs.de/didaktikbio/projekte/schulgarten/forschung/Klingenberg+Rauhaus_2005.pdf

Köhler, Karlheinz & Meisert, Anke (^{5}2012): Welche Erkenntnismethoden sind für den Biologieunterricht relevant? In: Spörhase, U. (Hrsg.): Biologie Didaktik. Cornelsen, Berlin: 130-151.

Krapp, Andreas (2005): Das Konzept der grundlegenden psychologischen Bedürfnisse. Zeitschrift für Pädagogik, 51 (5), 626-641.

Krist, Horst; Kavsek, Michael & Wilkening, Friedrich (72012): Wahrnehmung und Motorik. In: Schneider, W. & Lindenberger, U. (Hrsg.): Entwicklungspsychologie. Beltz, Weinheim/ Basel: 363-384.

Krüger, Dirk & Burmester, Annika (2005): Wie Schüler Pflanzen ordnen. Zeitschrift für die Didaktik der Naturwissenschaften (ZfDN), 11, 85-102.

Krüger, Dirk (2007): Die *Conceptual Change*-Theorie. In: Krüger, D. & Vogt, H. (Hrsg.): Theorien der biologiedidaktischen Forschung. Springer, Berlin: 81-92.

Kübler, Markus (2009): Entwicklung von Zeitbewusstsein bei 6- bis 11-jährigen Kindern. In: Lauterbach, R.; Giest, H. & Marquardt-Mau, B. (Hrsg.): Lernen und kindlichen Entwicklung. Klinkhardt, Bad Heilbrunn: 253-260.

Leach, John; Driver, Rosalind; Scott, Philip & Wood-Robinson, Colin (1996): Children's ideas about ecology 2: Ideas found in children aged 5 - 16 about the cycling matter. International Journal of Science Education, 18 (1), 19-34.

Leddon, Erin M.; Waxman, Sandra R. & Medin, Douglas L. (2009): Unmasking "alive": Children's appreciation of a concept linking all living things. Journal of Cognition and Development, 9 (4), 461-473.

Lehnert, Hans-Joachim (1999): Botanische Formenkenntnis von Studienanfängern. In: Lehnert, H.-J. & Ruppert, W. (Hrsg.): Zwischen Wissenschaftsorientierung und Alltagsvorstellungen - Frankfurter Beiträge zur biologischen Bildung. J. W. Goethe-Universität, Frankfurt/Main: 85-95.

Lehnert, Hans-Joachim (⁸2008): Schulgelände und Schulgarten. In: Gropengießer, H. & Kattmann, U. (Hrsg.): Fachdidaktik Biologie. Begründet von D. Eschenhagen, U. Kattmann & D. Rodi. Aulis, Köln: 404-413.

Leske, Sylvia & Bögeholz, Susanne (2008): Biologische Vielfalt regional und weltweit erhalten – Zur Bedeutung von Naturerfahrung, Interesse an der Natur, Bewusstsein über deren Gefährdung und Verantwortung. Zeitschrift für Didaktik der Naturwissenschaften (ZfDN), 14, 167-184.

Lieberman, Gerald A. & Hoody, Linda L. (1998): Closing the Achievement Gap: Using the Environment as an Integrated Context for Learning. Retrieved 10.03.2013, from http://www.magicoflandscapes.com/Research/Closing%20the%20Achievement%20Gap.pdf

Lindemann-Matthies, Petra (1999): Children's Perception of Biodiversity in Everyday Life and their Preferences for Species. Universität Zürich, Schweiz.

Lindemann-Matthies, Petra (2002): The Influence of an Educational Program on Children's Perception of Biodiversity. The Journal of Environmental Education, 33 (2), 22-31.

Lindemann-Matthies, Petra (2002a): Wahrnehmung biologischer Vielfalt im Siedlungsraum durch Schweizer Kinder. In: Klee, R. & Bayrhuber, H. (Hrsg.): Lehr- und Lernforschung in der Biologiedidaktik 1. Studienverlag, Innsbruck: 117-130.

Lindemann-Matthies, Petra (2002b): Das „Wiesenexperiment" - eine Pilotstudie über das Erkennen von Artenvielfalt durch Studierende. Natur und Landschaft, 77 (7), 319-320.

Lindemann-Matthies, Petra; Kirchhein, Jan & Matthies, Diethard (2004): Perception of plant diversity by children and their parents. Verhandlungen der Gesellschaft für Ökologie, 34, 416.

Lindemann-Matthies, Petra (2005): 'Loveable' mammals and 'lifeless' plants: how children's interest in common local organisms can be enhanced through observation of nature. International Journal of Science Education, 27 (6), 655–677.

Lindemann-Matthies, Petra (2006): Investigating Nature on the Way to School: Responses to an educational programme by teachers and their pupils. International Journal of Science Education, 28 (8), 895–918.

Lindemann-Matthies, Petra & Bose, Elisabeth (2007): Species richness, structural diversity and species composition in meadows created by visitors of a botanical garden in Switzerland. Landscape and Urban Planning (79), 298-307.

Lindemann-Matthies, Petra & Bose, Elisabeth (2008): How Many Species Are There? Public Understanding and Awareness of Biodiversity in Switzerland. Human Ecology (36), 731-742.

Lindemann-Matthies, Petra; Junge, Xenia & Matthies, Diethard (2010): The influence of plant diversity on people's perception and aesthetic appreciation of grassland vegetation. Biological Conservation, 143 (1), 195–202.

Lindemann-Matthies, Petra & Stelzig, Ingmar (⁵2012): Umweltbildung. In: Spörhase, U. (Hrsg.): Biologie Didaktik. Cornelsen, Berlin: 216-224.

Lipski, Jens (2000): Zur Verlässlichkeit der Angaben von Kindern bei standardisierten Befragungen. In: Heinzel, F. (Hrsg.): Methoden der Kindheitsforschung. Juventa, Weinheim: 77-86.

Louv, Richard (2011): Das letzte Kind im Wald. Beltz, Weinheim/ Basel.

Löwe, Bernd (1992): Biologieunterricht und Schülerinteresse an Biologie. Deutscher Studienverlag, Weinheim.

Lude, Armin (2001): Naturerfahrung und Naturschutzbewusstsein. Studienverlag, Innsbruck.

Mayer, Jürgen (1992): Formenvielfalt im Biologieunterricht. IPN, Kiel.

Mayer, Jürgen & Horn, Frank (1993): Formenkenntnis-wozu? Unterricht Biologie, 189 (17), 4-13.

Merkens, Hans (⁵2007): Auswahlverfahren, Sampling, Fallkonstruktion. In: Flick, U.; von Kardorff, E. & Steinke, I. (Hrsg.): Qualitative Forschung. Rowohlt, Hamburg: 286-299.

Miller, James R. (2005): Biodiversity conservation and the extinction of experience. TRENDS in Ecology and Evolution, 20 (8), 430-434.

Ministerium für Kultus, Jugend und Sport Baden-Württemberg (2004): Bildungsplan Grundschule. Retrieved 01.03.2013, from www.bildungsstandards-bw.de

Montada, Leo (⁵2002): Die geistige Entwicklung aus der Sicht Jean Piagets. In: Oerter, R. & Montada, L. (Hrsg.): Entwicklungspsychologie. BeltzPVU, Weinheim/ Basel/ Berlin: 418-422.

Moore, Robin C. & Wong, Herb H. (²2000): Natural Learning. Creating Environments for Rediscovering Nature's Way of Teaching. MIG Communications, Berkley, California.

Nyberg, Eva ; Anderson, Björn & Leach, John (2005): Elementary School Students' Understanding of Life Cycles. Paper presented at the Trends in biological education research in the new biological era. Vth Conference of European Researchers in Didactics of Biology (ERIDOB), Patras, Greece.

Oberdorfer, Erich (³1993): Süddeutsche Pflanzengesellschaften Teil III. Wirtschaftswiesen und Unkrautgesellschaften. Fischer, Jena.

Opfer, John E & Siegler, Robert S. (2004): Revisiting preschoolers' living things concept: A microgenetic analysis of conceptual change in basic biology. Cognitive Psychology, 49, 301–332.

Orr, David W. (2002): Political Economy and the Ecology of Childhood. In: Kahn, P. H. & Kellert, S. R. (Hrsg.): Children and Nature. MIT Press, Cambridge: 279-303.

Pappler, Manfred & Witt, Reinhard (2001): NaturErlebnisRäume: Neue Wege für Schulhöfe, Kindergärten und Spielplätze Kallmeyer, Seelze-Velber.

Passy, Rowena; Morris, Marian & Reed, Frances (2010): Impact of School Gardening on Learning- Final report submitted to the Royal Horticultural Society. Retrieved 28.03.2013, from http://apps.rhs.org.uk/schoolgardening/uploads/documents/Impact_of_school_gardening_on_learning_821.pdf

Patrick, Patricia & Tunnicliffe, Sue D. (2011): What Plants and Animals Do Early Childhood and Primary Students' Name? Where Do They See Them? Journal of Science Education and Technology, 20, 630-642.

Petermann, Franz & Windmann, Sabine (1993): Sozialwissenschaftliche Erhebungstechniken bei Kindern. In: Markefka, M. & Nauck, B. (Hrsg.): Handbuch der Kindheitsforschung. Luchterhand, Neuwied: 125-139.

Phipps, Ronald & Merisotis, Jamie (1999): What's the Difference? A Review of Contemporary Research on the Effectiveness of Distance Learning in Higher Education. The Institute for Higher Education Policy, Washington, D.C., 1-42.

Pilgrim, Sarah E.; Cullen, Leanne C.; Smith, David J. & Pretty, Jules (2008): Ecological Knowledge is Lost in Wealthier Communities and Countries. Environmental Science & Technology, 42, 1004-1009.

Pohl, Dietmar (2006): Naturerfahrungen und Naturzugänge von Kindern. Retrieved 29.09.2012, from http://nbn-resolving.de/urn:nbn:de:bsz:93-opus-28125

Probst, Wilfried (1995): Vom Naturerlebnis zur Formenkunde. In: Mayer, J. (Hrsg.): Vielfalt begreifen - Wege zur Formenkunde. IPN, Kiel: 203-210.

Probst, Wilfried (2001): Gärten zum Leben und Lernen. In: Baier, H. & Wittkowske, S. (Hrsg.): Ökologisierung des Lernortes Schule. Klinkhardt, Bad Heilbrunn: 143-157.

Pyle, Robert (2002): Eden is a Vacant Lot: Special Places, Species, and Kids in the Neighborhood of Life. In: Kahn, P. H. & Kellert, S. R. (Hrsg.): Children and Nature. MIT Press, Cambridge: 305-325.

Quinte, Jana; Lehnert, Hans-Joachim & Lindemann-Matthies, Petra (2013): Denkmodelle vom Lebenszyklus der Samenpflanzen. In: Krüger, D.; Upmeier zu Belzen, A.; Schmiemann, P.; Möller, A. & Elster, D. (Hrsg.): Erkenntnisweg Biologiedidaktik (11), 37-52.

Radkowitsch, Annemarie & Lehnert, Hans-Joachim (2005): Biodiversität auf dem Schulgelände. In: Lehnert, H.-J. & Köhler, K. (Hrsg.): Schulgelände zum Leben und Lernen. Books on Demand, Norderstedt: 71-82.

Reich, Kersten (³2006): Konstruktivistische Didaktik. Beltz, Weinheim/ Basel.

Reinmann, Gabi (2012): Das schwierige Verhältnis zwischen Lehren und Lernen: Ein hausgemachtes Problem? In: Heran-Dörr, E.; Giest, H. & Archie, C. (Hrsg.): Lernen und Lehren im Sachunterricht. Klinkhardt, Bad Heilbrunn: 25-36.

Reinmann, Gabriele & Mandl, Heinz (2006): Unterrichten und Lernumgebung gestalten. In: Krapp, A. & Weidenmann, B. (Hrsg.): Pädagogische Psychologie. Beltz, Weinheim/Basel: 615-658.

Rimmele, Rolf (2005): Videograph (Version 3.0.5.2) [Multimedia-Player zur Kodierung von Videos]. Leibniz-Institut für die Pädagogik der Naturwissenschaften, Kiel.

Rothmaler, Werner (¹⁰2000): Exkursionsflora von Deutschland. Gefäßpflanzen: Atlasband. 3. Spektrum Akademischer Verlag, Heidelberg/Berlin.

RHS- Royal Horticultural Society (2009): RHS Campaign for School Gardening. Retrieved 28.03.2013, from http://apps.rhs.org.uk/Schoolgardening/teachershome/aboutthescheme/educationalinitiatives/default.aspa

Schneider, Wolfgang & Büttner, Gerhard (⁶2008): Entwicklung des Gedächtnisses bei Kindern und Jugendlichen. In: Oerter, R. & Montada, L. (Hrsg.): Entwicklungspsychologie. BeltzPVU, Weinheim/ Basel: 480-501.
Schreier, Helmut (1992): Ordnen und die Herstellung von Sinnzusammenhängen. In: Lauterbach, R.; Köhnlein, W.; Spreckelsen, K. & Klewitz, E. (Hrsg.): Wege des Ordnens. IPN, Kiel: 29-50.
Schreier, Helmut (1995): Die Erfahrung der Formenvielfalt und ihre pädagogische Dimension. In: Mayer, J. (Hrsg.): Vielfalt begreifen - Wege zur Formenvielfalt. IPN, Kiel: 21-36.
Schwier, Hans-Joachim (²2010): Schulgartenbewegung und Schulgartenwettbewerbe. In: Giest, H. (Hrsg.): Umweltbildung und Schulgarten. Universitätsverlag Potsdam: 23-33.
Siebert, Horst (³2005): Pädagogischer Konstruktivismus. Beltz, Weinheim/Basel.
Siebert, Horst (2008): Konstruktivistisch lehren und lernen. Ziel, Augsburg.
Sodian, Beate (⁷2012): Denken. In: Schneider, W. & Lindenberger, U. (Hrsg.): Entwicklungspsychologie. Beltz, Weinheim/Basel: 385-411.
Solso, Robert L. (⁶2005): Kognitive Psychologie. Springer, Heidelberg.
Starosta, Bernhard & Goller, Helmut (2002): Erwerb von Formenkenntnissen unter situierten Lernbedingungen im Biologieunterricht. In: Klee, R. & Bayrhuber, H. (Hrsg.): Lehr- und Lernforschung in der Biologiedidaktik 1. Studienverlag, Innsbruck: 105-116.
Stavy, Ruth & Wax, Naomi (1989): Children's Conceptions of Plants as Living Things. Human Development, 32 (2), 88-94.
Stichmann, Wilfried (1994a): Wege zur Formenkenntnis. Unterricht Biologie, Sammelband: Bestimmungshilfen, 2-5.
Stichmann, Wilfried (1994b): Rolle der Formenkenntnis im Biologieunterricht. Unterricht Biologie, Sammelband: Formenkenntnis, 2-5.
Strommen, Erik (1995): How are living things alike and different? First graders´ knowledge of basic life science concepts. Journal of Biological Education, 29 (4), 286-293.
Sula, Josef (1971): Außerschulische Kenntnisse über Lebenserscheinungen der Pflanzen bei Schülern der ersten Klasse. Biologie in der Schule, 6, 218-221.
Tamir, Pinchas; Gal-Choppin, Rachel & Nussinovitz, Rachel (1981): How Do Intermediate and Junior High School Students Conceptualise Living and Nonliving? Journal of Research in Science Teaching, 18 (3), 241-248.
Tunnicliffe, Sue D. & Reiss, Michael J. (2000): Building a model of the environment: How do children see plants? Journal of Biological Education, 34 (4), 172-177.
UNECE (2005): Strategy for Education for Sustainable Development. Retrieved 26.01.2013, from http://www.unece.org/environmental-policy/areas-of-work/education-for-sustainable-development-esd/about-us/the-strategy.html
UNEP (2000): Convention on Biological Diversity (CBD) - Sustaining Life on Earth. Retrieved 15.03.2013, from http://www.cbd.int/doc/publications/cbd-sustain-en.pdf
Vocilka, Anja & Schrenk, Marcus (2012): Fotosynthese - (k)ein Thema für die Grundschule? Schülervorstellungen über pflanzenphysiologische Prozesse und Möglichkeiten ihrer Veränderung im naturwissenschaftlichen Sachunterricht. In: Giest, H.; Heran-Dörr, E. & Archie, C. (Hrsg.): Lernen und Lehren im Sachunterricht. 22. Klinkhardt, Bad Heilbrunn: 127-134.
Vogt, Helmut; Wieder, Barbara & Schwaab, Sandra (2000): Individuelles Interesse bei Grundschülern als „Schutz" gegen Interessenverfall in der Sekundarstufe I. Berichte des Institutes für Didaktik der Biologie (IDB) Münster, 9, 83-100.
Vogt, Helmut (2007): Theorie des Interesses und Nicht-Interesses. In: Krüger, D. & Vogt, H. (Hrsg.): Theorien der biologiedidaktischen Forschung. Springer, Berlin: 9-20.
Wandersee, James H. & Schussler, Elisabeth E. (2001): Towards a Theory of Plant Blindness. Plant Science Bulletin, 47 (1), 2-8.
Weber, Anka (2010): Naturerfahrungen im Spannungsfeld von Wertschätzung und Kenntnissen von Pflanzen und Botanikunterricht. Retrieved 01.10.2012, from http://nbn-resolving.de/urn:nbn:de:bsz:he76-opus-75128
Weitzel, Holger (⁵2012): Welche Bedeutung haben vorunterrichtliche Vorstellungen für das Lernen? In: Spörhase, U. (Hrsg.): Biologie Didaktik. Cornelsen, Berlin: 62-81.
Wellenreuther, Martin (³2007): Lehren und Lernen - aber wie? Schneider Hohengehren, Baltmannsweiler.

Weusmann, Birgit (2012): Wie beurteilen Studierende Freilandarbeit im Biologie- und Sachunterricht? Eine empirische Studie. In: Pütz, N. & Wittkowske, S. (Hrsg.): Schulgarten- und Freilandarbeit. Klinkhardt, Bad Heilbrunn: 113-137.

White, Karen & Pyle, Katie (2009): Gardening as an Activity in Schools - Royal Horticultural Society. NFER-Teacher Voice Omnibus Survey. Retrieved 20.02.2013, from http://www.nfer.ac.uk/what-we-offer/teacher-voice/PDFs/RHS.pdf

Wieder, Barbara (1999): Interessenentwicklung im Vor- und Grundschulalter. Berichte des Institutes für Didaktik der Biologie (IDB) Münster, 8, 19-28.

Wilson, Edward O. (1997): Der Wert der Vielfalt. Piper, München/Zürich.

Winkel, Gerhard (1995): Umwelt und Bildung: Denk- und Praxisanweisung für eine ganzheitliche Natur- und Umwelterziehung. Kallmeyer, Seelze-Velber.

Winkel, Gerhard (2001): Das Wegenetz der Natur- und Umwelterziehung. In: Baier, H. & Wittkowske, S. (Hrsg.): Ökologisierung des Lernortes Schule. Klinkhardt, Bad Heilbrunn: 49-63.

Wittkowske, Steffen (2001): Gärtnern ist handelnde Naturerfahrung. In: Baier, H. & Wittkowske, S. (Hrsg.): Ökologisierung des Lernortes Schule. Klinkhardt, Bad Heilbrunn: 85-99.

Wittkowske, Steffen (2012): Schulgartenarbeit von Anfang an - Aspekte und Möglichkeiten für Kindertagesstätten und Schulen. In: Pütz, N. & Wittkowske, S. (Hrsg.): Schulgarten- und Freilandarbeit. Klinkhardt, Bad Heilbrunn: 41-51.

Wood-Robinson, Collin (1991): Young People's Ideas about Plants. Studies in Science Education, 19, 119-135.

Zöfel, Peter (2002): Statistik verstehen. Addison-Wesley/Pearson, München.

11 Anhang

Alle Fragebögen, die Artenlisten verwendeter Pflanzen, von den Kindern im Interview genannte Pflanzen und Sammelobjekte, die Protokollvorlagen zum Unterricht sowie die ungekürzte Originalfassung der Arbeit befinden sich auf der CD.

Neuerscheinung Herbst 2013

Technisches Lernen im Sachunterricht
Nationale und internationale Perspektiven
Hrsg. von **Ingelore Mammes**
Dimensionen des Sachunterrichts Band 6
2013. II, 192 Seiten. Kt. ISBN 978 3834012357. € 18,—

Technische Bildung gewinnt in einer technologisierten Welt immer mehr Bedeutung. Besonders die Schule als Bildungsinstitution muss technische Allgemeinbildung vermitteln. Lerntheorien verweisen in diesem Zusammenhang auf die Notwendigkeit früher Bildungsprozesse. Der vorliegende Band fokussiert daher die Situation technischer Bildung im Sachunterricht. Verschiedene Autorinnen und Autoren zeigen im Rahmen theoretischer Fundierung Probleme auf, nennen Chancen und beschreiben praktische Umsetzungsmöglichkeiten vor fachlichem Hintergrund. Damit leisten alle Kolleginnen und Kollegen einen wesentlichen Beitrag zur Ausgestaltung technischen Lernens im Sachunterricht – sowohl aus nationaler wie auch internationaler Perspektive – und appellieren für eine institutionalisierte frühe Technikförderung und -bildung.

Die Herausgeberin

Prof. Dr. **Ingelore Mammes** hat eine Professur für Schulforschung unter besonderer Berücksichtigung früher Bildungsprozesse an der Universität Duisburg-Essen inne. Einer ihrer Arbeitsschwerpunkte ist die technische Bildung im Kindesalter.

 Schneider Verlag Hohengehren
Wilhelmstr. 13; D-73666 Baltmannsweiler